基于民族区域的
异质性金融发展战略研究

段世德 著

中国社会科学出版社

图书在版编目（CIP）数据

基于民族区域的异质性金融发展战略研究/段世德著. —北京：中国社会科学出版社，2019.9
ISBN 978 – 7 – 5203 – 5313 – 7

Ⅰ.①基… Ⅱ.①段… Ⅲ.①民族地区—地方金融事业—经济发展战略—研究—中国 Ⅳ.①F832.7

中国版本图书馆 CIP 数据核字（2019）第 221817 号

出 版 人	赵剑英
责任编辑	刘晓红
责任校对	周晓东
责任印制	戴 宽
出　　版	中国社会科学出版社
社　　址	北京鼓楼西大街甲 158 号
邮　　编	100720
网　　址	http：//www.csspw.cn
发 行 部	010 – 84083685
门 市 部	010 – 84029450
经　　销	新华书店及其他书店
印刷装订	北京市十月印刷有限公司
版　　次	2019 年 9 月第 1 版
印　　次	2019 年 9 月第 1 次印刷
开　　本	710×1000　1/16
印　　张	17
字　　数	262 千字
定　　价	96.00 元

凡购买中国社会科学出版社图书，如有质量问题请与本社营销中心联系调换
电话：010 – 84083683
版权所有　侵权必究

前　言

　　要破解民族地区贫困难题，出路是促进经济发展；要改变民族地区落后，关键在于经济持续增长。民族地区经济发展的现状，是丰富的发展资源与贫弱的财富并存，守着金山银山却要饿肚子的尴尬，国家的付出与发展绩效的不平衡。上述问题形成的原因是多方面的，金融发展水平落后是重要原因之一。金融是现代经济的核心，其最大的功能是发现和实现价值，通过金融市场的配置功能，集聚资源于最有增长潜力的领域。金融是区域经济增长的加速器。金融发展有自身的规律，市场网络与市场化发展水平，影响着金融资源的配置与流向，信用与风险决定金融杠杆的大小，与实体经济的结合决定了金融服务发展的能力。经济发展滞后和市场化水平不高，决定了民族地区的金融发展需要有政策引领，而政府经济治理水平能力的欠缺，需要防止和矫正金融发展的政策失灵，我国民族地区幅员辽阔并存在情况差异，金融发展政策需要兼具普适性和特殊性。只有从特定民族地区入手，从中探索金融发展的特殊规律，才能寻求民族地区金融发展一般规律。因此，本书选取高寒藏区、北方草原牧区、南方石漠民族地区、中部民族地区作为代表，分析金融发展存在的问题，提出促进民族地区金融发展的对策思路。

　　民族地区金融发展具有一般性特征。经济发展落后制约了金融发展，收入偏低影响储蓄，造成内源性融资的资金供给不足，金融发展滞后又影响信用关系，在风险意识的作用下，不但外部资金很难进入，民族地区的金融资源还会外流。民族地区市场主体难以获得外源性融资，依靠自身发展缓慢积累资金，造成企业成长慢、规模小，金融市场依据融资主体规模和质量提供资金的标准，不但进一步弱化民族地区企业的融资能力，还加速了地区金融资源外流，拉大了民族地区的经济发展差距。在市场经济条件下，金融机构基于资金安全和盈利能力配置服务资源，经济发展的落后造成金融服务资源不足，体系不完善、硬件不充足、业务不完全、便利性不够，使民族地区的金融服务无法做到普惠。政府受资源和自身能力的制约，对民族地区资本市场发展的引领能力不够，又造成资本市场发展的缓慢。民族地区的金融发展存在失衡，形成以银行类金融机构为主体，以存储借贷为内容，以间接融资为特征的金融服务体系。受到民族地区的产业结构、市场主体、信用环境的影响，金融资源通过银行管网外流，银行存贷比普遍低于全国平均水平，成为国内资金漏斗区，造成发展能力的贫困。

民族地区金融发展又具有个性化特征。①金融发展水平差距明显。从生态地理区位来看，高寒藏区的金融发展水平最低，南方石漠化地区的金融发展缓慢，北方草原牧区的发展基础比较好，中部民族地区的金融发展比较快；从省区单位来看，宁夏和内蒙古的金融发展领先于整个民族地区，贵州、云南和新疆的金融发展处于加速阶段，广西、青海、西藏等地发展相对缓慢；从城乡对比来看，城市和乡镇的金融服务水平远高于农村和牧区，而农村的金融服务要比牧区的金融服务充裕，偏远山区农村和牧区是金融服务最薄弱地区。②金融服务内容差异巨大。民族地区的主要金融服务由银行类金融机构提供，但区域之间有差别。高寒藏区金融服务以银行提供的存储业务为主，四家国有商业银行还没有完成县域金融服务全覆盖，改制后的农商行和农村信用合作社是服务的主要提供者，但面临人力资源和服务网点的制约，银行的信贷主要供给国有能源开发企业，本土的小微企业融资难、融资贵并没有缓解；草原牧区的金融服务以银行为主，但本土银行金融法人发展比较快，资本市场有所发展；南方石漠化地区的金融服务虽以银行为主，但资本市场有了初步的发展，保险类金融业务也有所发展，但区域内部的金融发展和服务不均衡，金融服务体系不足以支撑区域经济发展转型，金融资源受到周边地区吸引存在外流；中部民族地区建成了以银行为主的金融服务体系，国有商业银行建立了覆盖县城的网点，农商行和村镇银行的服务网点延伸到了乡镇，在银行的坐商经营体制下，边远村寨的贫困农民依然游离于金融服务体系外，贫困户的"不能贷、不愿贷，不敢贷、贷不到"依然存在，保险机构逐步下沉村镇但依然有服务空白，银行保险的服务存在插花空白地的问题；资本市场处于初步发展阶段，多层次资本市场正在逐步建立，但企业 IPO 的门槛依然难以翻越，资本市场服务前向延伸不足，服务创新创业的引导体制还没有形成，政府产业发展引导基金偏小，在某些特定地区存在空白。③金融供给滞后于发展的需要。高寒藏区的金融服务，集中于县城尚不能普及农牧区，受到基础条件制约以互联网为基础的金融服务难以开展，受人力资源和业务成本的制约，草原牧区的金融服务基本处于未开发状态，偏远地区的农牧民长期得不到金融服务；南方石漠化地区的金融服务，简单照搬照抄其他地区金融产品，对当前急需的城镇化融资和居民理财服务，缺乏提供服务的能力；中部地区的金融服务，人力资源集中于金融保险领域，资本市场发展的人力资源奇缺，受周边地区收入的影响，存在金融人才招聘难、培养难、稳住难的多重困境，与金融业的知识密集、人才密集特征形成矛盾，加剧了金融服务与供给之间的矛盾。

促进民族地区金融发展要尊重普遍规律。尊重金融发展规律是民族地区金融发展的根本，稳步有序推进是促进金融发展的关键，而防范金融风险则是推动发展的前提。促进民族地区的金融发展，要靠市场作用而非简单的人为干预，引导金融机构在社会责任与盈利发展之间平衡；政府制定科学有效的引导政策，鼓励银行保险类金融机构下沉服务网点，善于利用互联网工具，推进金融普惠填补服务的空白；契合民族地区经济社会发展的需要，加大资本市场发展的引导力度，推动多层次资本市场体系的建设，鼓励融资主体借助债券和股权类融资工具，增加直接融资所占的比例；要加大金融发展中介的引进力度，增加金融中介的服务内容，为不同类型的金融产品交易提供交易转化的便利；树立金融发展领先于经济发展水平的理念，利用各种媒介工具在全社会宣传金融知识，掀起"学金融、懂金融、用金融"的社会氛围，帮助民众树立现代金融意识，夯实金融发展的社会基础；要注重民族地区金融生态环境建设，加大民族地区信用体系建设的力度，将信用记录打造成为第二身份证；呼吁国家相关政策制定部门，加大对民族地区金融发展的研究力度，提升金融发展政策的科学性、有效性，结合民族地区现实制定差异化的金融发展政策，改变当前金融政策"一刀切"的弊端和不足。

因地制宜地制定民族地区金融发展政策。①高寒藏区落实重点在于健全银行保险服务体系。针对银行服务网点和能力不足，可利用网点建设的财政补贴政策，要求国有商业银行服务网点实现县城全覆盖，农商行和信用合作社等本土金融机构，实现乡镇服务网点的全覆盖，实现居民不出乡镇就能获得金融服务，同时积极引进政策类银行进入，为本地经济发展提供差异化的融资支持；大力引进保险类金融结构，鼓励保险机构针对农牧民开展财产保险，发挥保险的社会稳定功能，强化藏区经济发展的社会基础；增强金融机构利用互联网开展服务能力的同时，积极鼓励各类金融机构发扬走村串户的优良传统，送金融服务到农牧民定居点；比照西藏自治区的金融发展促进政策，呼吁国家相关部门针对大藏区制定差异化的金融政策，在监管和设立金融法人主体上给予倾斜。②南方石漠化地区金融发展政策落实的重点，在于建设金融服务产业转型的能力。针对企业规模小和抵押品不足的现实，可集中各类促进产业发展的财政资金，集中注资于国资公司建立的增信平台，为中小企业提供融资担保和过桥贷款，增信中小企业提高借贷资金的可获得性；充分利用水利资源和其他自然资源条件，加大对资源类开发企业的融资支持力度，落实国家水电开发扶贫和光伏发电扶贫的政策，增强龙头企业发展对民族地区发展的带动力，增加贫困农户发展资金的可获得性，增加扶贫资金的来源与可获得性，促进区域经济自生能力的形成。③草原牧区金融发展的重点，要坚持金融发展的根本目的是服务实体经济，针对当前草原牧区面临的经济转型任务，金融服务实体经济要以服务供给侧结构性改革为主线，推动经济发展质量变革、效率变革、动力变革，推动实体经济高质量发展。同时发挥金融资源定价与发现功能，加大对创新创业和新兴产业发展的支持，对产能过剩的产业则通过信贷资金调配，引导有序推动新兴产业的发展，促进经济结构优化并释放潜在的经济金融风险。④中部民族地区的金融发展重点，要在巩固银行保险类金融体系的基础上，重点发展多层次资本市场。巩固以银行保险为核心的金融服务体系，促进金融服务网点下沉实现金融服务全覆盖，探索金融扶贫的成功做法与经验，向其他民族地区输出发展存贷和保险金融服务的经验；结合脱贫攻坚和产业转型升级的需要，金融发展政策的重点应聚焦多层次资本市场，探索建设有利于资本"融、投、进、退"的体制机制，促进金融发展政策向前延伸，由鼓励企业上市融资向服务创新创业转化，通过向市场增加高质量融资主体的形式，为各类资本提供合格的高质量市场主体，打通银行与资本市场的阻隔并开展融投贷业务，借助政府基金的引导促进企业并购重组，增强企业 IPO 的市场竞争力。

目 录

第一章　金融发展与区域经济增长 1

　　第一节　金融资源与区域经济发展 1
　　第二节　内源融资制约与区域经济进步 9
　　第三节　促进经济增长需要金融支持 15

第二章　民族地区金融业稳步发展 24

　　第一节　银行类金融机构发展初具基础 24
　　第二节　保险业持续稳健有序发展 32
　　第三节　资本市场发展稳步推进 39

第三章　金融发展推动民族地区经济增长 45

　　第一节　民族地区经济发展取得进步 45
　　第二节　金融发展促进民族地区经济增长 54
　　第三节　民族地区金融发展对经济增长的检验 59
　　第四节　民族地区金融发展水平有待提高 66

第四章　开发性金融与民族地区脱贫发展 70

　　第一节　金融扶贫与民族地区发展 70
　　第二节　金融扶贫的开发性金融特征 75
　　第三节　民族地区金融扶贫的实践 85

第四节　民族地区金融扶贫的经验与问题 …………… 92

第五章　高原高寒藏区金融发展研究……………………100

第一节　高寒藏区银行类金融业的发展与特征……………100
第二节　藏区资本市场的初步发展与突破…………………108
第三节　藏区金融发展面临的难题和挑战…………………116
第四节　影响藏区金融发展的制约因素……………………123

第六章　北方草原民族地区金融发展研究………………128

第一节　内蒙古的金融发展历程与现状……………………128
第二节　经济发展与金融风险累积…………………………135
第三节　金融发展与产业转型升级…………………………142
第四节　产业成长与金融发展的协同………………………148

第七章　南方石漠民族地区金融发展研究………………156

第一节　区域经济增长中的金融影响………………………156
第二节　金融发展要耦合区域经济增长……………………164
第三节　制约金融与区域经济结合的因素…………………171
第四节　重点突破与南方民族地区金融发展………………178

第八章　中部连片民族地区的金融发展研究……………187

第一节　金融体系建设引领区域发展………………………188
第二节　资本市场的发展支撑能力提升……………………195
第三节　因地制宜与区域金融发展…………………………202
第四节　资本市场发展滞后与发展需要……………………207
第五节　优化武陵山区金融发展的战略……………………216

第九章　民族地区金融发展的对策建议…………………221

第一节　民族地区金融发展突破口的选择…………………221
第二节　民族地区金融发展战略、原则与重点……………232

第三节　实施金融发展的"八大促进工程" …………… 239

参考文献………………………………………………… 259

后记……………………………………………………… 261

第一章 金融发展与区域经济增长

金融发展是一个内涵丰富的专业学术术语，其内涵具有时代和地域特征，考察金融发展理论的发展轨迹，几乎都与金融体系和经济增长有联系。只有以宽宏的眼光来审视金融发展与经济增长，才能准确把握金融发展与经济增长的逻辑和联系。我国民族地区多是经济欠发达地区，也是金融发展滞后地区，只有厘清金融发展与经济增长之间的关系，把握金融发展对经济增长的影响，才能强化民族地区金融发展的自觉，为区域经济增长找准着力点。

第一节 金融资源与区域经济发展

中国民族地区经济发展水平落后，金融发展水平偏低是重要原因，无论是金融资源的存量还是增量都不足，经济发展得不到金融的有效支持。因此，促进金融发展是促进民族地区经济发展的重要内容。重视金融发展对经济增长的促进，不仅要总结经济发展经验，也要借鉴已有的理论探索。

一 金融发展能促进经济增长

金融是现代经济的核心，能为经济增长提供资源和通道，经济发展水平高的地区，金融发展的水平也比较高。也就是说，经济发展影响金融发展。受制于经济发展的制约，特定地区的金融发展落后，没有外力的支撑与帮助，金融发展与经济发展同时滞后，1957年，著名的经济学家缪尔达尔提出著名的"循环累积因果论"①,就是阐述劣势固化的严重后果。古典发展经济学理论认为,要促进特定区域经济的发展,需要建设有效的制度促进资源要素的配置,改变单纯市场配置造成的发展环境恶化。如何建立有效的发展促进体制,不同国家和地区有不同的着力点,从拉美的发展实践来看,在西方新自由主义引导下,推行自由化改革放弃政府对经济的合理干预,拉美国家与世界的发展差距不但没有缩小,反而出现了拉大的风险,"中等收入陷阱"不但使这些国家陷入发展的停滞,还造成了社会的动荡,社会贫富差距不断拉大,2016年占全球人口1%的最富有的人所拥有的财富,超过了其余99%的人的财富②,国家和地区之间的财富存量更是天壤之别。实践证明,仅仅依靠市场调节机制,不仅不能缓解反而可能拉大地区间发展差距。要缩小国家、地区之间的差距,促进区域经济发展平衡,重要的办法就是加强国家的经济干预,政府在掌握经济发展规律的基础上,进行合理的干预能促进社会共同进步与和谐。如果政府不能采取有效的干预,经济发展就会出现二元经济结构的冲突,即发达经济中心和停滞衰落边缘、发达城市与落后乡村对立,市场均衡区域发展的力量有限,区域发展水平与居民收入趋同趋势是不会自动出现的,"国家实行差异化的区域发展政策是绝对必要的"。③

区域经济发展是持续增长的过程,是资源向资本转化的过程,也是资本促进资源开发的过程,是发展动力的不断形成与释放,是财富的不断生成与增加。短期经济增长主要取决于投资、消费和出口的拉动,在需求拉动下的产出能力增长;长期增长则取决于资本、劳动、土地和技术进步等,是资源要素的边际产出效率提升。短期增长需要投资的支撑,而投资活动与金融发展关系密切,投资是促进增长重要的金融活动,资本是盈余部门剩余向赤字部门转移,没有金融市场和中介提供渠

---

① 由著名的经济学家缪尔达尔在1957年提出,后来经过卡尔多、迪克逊和瑟尔沃尔发展,成为具体的经济分析模型。核心思想是,在经济发展过程中,受市场力量的影响,经济发展首先从基础比较好的地区开始,这些地区优势通过累积因果而不断强化,与落后区域的发展差距不断拉大,出现强者更强而弱者更弱的局面。
② 全球贫富差距有多大:华尔街见闻,http://wallstreetcn.com/node/213323。
③ Friedman, J., Regional Policy: A case study of Venezuela, MIT Press, 1969: 235.

道和平台，积累盈余无法形成资本与投资。金融发展是促进落后地区区域发展的核心问题，地区之间发展差距与金融发展关系密切，落后地区的资源转移和配置效率明显低于发达地区。爱德华·肖在《经济发展中的金融深化》中提出，"经济中的金融部门与经济发展息息相关"。[①] 但在传统金融发展理论中，金融发展的基础是经济发展水平，经济发展水平低造成金融发展落后，资源的转移和配置受到影响，造成区域发展资源的错配，导致经济活动低效率，影响发展绩效和经济增长。

促进金融发展是探索与优化资源配置的过程。雷蒙德·戈德史密斯在《金融结构与经济发展》中明确提出，"金融理论的职责就在于找出决定一国金融结构、金融工具存量和金融交易流量的主要经济因素，并阐明这些因素怎样通过相互作用，从而形成金融发展"[②]，如何从纷纭复杂的各种影响因素中找到促进金融发展有效模式与组合并不是一件容易的事情，需要不断地探索和优化制度安排。尽管促进金融发展的思路和模式各不相同，世界各国的金融发展道路也千差万别，但在探索金融发展的时候都要重视两个指标。一是金融相关率（FIR）指标，就是特定时间节点的金融资产与国民财富之比，而且随着金融发展FIR有提高的趋势，发展中国家和落后地区的FIR相对比较低，发达国家和地区的FIR比较高，体现了经济发展过程中的金融深化，FIR与经济发展水平正相关，金融发展和深化是区域经济增长的前提和基础。二是金融结构，是各种金融工具和金融机构在特定时间节点的构成状况，是反映金融资源与通道的重要指标，也是影响FIR的重要因素。促进金融发展就是要提高FIR的水平，但金融结构有重要影响，也是需要关注的重点。

金融发展具有阶段性。从传统的钱庄向现代银行转型，从间接融资向直接融资转化，从民间借贷向政府间融资延伸，再到当今的互联网金融，都生动地说明金融发展具有阶段性，不同阶段有不同的重点。爱德华·肖和罗纳德·麦金龙创建的金融发展理论，其核心思想认为，传统的金融理论是以发达国家为样本的分析，对发展中国家和"欠发达地

[①] 爱德华·肖著：《经济发展中的金融深化》，邵伏军译，上海三联书店1988年版，第1页。

[②] 雷蒙德·戈德史密斯著：《金融结构与金融发展》，周塑译，上海三联书店1990年版，第44页。

区"缺乏适用性，照搬照抄发达国家和地区的金融发展模式，未必适合落后地区的需要。从客观现实来看，发达国家和地区的市场发展水平高，基本实现了金融自由发展，但发展中国家和落后地区的市场机制不健全，为了促进金融发展人为地进行市场干预，缺乏健全市场机制简单用自由化消除金融抑制，最终结果只能是利率上升和投机盛行，不能促进金融发展和经济增长，阿根廷的比索危机就是典型的例子①，盲目的金融自由化与市场机制缺乏，最终只能是投机。因此，"金融机制会促使被抑制的经济摆脱徘徊不前的局面，加速经济增长"②，如果不能认识到市场机制建设的重要性，不能引入市场培育发展机制，仅依靠经济发展促进和市场机制的自我成熟，经济发展模式的解锁需要更长时间，落后地区的发展需要支付更高的成本，甚至是停滞不前。因此，要促进落后地区的经济发展，需要提高这些地区参与国内外市场的能力，达到提升区域经济发展水平的目的③，针对金融发展水平的暂时落后，要采取渐进措施逐步培育金融市场，过急的金融自由化只能破坏发展，这也是我国民族地区金融发展必须注意的。

二 经济增长需要资本投入

增长是经济学中的明珠，探索增长规律对经济学家的诱惑巨大，找寻促进增长的途径，更是让经济学家投入巨大的热情和精力。亚当·斯密在《国富论》中强调市场调节的作用，认为经济增长表现为国民财富的增长，促进经济增长有两种途径：一是增加劳动的数量，二是提高

---

① 20世纪70年代，阿根廷被认为是南美洲最具有发展潜力的国家之一，但到了80年代受国际经济环境影响，经济发展出现了停滞，在美国等国大肆宣扬新自由主义思潮的影响下，阿根廷推行以新自由主义为特色的政策改革，放松经济发展政府管制与引导，导致来自西方等国家的商品大量充斥阿根廷市场，出现严重的国际收支逆差资金外流严重。为了缓解国际收支带来的压力，阿根廷在新自由主义的政策影响下，推行金融自由化和资本自由化的改革，允许资本自由流动和货币自由兑换。受到资本外流的影响，阿根廷本国的货币比索与美元的汇率狂跌不止，出于规避市场风险的需要，阿根廷的本国居民都不愿意持有比索，将手中的货币兑换成为美元，结果在阿根廷出现了货币美元化的趋势，最终使国家丧失了利用金融政策促进经济发展的能力，经济全面陷入瘫痪状态。

② 爱德华·肖著：《经济发展中的金融深化》，邵伏军译，上海三联书店1988年版，第1页。

③ Fujita M. and Hu D., "Regional disparity in china 1985 – 1994: the effects of globalization and economic liberalization", *Annals of Reg. Science*, 2001, 35 (1): 3 – 38.

劳动的效率。资源有效配置可以通过"看不见的手"来实现，但经济增长更需要要素的投入，市场只能让要素的配置更加合理，不能替代要素投入的本身，只有增加要素的供给并提高要素的产出效率，才能促进经济持续高速增长。技术不变条件下的经济增长，要素按照固定比例投入，资本的积累可以增加资本存量，投资的增加必然会带来劳动需求的增加，富有弹性的劳动力供给市场，是促进经济增长的必要条件，尽管亚当·斯密信奉劳动价值，认为劳动是财富增长的源泉，但也证明资本累积能促进经济增长，只不过是间接而非直接。大卫·李嘉图在考察工资、利润和地租等促进经济增长的因素后，认为在收益递减规律的作用下，土地的数量是有限的，劳动力受人口增长规律影响增加有限，土地的边际收益也会出现递减，如果市场需求足够大，增加资本投入是能促进增长的，这为新古典增长理论开辟了通道。

增加投入是促进区域经济增长的重要途径，对于我国民族地区来说更加重要。为了分析方便，假定在一个封闭的三部门经济中，即国家在民族地区不征或少征税收，并通过财政转移支付使民族地区的净税负为零，即国家每年向民族地区注入部分资金，不从民族地区征税。在这个封闭的三部门经济体系内，经济增长的动力来源于消费需求，消费需求包括家庭、企业和政府的消费，家庭根据收入和维持一定生活水平确定消费需求，企业根据市场对产品的需求确定生产并产生消费需求，政府依据自身所拥有的财力和服务地方经济社会发展需要来决定消费需求。在封闭的三部门经济体系内部，区域经济增长动力来源于内部的消费需求，资本投入来源于本地居民储蓄和政府转移支付。

下面通过基本模型推导，结合区域经济发展的政府依赖和投资不足，分析金融约束对民族地区经济增长的制约。用 Y 代表地区经济总量 GDP，用收入法和支出法统计国民产出相等；假定家庭不直接从事生产，消费品来源于向企业购买，企业向家庭和政府提供消费品，用收入法统计的 Y 由三个部分构成，即企业销售收入 c、储蓄 s、政府税收 t；用支出法统计的 Y 由消费支出 c、企业投资支出 i、政府购买支出 g 构成；消费 c 由两部分构成，一部分是自发性消费 α，另一部分为引致性消费，为边际消费倾向 β 和家庭收入 Y 的乘积表示，消费函数可以表示为 $c = \alpha + \beta Y$，不考虑税收的影响则有 $Y = c + s$，储蓄函数为

$s = Y - c = -\alpha + (1-\beta)Y$；企业作为投资主体，根据市场需求和利率水平决定投资规模，投资函数为 $i = e - dr$，其中，e 为自发性投资，d 为投资的敏感系数，r 是获取资金所支付的利息；政府行为会对区域经济运行产生影响，若地方政府每年上缴税收为 t_1，获得上级财政转移支付为 t_0，地方政府收入为 $t = t_1 - t_0$，政府利用手中收入为区域经济社会发展购买公共物品，政府的支出 g。因国民收入等于国民支出，则有：

$$Y = c + s + t = c + i + g \tag{1-1}$$

按照需求决定产出的原理，三部门经济中的总支出为：

$$Y = c + i + g = \alpha + \beta(Y - t) + i + g \tag{1-2}$$

则可以计算出国民均衡收入为：

$$Y = \frac{\alpha + i + g - \beta t}{1 - \beta} \tag{1-3}$$

将 $i = e - dr$ 和 $t = t_1 - t_0$ 代入式（1-3），有：

$$Y = \frac{\alpha + e - dr + g - \beta(t_1 - t_0)}{1 - \beta} \tag{1-4}$$

进一步计算可知：

$$Y = \frac{\alpha + e + g + \beta t_0}{1 - \beta} - \frac{dr + \beta t_1}{1 - \beta} \tag{1-5}$$

参数 α、β、d、e 是常数，从式（1-5）中可以得知，在相对封闭的三部门经济中，经济增长取决于政府购买和转移支付的增加，政府购买增加 Δg，则经济增长 $\frac{\Delta g}{1-\beta}$，政府转移支付增加 Δt_0，则经济增长 $\frac{\beta t_0}{1-\beta}$，经济总增长为 $\frac{\Delta g + \Delta \beta t_0}{1-\beta}$；同时，政府的征税和资金利息影响经济增长，考虑到目前民族地区产业结构以及国家税收优惠减免政策，地方征收且上缴的税收 t_1 近似为零，制约区域经济增长 $\frac{dr}{1-\beta}$ 的主要因素，主要是利率 r 和投资敏感系数 d。假定民族地区企业有巨大的市场需求和丰富的资源，也有扩大生产的冲动和必要，但民族地区的金融资源存量比较少，企业投资面临高利率的压力，只能放弃扩大生产的机会。

在封闭经济体系内，利率 r 由储蓄 s 和投资 i 共同决定，全社会储蓄来源于家庭、企业、政府，在经济欠发达民族地区，企业和政府拥有的储蓄比较少，社会储蓄主要来源于家庭储蓄。用 y 表示家庭的收入水平，则家庭的储蓄函数为 $s = y - c$。民族地区要提高经济的发展水平，关键在于扩大投资创造更多的就业机会，因为投资来源于家庭储蓄而关键在于收入 y，现实条件是经济发展缓慢而居民收入难以提高，仅仅依靠区域内源融资难以解决民族地区的经济发展问题，也解决不了民族地区的资源存量向财富增量的转化。扩大外源性金融资源供给，不但能提高民族地区的投资水平，还能增加居民的工资性收入，是经济增长的动力与源泉。因此，要解决民族地区的经济发展制约，关键还是要解决资本短缺的困难。

三　资本缺口影响区域经济增长

讨论一国资本积累与经济增长的是哈罗德（Roy F. Harrod），他在 1939 年发表的《论动态理论》，是探讨这个问题的开始；同期另外一位美国学者多马（E. D. Domar）也进行类似的探讨，两位学者的探讨成为研究资本与经济增长的开端，并形成了著名的哈罗德—多马模型①，成为分析资本缺口影响区域经济增长的重要理论。我国的民族地区经济落后，资本积累相对有限，资本缺口成为制约民族地区发展的重要因素。

哈罗德—多马模型假设前提：将整个社会生产抽象为两种用途，消费和储蓄；生产投入要素只有资本和劳动，二者投入比例关系固定；生产的规模报酬不变；不存在技术进步。在具体分析中将影响经济发展因素用三个变量来表示：储蓄率 s，$s = \dfrac{S}{Y}$，S 是一个国家的储蓄，Y 是国民收入，储蓄率的高低代表着区域资本积累能力的强弱；资本—产出比率 v，$v = \dfrac{K}{Y}$，K 代表国家的资本存量，Y 代表国民产出，在技术不变的前提下有：$v = \dfrac{K}{Y} = \dfrac{\Delta K}{\Delta Y} = \dfrac{I}{\Delta Y}$，其中，$I$ 代表净投资，表示增加单位产出或者增加单位收入需要追加的资本；有保障的增长率 $g_W = \dfrac{\Delta Y}{Y}$，是指在

---

① 马春文、张东辉主编：《发展经济学》（第二版），高等教育出版社 2005 年版，第 41 页。

s 和 v 既定的条件下，实现稳态增长所需要的收入和产量的增长率。

按照凯恩斯的有效需求理论，在没有外部资金供给情况下，"投资＝储蓄"是实现国民收入均衡的条件，那么这三个变量之间存在对应关系：

$$g_w = \frac{S}{V} = \sigma_s \tag{1-6}$$

式（1-6）就是著名的"哈罗德—多马"模型，反映了国家的储蓄与经济增长之间的关系。一个国家经济处于发展阶段，社会储蓄率比较低，投资不足导致经济增长缓慢，发展中国家要实现经济快速增长，在短期内不能取得技术突破的条件下，追加必要的投资是促进经济增长重要途径，而增加有效的资本供给是解决发展的必要手段。

随后，钱纳里（Chenery. H）和斯特劳恩（Strout. A. M.）等在"哈罗德—多马"模型基础上提出了"两缺口"模式①。"两缺口"模型认为，落后国家和地区的经济发展到三重约束：一是储蓄约束，即国内的储蓄不足以支撑投资的扩大；二是外汇约束即贸易约束，即产品国际竞争力不足造成的外汇短缺无法满足进口的需要；三是吸收能力约束，即落后国家和地区的企业受到技术、企业家才能和管理能力的制约，而无法吸纳足够的外部资源促进经济增长。②

利用收支均衡对资本和储蓄缺口的影响进行分析：

$$Y = C + I + (X - M) \tag{1-7}$$

其中，Y 是国民收入，C 是消费，I 是投资，X 代表出口，M 代表进口，$(X-M)$ 表示对外贸易净收入。将式（1-7）进行改写：

$$Y - C = I + (X - M) \tag{1-8}$$

国民收入扣除消费以后等于储蓄，有：

$$Y - C = S \tag{1-9}$$

将式（1-9）代入式（1-8）有：

$$S - I = X - M \tag{1-10}$$

将式（1-10）改写后有：

---

① Chenery, H. and Strout, A. M., "Foreign Assistance and Economic Development", American Ecinomic Review, August 1966.

② Ibid..

$$I - S = M - X \qquad (1-11)$$

其中，$(I-S)$ 是投资与储蓄之差，称为"储蓄缺口"，$(X-M)$ 是进出口之差，可以称为"外汇缺口"，根据产出均衡相等的要求，当国内出现储蓄缺口即投资大于储蓄时，必须用外汇缺口即进口大于出口（从国外来获得储蓄）来平衡，因此从国外和其他地区获得资本，是落后国家和地区促进经济增长的重要途径。钱纳里（Chenery. H.）和斯特劳恩（Strout. A. M.）的研究虽以国家作为分析对象，但对理解区域经济增长具有重要的意义，如果不能解决落后地区的资本短缺问题，要实现经济增长是非常困难的。

第二节 内源融资制约与区域经济进步

落后国家和地区要实现经济增长，必须将部分国民财富转化为资本，并能为资本找到合适的投资目标，通过资本增值实现社会财富的增加，进而强化经济增长的动力和源泉。将国民财富转化为金融资源，进而转化为投资资本，需要有金融渠道和媒介，区域内的国民财富有限，能转化为金融资源的存量比较少，需要借助金融渠道从区域外获得金融资源，形成外源性融资。由于民族地区的经济发展水平不高，与外部的金融市场联系有限，投资资本主要来源于区域内的国民财富积累，形成了内源融资支持经济增长的模式，并对区域经济增长形成制约。

一 内源融资制约了经济增长

资本存量 K 和生产总值 Y 之间存在直接的经济关系，以新增投资形式投入的资本净增加额，能促进产出价值的提高。需要指出的是，受到经济发展阶段和水平的影响，居民收入在一定时期是恒定的。对于经济欠发达地区来说，在发展的初始阶段，居民的恩格尔系数比较高，收入除维持生存之外难以形成积累和储蓄，无法为本地区经济发展提供足够资本。

按照哈罗德—多马模型的基本思路，假定资本和国内生产总值 GDP 之间，存在资本产出比率并用 k 来表示；国民收入的净储蓄率 s，是储蓄占国内生产总值的固定比率，投资对经济增长的促进可以由如下的增长模型来表示。

净储蓄 S 是国民收入 Y 的某个比率 S，有 $S=sY$；净投资 I 是资本存量 K 的变动额，I 可以表示为 $I=\Delta K$。由于总资本存量 K 与国民总收入 Y 之间存在关系，这种关系是资本产出比率，即，$\frac{K}{Y}=\delta$，若新增加投资的产出效率与原来的资本产出效率相同，则 $\Delta K/\Delta Y=\delta$，那就有 $\Delta K=\delta\Delta Y$。由于净储蓄 S 在完备市场条件下能出清并全部转化为净投资 I，则有 $S=I$，根据前面的推导逻辑，则有 $I=\Delta K=\delta\Delta Y$，进一步推导可以改写储蓄恒等式为：$S=sY=\delta\Delta Y=\Delta K=I$。可以简写为 $sY=\delta\Delta Y$，在等式的两边同时除以 Y，再除以 k，可以得到 $\Delta Y/Y=s/\delta$，而 $\Delta Y/Y$ 可以理解为国内生产总值的增长率，说明一个地区的经济增长主要取决于国民净储蓄率 s 和资本产出比率 δ 之间的对比关系。哈罗德—多马模型表明：经济要实现增长，就必须将一定比例的国内产出转化为投资，即经济产出在维持消费 C 之外还有一定的剩余，即 $Y-C=S>0$，若储蓄能力比较强，在技术不变和产出效率不变的情况下经济也能增长；如果储蓄能力不发生改变，如果能提高资本的产出效率，经济也会增长。因此，储蓄和资本的产出能力越强则经济增长越快。经济增长的速度可以用资本产出比率 δ 的倒数 $1/\delta$ 来衡量，则经济的增量 $\Delta Y=\Delta K/\delta$，也就是说，对于落后地区来说，要实现经济快速增长，要么增加投资，要么提高资本产出比率。

在经济欠发达民族地区，由于存在经济总量不大和有效市场载体不足的问题，而金融机构出于经营安全的考虑，不愿意在落后地区增设分支机构并增加金融资源投入，落后地区的投资主要来源于本地的储蓄，还可能因外部信用环境良好导致本地的储蓄外流，因此落后地区的经济发展融资具有内源性特征，投资不足进一步迟缓了落后地区的经济增长。假定，M 是货币的存量，P 是价格水平，Y 是实际 GDP，I 是总投资，$(d-\pi^e)$ 是实际存款利率，受到内源融资特征的影响，货币流通为资本形成提供导管，落后地区的货币需求函数为：

$$\frac{M}{P}=f(Y,\ \frac{1}{Y},\ d-\pi^e) \qquad (1-12)$$

对货币需求函数进行微分求导，有：

$$\frac{\partial \left(\frac{M}{P}\right)}{\partial \left(\frac{I}{Y}\right)} > 0; \quad \frac{\partial \left(\frac{I}{Y}\right)}{\partial (d - \pi^e)} > 0 \qquad (1-13)$$

结论显示，在内源性金融市场中，实际货币存量与投资呈正相关，投资规模与实际利率水平正相关。也就是说，在一个内源性资本市场中，储蓄越多则意味着投资能力越强，而投资规模越大则意味着融资利率越高。在经济发展落后地区，收入水平不高而储蓄率低，在一个内源性金融市场中，陷入了经济越不发达则储蓄越少而融资成本越高的怪圈，投资水平不高又影响了经济的增长和收入的增加，形成了恶性循环造成"循环累积因果"。我国民族地区普遍存在金融资源存量不足的问题，缺少有效的资本投入，资源存量无法转化为财富增量。

二 外源融资促进地区经济增长

要促进落后地区的经济增长，增加区域外金融资源供给是前提，外源融资是破解落后地区增长缓慢的重要出路。民族地区经济发展的基础条件落后，资源丰富产出潜力巨大，民众收入不高但消费市场潜力巨大，增加经济发展中的外源性资金供给，不仅能促进经济增长并提高民众的收入，还能促进民族地区的资源要素向社会财富转化。结合民族地区的资源和资金现状，借助纳尔逊的"低水平均衡陷阱"理论的思路，从理论上分析外源融资对民族地区发展的重要性。

假定落后地区的资本存量 K 和人口数量 Q 是线性齐次函数，且生产函数是标准的柯布—道格拉斯生产函数，即 $Y = AK^{\alpha}N^{1-\alpha}$，若生产技术不发生变化，也就是 A 为常数，如果资本和劳动力都增加 n 倍，则有：

$$Y = Af(K, Q); \quad nY = Af(nK, nN) \qquad (1-14)$$

假定落后地区的资本形成由两个部分构成，一部分是储蓄，一部分是自然资源市场价值的实现，新增加资本 ΔK 全部转化为社会投资增量 ΔI，由储蓄创造的资本增量 Δi 和自然资源价值实现的增量 ΔR 构成，即 $\Delta K = \Delta I = \Delta i + \Delta R$。在封闭经济条件下，经济初始阶段发展水平比较低，收入只能维持生存，即 $Y = C$，社会没有储蓄也就没有投资，没有开发自然资源投资能力，自然资源无法转变成为资本增量，即 $\Delta R = 0$；

随着人力资源数量的增加和质量的提高，社会产出在消费之外还有剩余，也即整个社会从事维持生存必需产品生产的人力资源有所下降，全社会生产必需品的人力资源节约为 ΔN，将节约的人力资源用于自然资源开发，用 R^* 表示新开发的自然资源的价值，R 表示原来的自然资源的价值，g 是民族地区有保障的增长率，自然存量转化为资本的增量可以表示为：

$$\Delta R = g\left(\frac{R^* - R}{R^*}\right)\Delta N \qquad (1-15)$$

在内源性融资条件下，自然资源因缺乏资本投入无法开发。内源性融资的投资只能来源于储蓄，民族地区的投资机会多，可以将储蓄全部转化为投资，用 N 表示社会总人口，人均收入水平用 $\frac{Y}{N}$ 来表示，人均资本的增量是 $\frac{\Delta Y}{N}$。按照凯恩斯的理论，当人均收入达到并超过 α，居民就可以把收入按照 b 的比例关系转化为投资。

当区域内发生经济增长，用 $\left(\frac{Y}{N}\right)'$ 表示新的人均收入水平，存在 $\frac{Y}{N} < \left(\frac{Y}{N}\right)'$，来自储蓄增加转化的投资为：

$$\frac{\Delta K'}{N} = b \cdot \left(\frac{Y}{N}\right)' - \alpha \qquad (1-16)$$

当区域内经济出现增长，也就是当 $\frac{Y}{N} \leq \left(\frac{Y}{N}\right)'$ 时，可以将区域内部分劳动力转移出来从事自然资源开发，全社会的投资将来源于两个部分：一部分是来自储蓄转化的资本增量，一部分是来自自然资源存量转化为财富增量带来的资本增量：

$$\frac{\Delta K'}{N} = b \cdot \left(\frac{Y}{N}\right) - \alpha + g\left(\frac{R^* - R}{R^*}\right)\Delta N \qquad (1-17)$$

当区域内经济发展水平比较低的时候，也就是当 $\frac{Y}{N} < \alpha$ 时，内源性融资将导致区域经济出现萎缩，因需要消耗掉原来的积累来弥补 $\frac{Y}{N} - \alpha$ 的缺口，只有经济发展水平迅速提高，当 $\frac{Y}{N} \geq \alpha$ 时，也就是经济总量增

长超过人口的增长时,才可能将区域内的自然资源存量转化为资本增量,提升人均资本占有量和全社会的投资水平。因此,从经济增长规律来看,如果缺乏外源性融资,落后地区仅依靠自身缓慢积累,短期内经济增长是很难实现的,无法提升人均资本占有量并提高投资率,落后地区的经济增长是很困难的。要促进落后地区的经济增长,提高社会资本存量和人均资本占有量,需要借助外源性资本促进经济增长,外源性资本供给能增加落后地区资本存量并提升人均收入水平,能提高社会消费能力并拉动投资的增长,增强区域内的自然资源开发力度,实现自然资源存量向财富增量的转变,提升区域经济发展的自生能力。

三 金融制约与民族落后地区的发展

我国民族地区经济发展落后于全社会发展。全国 120 个民族自治县多属"老、少、边、穷"的集中连片特困地区,自然资源状况以"山、川、库、漠"为主,2015 年人口总量达 2297 万。就 GDP 的总量来看,2015 年全国 120 个民族自治县的 GDP 总量虽然达到 8254 亿元,但总量只有全国百强县前三名的总和,各自治县的平均 GDP 不到全国百强县最后一位的 1/5;就人均 GDP 水平来看,120 个民族自治县的人均 GDP 只有 2.2 万元,不到全国平均水平 4.9 万元的一半;就区域内的发展竞争力来看,自治县农村居民的收入水平低于本省平均水平的自治县有 85 个,城镇居民收入低于全省平均水平的有 100 多个,而在全国 5578 万贫困人口中民族自治县的贫困人口有 546 万,占辖区内人口总数的 23.77%。① 2017 年,我国民族地区②实现生产总值 84899 亿元,虽然比 2016 年增长 7.6%,但在全国生产总值中的占比仅为 9.9%,占比比 2016 年下降了 0.3 个百分点。③

民族地区的经济发展落后,贫困人口多、数量大,扶贫攻坚和脱贫

---

① 国家民委办公厅:《巴特尔同志在全国民族自治县打赢脱贫攻坚战全面简称小康社会经验交流会上的讲话》,《国家民委通报》2016 年 12 月 6 日第 24 期。
② 民族地区是指内蒙古、广西、西藏、宁夏、新疆五个民族自治区和贵州、云南、青海三个多民族省。
③ 国家民族事务委员会经济发展司、中南民族大学编:《中国民族地区经济发展报告(2018)》,民族出版社 2018 年版,第 11 页。

奔小康的任务重，压力大（见表1-1）。"截至2017年年底，民族地区农村贫困人口总量为1032万，占全国农村贫困人口的比例为33.9%，农村贫困发生率为6.8%，比全国平均水平高3.7个百分点。2017年全国深度贫困县总数为334个，而民族地区的深度贫困县就有162个，占全国总量的48.5%，位于民族地区的'三区三州'，深度贫困问题尤为突出"，"2016年年底，'三区三州'共有建档立卡贫困人口318.54万，占全国贫困人口总量的8.2%，贫困发生率约为16.69%，相当于全国平均水平的3.7倍数"。① 2018年"三区三州"脱贫攻坚取得巨大成就，但贫困人口在3万以上的县还有111个，贫困发生率在10%以上的县还有98个，要实现这些地区如期脱贫，压力非常大，更重要的是，要使这些摘帽地区在脱贫后继续向前发展不再返贫，压力更大、任务更重。经济发展水平不高，贫困人口众多，持续发展压力大，促进民族地区经济发展，关系到社会和谐稳定和全国经济大局。因此，加速民族地区的经济发展尤为重要。

表1-1　　　　　民族地区农村贫困状况一览②

年份		2010	2011	2012	2013	2014	2015
贫困标准（元）		2300	2536	2625	2736	2800	2855
贫困人口（万人）	民族地区	5040	3917	3121	2562	2205	1813
	全国	16567	12238	9899	8249	7017	5575
	八省区占全国比重（%）	30.4	32.0	31.5	31.1	31.4	32.5
贫困发生率（%）	民族地区	34.1	26.5	20.8	17.1	14.7	12.1
	全国	17.2	12.7	10.2	8.5	7.2	5.7
	八省区与全国对比	高16.9个百分点	高13.8个百分点	高10.6个百分点	高8.6个百分点	高7.5个百分点	高6.4个百分点

注：2011年实行新的国家扶贫标准，为农民人均纯收入2300元（2010年不变价）。

受经济发展基础影响，我国民族地区经济发展出现了"低水平发展均衡"的问题。由于经济不发达，人均收入水平低，生活消费支出

---

① 李俊杰、耿新：《民族地区深度贫困现状及治理路径研究：以"三区三州"为例》，《民族研究》2018年第1期，第47—57页。
② http://www.seac.gov.cn/art/2014/4/21/art_151_203095.html.

在收入支出中占比大，居民的恩格尔系数比较高，储蓄率比较低且资本积累困难；资本不足导致技术创新投入和生产投资比较少，生产规模扩大和生产率提高比较困难，从而造成经济增长速度比较低，经济增长慢又影响居民收入水平提高，导致经济增长基础的缺失。形成"低收入—低储蓄—低资本形成—低生产率—低产出—低收入"的循环，反过来，低收入制约了消费和需求，不能刺激生产规模的扩大，生产活动效率无法快速提高，造成低水平的产出和低效率生产的重复，形成了"低收入—低购买力—低投资刺激—低资本形成—低生产率—低产出—低收入"的循环，并最终形成一个"低产出—低投入—低效率—慢发展—经济落后—资本外流—金融资源缺失"的恶性循环怪圈。民族地区经济发展水平滞后，造成资本收益率偏低，出于资本回报率和投资安全的考虑，区域外的资本不愿意流向民族地区，由于资本回报率低和市场主体对资本需求不强，民族地区的金融资源往往外流，金融资源外流强化了民族地区内源性融资特征。

由于我国的商业银行利率形成还没有完全市场化，全国性商业金融机构进入民族地区后，利用其网点分布优势吸收存款，并依据区域金融信用环境与市场载体质量发放贷款。民族地区的经济发展相对缓慢，市场主体存在质量不高和数量不多的双重困境，全国性商业金融机构出于安全考虑，只为少量市场主体提供资金。在民族地区经营的全国性商业金融机构，出于经营安全与成本收益的考虑，按照上级机构制定的统一市场标准供给金融资源，使民族地区的金融资源通过全国性金融机构的管网渠道，使民族地区有限的金融资源严重外流，金融发展资源与配置过程中的"虹吸效应"，使民族地区损失了宝贵的金融资源，对区域经济发展造成了"釜底抽薪"的后果，如果不能采取有效的干预措施和政策，受金融资源外流的影响，民族地区与全国的发展差距只会越来越大。因此，必须借助政策倾斜来增加民族地区的外源性金融资源供给，促进民族地区经济的跨越式发展，留住区域内的金融资源并促进区域经济增长。

第三节　促进经济增长需要金融支持

经济欠发达地区要实现经济增长，关键是要能将区域资源存量转化为财富增量，而金融作为现代经济的核心，具有发现价值和实现价值的功能，是实现区域资源存量向财富增量转化的核心与中枢。金融促进区域经济增长的主要功能，不仅在于培育产业与发展市场，为市场交易提供便利和渠道，还在于培育并形成现代市场理念和价值观，有利于现代市场经济体系的建设。

一　增加产业培育的资金支持

不同地区的自然资源要素禀赋存在差异，要实现自然资源向财富转化需要资本转化，但金融资源的稀缺与分布的非均衡，导致部分资源无法转化为财富，重视金融体系的建设是发达地区经济进步的重要原因。在17世纪欧洲资本主义发展的早期阶段，已经有学者关注金融体系对产业发展和经济增长的促进作用，因此，良好的金融体系不仅能促进实体经济的发展，还能提升居民的福利水平，金融服务的普惠是发展权均衡的重要内容。民族地区是我国的经济欠发达地区，是农牧业地区也是自然资源富集地区，同时也是金融体系发展不健全地区。民族地区的农业信贷与其他金融资本供给，能极大地改善民族地区资本投入状况并促进技术提升技术水平，从而使群众能够分享经济发展与工业化带来的好处。金融发展对于民族经济增长具有重要的促进作用，金融支持不力是民族地区经济发展滞后和群众收入增长缓慢的重要原因之一，也是破解民族地区经济发展难题的重要突破口，金融发展政策是民族地区经济发展政策的重要内容。

增加金融资源供给是民族地区发展的当务之急。民族地区的经济活动以牧业和种植业为主，工业活动主要围绕农副产品加工和资源类产品开发为主，服务业发展处于起步阶段，发展水平比较低。2017年，民族地区三次产业增加值的比重分别为13.2∶41.3∶45.5，第一产业与第二产业增加值占比高于全国平均水平5.3个和0.9个百分点，而第三产业低于全国平均水平6.2个百分点[①]。在市场条件下，单个农户受限于自身经营规模，难以抵御市场风险，需要市场联合组织才具有竞争力，

---

① 国家民族事务委员会经济发展司、中南民族大学编：《中国民族地区经济发展报告（2018）》，民族出版社2018年版，第12页。

发展农业合作社是提升民族地区产业竞争力的重要前提,而培育具有竞争力的龙头企业,是发展农业合作社的重要前提。由于民族地区市场规模小和发展起点低,企业多为中小型企业或者处于创业阶段的小微企业,企业发展需要差异化的金融服务供给(见图1-1)。由于企业主体处于发展阶段,需要大量的资金支持,2017年,民族地区的固定资产投资占全国投资总量的13%左右,固定资产投资占生产投资总值的比重达104.5%,远高于全国平均水平76%,投资是拉动民族地区经济增长的主要动力。① 因此,增加有效金融资源供给,是民族地区发展的当务之急,也是发展政策需要更好筹划的重点。

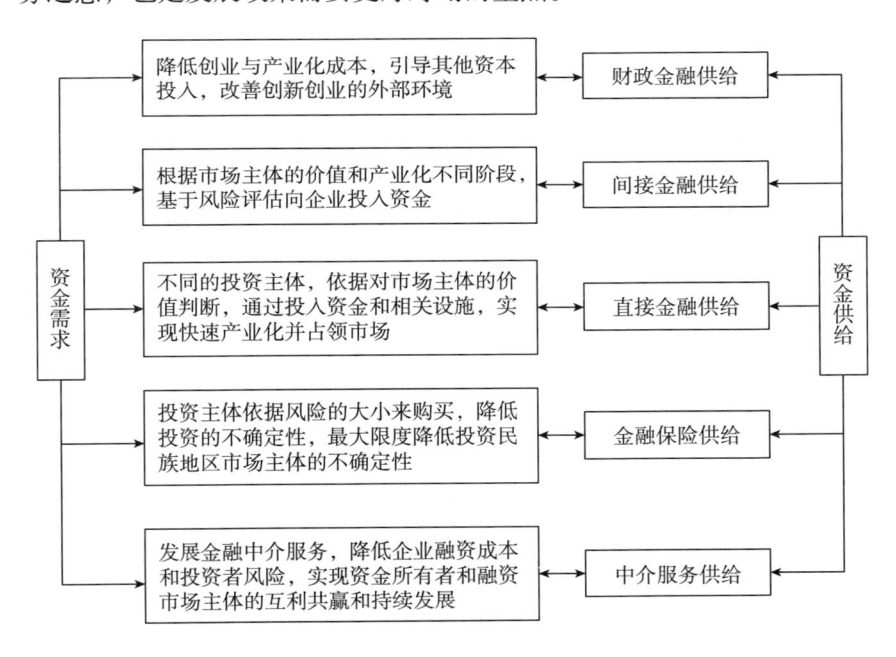

```
                      ┌─────────────────────────────┐
                      │ 降低创业与产业化成本,引导其他资本 │──── 财政金融供给 ────┐
                  ┌───│ 投入,改善创新创业的外部环境      │                   │
                  │   └─────────────────────────────┘                   │
                  │   ┌─────────────────────────────┐                   │
                  │   │ 根据市场主体的价值和产业化不同阶段,│──── 间接金融供给 ────┤
                  ├───│ 基于风险评估向企业投入资金       │                   │
   ┌───┐          │   └─────────────────────────────┘                   │   ┌───┐
   │资 │          │   ┌─────────────────────────────┐                   │   │资 │
   │金 │          │   │ 不同的投资主体,依据对市场主体的价│                   │   │金 │
   │需 │──────────┼───│ 值判断,通过投入资金和相关设施,实│──── 直接金融供给 ────┤───│供 │
   │求 │          │   │ 现快速产业化并占领市场          │                   │   │给 │
   └───┘          │   └─────────────────────────────┘                   │   └───┘
                  │   ┌─────────────────────────────┐                   │
                  │   │ 投资主体依据风险的大小来购买,降低 │                   │
                  ├───│ 投资的不确定性,最大限度降低投资民 │──── 金融保险供给 ────┤
                  │   │ 族地区市场主体的不确定性         │                   │
                  │   └─────────────────────────────┘                   │
                  │   ┌─────────────────────────────┐                   │
                  │   │ 发展金融中介服务,降低企业融资成本 │                   │
                  └───│ 和投资者风险,实现资金所有者和融资│──── 中介服务供给 ────┘
                      │ 市场主体的互利共赢和持续发展      │
                      └─────────────────────────────┘
```

图 1-1　民族地区市场主体发展的资金需求与供给

资料来源:笔者绘制。

利用金融发展带来动实体经济进步。进入民族地区的金融资源,必须和实体经济进行有机结合,通过实体经济的发展形成稳定的现金流,

---

① 国家民族事务委员会经济发展司、中南民族大学编:《中国民族地区经济发展报告(2018)》,民族出版社2018年版,第12页。

为金融资本的盈利和有序退出创造条件，为区域金融环境的改善背书。因此，要实现民族地区经济增长，必须利用宝贵的金融资源，围绕特色产业培育一批龙头企业，借助龙头企业的引领推动农业合作社的发展，为地区产业发展和市场竞争力提升创造条件，也为金融资源提供更多高质量的市场主体，减少本地区金融资源的外流。现代金融业的发展，已经改变传统单独依靠银行间接融资的固有模式，实现直接融资与间接融资的有机结合，能为不同市场主体提供差异化的融资选择（见表1-2），培育民族地区的资本市场，也是民族地区金融业发展的重要着力点与突破口，更是外源性融资在民族地区发挥作用的重要通道。结合不同市场主体的融资需要，培育区域性资本市场，促进民族地区企业面向全国融资，也是民族地区金融发展需要考虑的问题。不能因为民族地区经济发展水平不高，金融业发展处于起步阶段，资本市场刚刚萌芽，就对发展多层次资本市场没有信心，落后地区的跨越发展往往是从解放思想开始。民族地区只有解放思想，利用我国经济快速发展带来的机遇，借助市场的力量，运用外来金融资源培育本地的市场主体和产业，才能实现自然资源向财富的转变，才能实现经济的快速增长。

表1-2　　　　　　　企业的发展阶段与融资需求及资金来源

发展阶段	初创期	成长期	快速增长期	规模扩大期
经营特点	生产产品并试图打入市场	产品进入市场并进行销售	市场范围扩大，产品品种增加	企业规模扩大，市场销售稳步增长
信用条件	信息基本封闭；缺乏业务记录和财务审计；抵押担保能力很弱	业务记录和财务规范开始形成；抵押担保能力比较弱	信息透明度逐步提高；业务记录和财务审计不断规范；具备一定的抵押担保能力	业务记录和财务状况趋于完备；具有比较好的抵押担保能力
资金需求	企业启动资金；流动资金	流动资金	流动资金；固定资产投资资金	流动资金；固定资产投资资金
资金来源	内源性融资；非正式的资本市场融资（如亲友借贷）	内源性融资；非正式的资本市场融资；银行贷款（有担保融资）	自有资金；银行贷款（有担保融资）；增资（非公开招募融资、公开招股筹资）；发行公司债券	自有资金；银行贷款（有担保融资和无担保融资）；增资（公开招股融资）；发行公司债券

资料来源：笔者绘制。

要促进民族地区的经济发展，需要不断努力建设完善金融市场，通过差异化的政策设计安排，帮助民族地区尽可能多地获得外源性金融资源，避免区域内金融资源外流，借助金融资本的转化促进经济增长。

二　增加有效的金融资源供给

破解民族地区的发展难题，关键是如何实现经济增长，而金融发展则是破解难题的钥匙。缩小经济发展水平差距，经济发展是手段，增加金融资源供给是方法，而优化金融发展政策则是着力点。从理论逻辑上来看，内源性融资受区域经济发展基础的影响，不足以支撑经济的持续发展，增加外源性资金供给，是落后地区加速经济发展的重要途径，没有足够的外源性资金支持，仅依靠落后地区自身的积累，短期内很难集聚足够的资金，经济也难以加速增长。受民族地区经济发展水平和信用环境的影响，按照传统的融资标准，民族市场主体进入全国资本市场融资存在困难，银行类金融机构的间接融资渠道，是民族地区获得资金的重要通道。银行类金融业有行业经营要求，贷款的金融资源主要来自银行机构的负债，资金的所有权决定银行类金融机构在发放贷款时，必须考虑借贷者的偿还能力，因而存在天生的所有制和规模歧视[1]。因此，破解欠发达地区的金融约束，增加外源性融资是其重要途径，解决民族地区的市场主体信用不足的困扰，关系到民族地区的发展能否得到金融支持。

民族地区经济发展水平落后，金融资源供给严重不足，受商业银行一体化经营模式影响，存在金融资源外流的情况。要促进民族地区的经济和金融发展，必须结合民族地区的金融发展现状和基础，通过政策优化设计促进金融资源与实际需要适配，同时尽量降低金融市场的不确定性，消除信用约束对金融资源供给的影响。"信息不对称是中小企业融资难的根本原因，在信息不对称的条件下，信贷市场必然存在逆向选择和道德风险，贷款人对利益与风险的均衡选择导致信贷配给不可避免"[2]，建立信息对称和风险可控的金融市场环境，关系到金融资源配

---

[1] 张杰：《民营经济的金融困境与融资次序》，《经济研究》2000年第4期。
[2] J. E. Stiglitz & Weiss, "Credit rationing in markets with imperfect information", *American Economic Review*, 1981, 71 (3): 393–410.

置的有效性，发挥政府政策的引导与稳定作用，则是问题解决的关键。推动民族地区金融发展与经济增长，就必须破解单纯市场选择带来的"由于小企业规模较小、融资成本相对较高、信用担保机制缺乏以及企业自身'存活性'差等条件约束，再加上受到所有制的歧视，导致中小企业在有组织金融市场上的局部市场失效"①的问题。开发性金融本身具有"'长期互动'和'共同监督'特征"②，既能解决信息不对称和市场逆向选择带来的金融发展制约，又能培育和促进金融市场的发展，对促进民族地区的金融发展有重要意义。

开发性金融在促进民族地区金融发展中具有独特优势，其原因主要包括：

（1）开发性金融属性与民族地区经济增长和培育金融市场的使命耦合，是解决民族地区金融排斥的重要途径。发挥开发性金融在民族地区经济发展中的引导与促进功能，通过开发性金融的"'发展中长期信贷与投资等金融业务，为国民经济重大中长期发展战略服务'的特殊属性，借助市场化方式、开发性方法为'中长期发展战略实施提供可持续的金融支持'"③，不但能促进民族地区的金融发展，还能促进民族金融市场的形成，实现提供金融服务和培育市场的双重责任，是促进落后地区金融市场快速发展的有效途径。此外，开发性金融机构有经验上的优势，我国的国家开发银行、农业发展银行、进出口银行，都有在落后地区培育金融市场的丰富实践经验，国家赋予开发性金融机构"承担国家重大战略责任"的使命，培育和发展民族地区金融市场成为开发性金融机构义不容辞的责任。

（2）利用开发金融的国家信用属性，通过培育金融市场普及现代金融理念，改善民族地区的金融发展环境。"开发性金融是单一国家或国家联合体通过建立具有国家信用的金融机构，为特定需求者提供中长

---

① 张宗新：《融资缺口：小企业融资功能缺陷的一种解释》，《社会科学》2000年第8期。
② 林毅夫、李永军：《中小金融机构发展和中小企业融资》，《经济研究》2001年第1期。
③ 陈元：《开发性金融服务全面建成小康社会》，财经—人民网，http：//finance.people.com.cn/bank/n/2012/1210/c202331-19844061.html。

期信用的一种金融形式"，① 开发性金融机构通过对民族地区市场提供融资，不但能增强其融资能力缓解资本约束，更重要的是让民族地区的市场主体接触到现代金融理念，认识到信用对于市场主体发展的重要意义，引导市场主体树立正确的金融价值观，通过"有借有还，再借不难"的生动实践，降低金融信贷风险改善信用环境，为商业金融进入民族地区创造条件，部分解决金融排斥对民族地区经济发展的影响。针对民族地区金融机构缺乏、金融体系不健全、金融市场不完善、民众现代金融意识薄弱的现实，只有开发性金融才具有承担培育金融市场的使命。

（3）利用开发金融的市场绩效属性，实现开发金融与民族地区特色产业结合，实现自然资源存量向财富增量的转化，增加民族地区金融资本的有效供给，促进区域经济的增长与发展，强化金融供给的能力和金融市场发展的基础。开发性金融不是财政资金，在日常运营中坚持商业化的倾向，确保投资股东能获得合理利润，开发金融的政策属性，决定其承担市场风险的能力和意愿强于普通金融机构。在兼顾社会责任的同时，开发性金融机构能按照保本微利的原则经营，既不让融资主体产生巨大的利息压力，又能让融资主体接受市场机制的约束，缓解商业银行运营的资金所有权约束，因此，开发性金融是民族地区最好的外源性资金供给，是培育区域金融市场的主要力量，是促进民族地区经济发展的重要力量，是能合理利用的有效金融资源。

（4）通过开发性金融的引导，促进民族地区政府经济治理能力的现代化，通过建立"政策入口—开发性金融孵化—市场出口"的机制，在市场空白、缺损的领域主动建设市场、信用和制度，为商业银行贷款"铺路搭桥"②，开发性金融的供给，逐步将地方政府的主要职责，从既要管理国民经济发展解决民生，又要参与解决市场发展约束，还要防控金融风险维护社会稳定的多重角色中解放出来，帮助政府建立与现代金融业发展相适应的管理方法和手段，实现政府职能和功能的转型与合理

---

① 《人民日报》新论：《开发性金融传播中国信心观点》，人民网，http://opinion.people.com.cn/n/2015/0423/c1003-26891512.html。

② 《开发性金融的新担当》，银行频道—和讯网，http://bank.hexun.com/2015-06-15/176738591.html。

归位。通过向市场归还权力，厘清市场与政府的边界，促进民族地区营商环境的改善。

三 制定差异化的金融发展战略

经济发展的基础和金融发展水平存在差异，区域资源要素禀赋结构和产业选择不同，决定了民族金融发展道路存在异质性。我国民族地区经济情况千差万别，决定了金融发展战略和路径不可能整齐划一，需要结合区域发展制定差异化的金融发展战略，不能用一把钥匙同时开多把锁。要促进民族地区金融发展，需要有差异化的金融发展战略，要从以下几个方面努力：

第一，整体把握民族地区的金融发展现状，找准着力点制定金融发展政策。民族地区金融发展面临的最大问题，是区域发展的巨大金融需求与金融资源日益外流的现实。要通过持续有效的制度激励，落实和完善民族地区金融发展支持的税收优惠、定向费用补贴、增量奖励等政策，激励在民族地区经营的金融机构，把资金投放给农村居民和中小企业，而不是把民族地区金融资源转移到发达地区和城市居民。强化民族地区金融发展的制度约束，完善民族地区县域银行类金融机构新吸收存款主要用于当地发放贷款政策。针对我国西部尤其是边远民族地区存在大面积农村金融服务空白的状况，应按照财务可持续与填补金融服务空白相结合，正规金融机构服务网点和便利性金融服务简易设施相配套，通过金融服务网络硬件设施与提升农村金融人力资源相互结合的原则，有效地消除农村、牧区和边远山区的金融服务空白，使金融服务能够惠及所有需要服务的人，以服务权的普惠实现发展权的均等，促进民族地区发展和社会和谐。

第二，做好金融发展的存量改革，发挥现有金融机构的服务能力与效率。针对民族地区的农牧业特点和居民点分散特征，要优化民族地区的金融服务网络，通过金融网点下沉与网络的补齐，创造人人享有金融服务的环境。民族地区的农村信用合作社要加强内部结构治理，通过产权结构改革增强经营能力；政策性金融机构要加大业务创新力度，结合民族地区的脱贫攻坚和异地扶贫搬迁，加大资金投放并着力提升贫困户的现代金融意识；农业银行和邮政储蓄银行，要强化支持"三农"机制的创新，确实使农村的金融机构服务"三农"，缓解民族地区农村金融资源的外流。要充分发挥民族地区的农商行、农村信用合作社、村镇银行等本土金融机构的服务功能，做好民族地区本土金融法人的培育，增强其经营能力和水平，为其扎根民族地区创造条件。

第三，加大资本市场的培育力度，增加民族地区外源性金融资源供给。资本市场具有防范和化解金融风险的功能，能为市场主体提供直接融资的渠道，还能借助定价功能发现市场价值。在资本的逐利性驱使下，资本市场能够促进资本的流动与配置，是拓展外源性资金进入民族地区的重要通道。服务于实体经济是资本市场的核心职责，资本市场具备的功能与经济增长之间具有内在关联性，利用好资本市场是促进民族地区经济增长的重要一环。民族地区发展存在自然资源富集与金融资源短缺的现实困难，间接融资又面临着银行体制和资金所有制的影响，在商业银行现有的经营模式影响下，要大规模地增加民族地区间接金融资源供给存在一定的困难，而发展资本市场打通外源性融资的通道，既能增加民族地区的金融资源有效供给，还能建立民族地区与外部市场的有效通道。

第四，因地制宜、有的放矢地制定差异化区域金融发展政策。我国民族地区幅员辽阔，金融发展水平千差万别，要促进民族地区金融发展，需要有针对性地制定差异化金融政策。要结合中国北方草原牧区、西南高寒藏区、中部山区、南方石漠化地区的经济特征，根据金融业发展水平制定不同的金融发展促进政策。要摒弃民族地区经济落后金融业发展不重要的错误思想，发展经济是解决民族地区落后的关键，而金融是现代经济的核心，不利用现代经济发展方法和手段，要实现民族地区脱贫致富和快速发展是非常困难的。

第二章　民族地区金融业稳步发展

金融业作为现代经济的核心，不仅能实现资源的优化配置，更重要的是能对微观经济运行和宏观经济调控产生重大影响。民族地区是我国经济发展落后地区，是需要促进金融发展的重点地区，也是金融发展促进政策需要优化的地区。我国民族地区的经济实力不强，是国家未来重要的发展地区，是支撑中国经济持续稳定发展的重要力量，在国民经济中的地位将不断提升。民族地区的金融发展政策优化，关乎落后地区发展促进政策体系的优化，关乎国家经济治理能力与水平的提升，是中国特色区域发展政策的重要组成部分。

第一节　银行类金融机构发展初具基础

我国民族地区地域广阔，经济发展水平相对落后，在中华人民共和国成立之前，受政治因素和自然条件的影响，金融业发展几乎空白，除了少数民族的上层分子，利用政治特权开展高利贷等活动，不存在服务民生与经济发展的金融，金融服务实体经济几乎没有。中华人民共和国成立后，为了促进民族地区的经济和社会发展，国家加大了民族地区发展的扶持力度。改革开放前，按照国家统一管理体制，初步建立以中国人民银行派出机构为主，服务地方经济发展的金融体系，民族地区的群众有了获得金融服务的机会；党的十一届三中全会后，在国家改革开放政策的指引下，民族地区在国家的支持下，结合地区发展的需要，发扬自力更生、艰苦奋斗的精神，初步建立起服务经济社会发展的金融体系。

一 银行类金融机构数量增长

经过改革开放多年的发展，民族地区[①]围绕经济社会发展，在国家和各职能部门的帮助下，通过大胆的改革创新，推动金融事业的不断发展，银行业的发展取得了巨大成就。民族地区银行类金融机构的发展，主要体现在以下几个方面：

第一，银行类金融机构增加迅速。经过多年的持续建设，民族地区的银行类金融机构的数量增加迅猛，从 2004 年的 25533 个到 2016 年的 30216 个，12 年间增加了 4683 个，增长了 1.18 倍，2017 年民族地区的银行类机构数量有所下降，总量为 29869 个。从金融机构分布的数量看，2017 年广西的银行类金融机构有 6296 个（见表 2-1），是民族地区银行类机构数量最多的省区，占民族地区银行类金融机构总量的 21.1%。大型商业银行在广西、内蒙古、云南、新疆、贵州设立的机构数量比较多，原因可能与这些地方的经济规模比较大有关。大型国有商业银行是服务民族地区的主力，2017 年在民族地区共设立 9050 家机构，占民族地区银行类金融机构总量的 30.3%。因此，加大国有商业银行在民族地区的覆盖率，对增加民族地区的金融服务具有重要意义。

表 2-1　　2017 年民族地区银行类金融机构基本情况　　单位：个

机构类型	内蒙古	广西	贵州	云南	西藏	青海	宁夏	新疆
大型商业银行	1601	1982	1103	1601	565	430	510	1258
国开与政策性银行	87	66	72	89	0	27	16	97
股份制商业银行	210	206	119	411	6	39	39	125
城市商业银行	576	437	523	230	4	82	141	226
小型农村金融机构	2320	2392	2347	2306	0	353	386	1137
财务公司	6	2	5	5	0	1	1	1
信托公司	2	0	1	1	0	1	0	0
邮政储蓄	810	969	963	855	89	178	202	665
外资银行	1	4	1	7	0	0	0	2

---

① 指内蒙古、广西、西藏、宁夏、新疆五个民族自治区和贵州、云南、青海三个多民族省。

续表

机构类型	内蒙古	广西	贵州	云南	西藏	青海	宁夏	新疆
新型农村金融机构	204	238	202	132	0	6	58	138
合计	5817	6296	5336	5637	664	1117	1353	3649

资料来源：根据《中国区域金融运行报告（2018）》整理核算。

第二，新兴银行类金融机构开始出现。以财务公司和信托公司为代表的新兴银行类金融机构，在民族地区发展相对缓慢，机构数量占比比较低，2017年民族地区的财务公司与信托公司总量只有26家；新型农村金融机构作为服务"三农"的重要金融创新，在民族地区发展缓慢，总数只有978家，占金融机构总量的3.3%，因此，民族地区银行类金融机构的创新力度不大。外资银行作为区域金融开放的标志，民族地区共有15家外资银行，其中云南6家，广西4家，这与近年来国家在云南和广西推进沿边金融改革开放有关，西藏、宁夏、青海的外资银行还没有实现零的突破。随着金融机构的发展，银行类金融服务的覆盖面不断扩大。股份制银行作为金融服务的重要提供者，在民族地区有了很大的发展，由2005年的301家分支机构增加到2017年的1155家，12年间增长了3.84倍，而城市商业银行的分支数量，则从2005年的172家增加到2017年的2219家，增长了12.9倍。

第三，银行类金融机构分布均衡。从地区分布来看，广西的银行类金融机构数量占民族地区总量的21.1%，内蒙古的银行类金融机构数量占民族地区总量的19.5%，新疆的银行类金融机构数量占民族地区总量的12.2%，西藏的银行类金融机构数量占民族地区总量的2.2%，西藏和新疆都属于地广人稀的地区，银行类金融机构不足将影响金融服务的送达能力。新型农村金融机构作为民族地区服务"三农"的主力，机构总数从2005年的10603家减少到2017年的2586家，与民族地区快速增长的金融服务需求不相适应。国家开发银行和政策性银行作为培育金融市场，促进落后民族地区发展开发的主力，机构分支数量从2005年的436家增加到2017年的454家，仅仅增加了18家，而西藏仅有的2家分支机构，在2017年被撤销出现空白，这将不利于民族地区的扶贫开发。

民族地区的银行类金融机构数量虽然有了很大增加,但机构分布不均衡和金融创新不足的弊端明显,要促进民族地区的金融发展,需要优化银行类机构的布局,促进银行服务的均等化,解决金融服务资源分布不均与服务水平不高的问题。

二 银行类金融机构实力增强

增加民族地区金融服务的可获得性,是国家促进民族地区金融发展的重要方针。经过多年的发展,民族地区的金融服务能力得到提升,银行类金融机构的实力不断增强。

第一,银行类金融机构资产增加。银行类金融机构拥有资产的多少直接影响银行业的服务能力。国家鼓励各类银行金融机构增加民族地区的资产,增强服务地方经济发展的能力。民族地区的银行类的金融机构资产,从2005年的126551亿元增加到2017年的198764亿元,资产总量增加了57.1%(见表2-2)。但从具体年份来看,2005年后民族地区银行类机构金融资产出现下降,2006年民族地区银行类机构的金融资产下降到52879亿元,此后逐步恢复增长,到2014年才恢复到2005年的水平。民族地区银行类金融机构资产波动的原因,与国家开发和政策性银行资产变动有关,2005年民族地区的国家开发和政策性银行的金融资产总量为98336亿元,到2006年后急剧下降到3529亿元,直到2017年也没有恢复到2005年的水平。国家开发和政策性银行,是促进民族地区金融发展的重要力量,也是增强金融服务能力的基础,让国家开发和政策性银行在民族地区扎根稳定发展,是促进民族地区金融发展的重要内容。

表2-2 民族地区银行类机构的金融资产(2005—2017年) 单位:亿元

年份	大型商业银行	国开和政策性银行	股份制商业银行	城市商业银行	小型农村金融机构	财务公司	信托公司	邮政储蓄	外资银行	新型农村金融机构	合计
2005	19964	98336	1739	2045	3537	106	4	813	7	0	126551
2006	16702	3529	2251	1878	22430	42	19	7341	5	0	54197
2007	19339	4341	2663	2437	5036	22	0	1064	3	0	34905

续表

年份	大型商业银行	国开和政策性银行	股份制商业银行	城市商业银行	小型农村金融机构	财务公司	信托公司	邮政储蓄	外资银行	新型农村金融机构	合计
2008	23849	5504	2800	2756	6801	24	24	1689	28	45	43520
2009	30283	7056	4405	4532	9080	100	22	2139	30	266	57913
2010	35648	9078	5457	7040	11967	89	22	2610	54	133	72098
2011	39848	11225	7364	10242	15011	240	114	3188	74	369	87675
2012	45264	13471	10035	12938	18908	281	136	4030	105	581	105749
2013	50572	15517	12244	15331	23638	488	205	4435	132	932	123494
2014	53324	18582	13514	18174	27107	816	265	5094	133	1210	138219
2015	56946	23645	15473	21910	31693	1066	343	5447	144	1671	158338
2016	58448	27738	15385	27442	35613	1712	466	5885	114	2363	175166
2017	66852	33102	14410	33437	38765	2336	579	6561	136	2586	198764

资料来源：根据历年的《中国区域金融运行报告》整理核算。

第二，银行类机构的实力不断增强，服务地方发展的能力存在差异。随着民族地区经济社会的发展，银行类金融机构也重视在民族地区开展业务，增加银行类金融机构的资产，成为银行类金融机构发展的特征。尽管民族地区银行类金融机构资产实现了快速增长，但就服务能力来看存在差异（见表2-3）。从银行类金融机构拥有的资产情况看，大型商业银行拥有的金融资产占有绝对优势，2016年国有商业银行拥有民族地区金融资产的34.2%，小型农村金融机构的金融资产占比为20.6%，国家开发银行和政策性银行的资产占比达到15.5%，三者合计占比为70.3%，是服务民族地区金融的绝对主力。民族地区的本土金融法人拥有一定的服务能力，小型农村金融结构资产占比为20.6%，主要包括农村商业银行、农村信用合作社、村镇银行等，是深耕民族地区经济发展的主力机构，但农村信用合作社面临改制发展的问题，还需要突破体制束缚发展的制约。全国股份制商业银行在民族地区经营不够主动，拥有的资产相对比较少，股份制商业银行的资产占比只有8.8%，如何引进更多全国性股份制银行到民族地区发展，是必须考虑的现实问题。

表2-3　　2016年民族地区银行类金融机构的资产状况　　单位：亿元

机构类型 \ 地区	内蒙古	西藏	广西	新疆	宁夏	青海	云南	贵州
大型商业银行	9463	3138.9	11805.7	9981	2577	3030	12437	9153.9
国开和政策银行	5382	230.8	4803.7	4218	1632	2178	5213	4310.8
股份制商业银行	2790	124.6	2814.3	1821	474	589	5047	1849.3
城市商业银行	6488	366.6	4221.5	4816	1821	1083	2881	6131.4
小型农村金融机构	5570	0	7245.8	4146	1423	1031	9184	7013
财务公司	437	0	136.3	7	40	95	248	748.2
信托公司	115	21.9	0	108	0	72	24	146.6
邮政储蓄	831	84.6	1665.8	862	202	300	973	1050.9
外资银行	4	0	40.7	14	0	0	52	3
新型农村金融机构	538	5.1	919.9	33	140	75	325	332.5
合计	31618	3972.5	33653.7	26006	8309	8453	36384	30739.6

资料来源：笔者根据《中国区域金融运行报告（2017）》整理核算。

三　银行类机构服务能力增强

持续增加银行机构的服务人员，增加民族地区的金融法人数量，是增强民族地区银行类机构服务能力的重要举措。银行类金融服务能力增强主要体现在以下几个方面：

第一，银行从业人员数量不断增加。增加民族地区银行类金融服务机构的人力资源，是增强服务能力的重要途径。民族地区地域幅员辽阔，增加银行机构的人员，是银行类金融机构增强服务能力的重要途径。从2005年到2017年，民族地区银行类金融机构的从业人员总量，从305404人增加到456943，12年间净增加151539人，2016年是民族地区银行从业人员最多的年份，从业人员达到459706，2017年民族地区银行业从业人员减少了2763人，原因既与互联网金融兴起，银行业实行线上线下业务同步，减少实体门店与员工有关，又与银行业经营利润下降，银行减少经营资源投入有关。大型商业银行的从业人员占有绝对有优势，从业人员从2005年的171175人增加到2017年的191773人，新型农村金融机构的从业人员增加迅速，从2008年的621人增加到 2017 年的 21063 人，是从业人员增加最为迅速的银行类金融机构，也是服务民族地区经济发展的主力机构。

表 2-4　民族地区银行类金融机构的人力资源（2005—2017 年）　单位：人

年份	大型商业银行	国开和政策性银行	股份制商业银行	城市商业银行	小型农村金融机构	财务公司	信托公司	邮政储蓄	外资银行	新型农村金融机构	合计
2005	171175	9433	7171	11219	82524	539	23	23311	9	0	305404
2006	168978	9711	9188	12755	83861	238	166	26952	7	0	311856
2007	168765	9635	9732	13962	87126	113	0	29091	7	0	318431
2008	175938	9469	8016	12261	92482	38	171	10406	56	621	309458
2009	179056	9625	10345	17919	99948	79	196	23441	130	4529	345268
2010	185820	10286	9134	22172	107854	71	221	23990	215	1792	361555
2011	183946	10284	11168	27068	107440	157	672	25663	261	4367	371026
2012	180601	10542	13690	31352	113683	179	916	31909	313	5793	388978
2013	197723	10671	16847	36002	116933	282	1232	25218	312	8209	413429
2014	200274	10667	20007	40544	121035	358	1464	26309	334	11220	432212
2015	199605	10542	23104	42940	122969	450	1644	25659	316	15264	442493
2016	198676	10783	25006	45670	124566	481	1715	31449	300	21060	459706
2017	191773	11186	25358	49160	125132	502	1887	30600	282	21063	456943

资料来源：笔者根据历年《中国区域金融运行报告》整理核算。

第二，服务能力水平持续上升。银行类金融服务业是劳动力密集型的服务行业，民族地区人口分布相对比较分散，银行类金融机构向偏远乡村延伸服务，没有足够的员工队伍是难以解决的。经过多年的培育和发展，民族地区建立了一支具有服务能力的银行类金融服务员工队伍，到 2017 年民族地区银行类金融机构共有员工 456943 人，从银行类金融机构的员工队伍分布来看，大型商业银行的员工占比达 43.1%，小型农村金融机构的员工占比 27.1%。尽管金融机构从业人员总数在不断增加，但不同机构从业人员占比呈现出分化的趋势。大型商业银行从业人员总数逐年递减，占比从 2005 年的 57.72% 下降到 2017 年的 41.97%，12 年间下降了 15.75 个百分点，而国家开发银行和政策性银行的从业人员占比,则从 3.26% 下降到 2.45%;小型农村金融机构占比保持了相对稳定,股份制银行和城市商业银行从业人员稳步发展,而农村新型金融机构的从业人员增加最为迅速。因此,要增强民族地区的金融服务能力,不仅要动员大型商业银行增加资源投入,重点可能还要培育地方银行类金融机构。

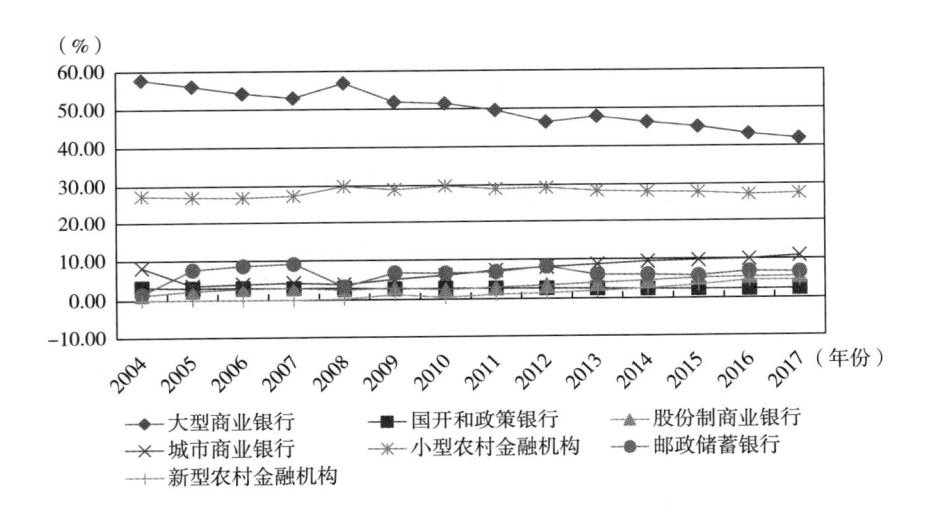

图 2-1　民族地区银行机构从业人员占比变化(2004—2017 年)

资料来源:笔者根据历年《中国区域金融运行报告》整理绘制。

第三,金融法人数量不稳定。民族地区银行类金融法人数量呈现动态变化,在民族地区注册的银行类法人机构数量不断变化,2007 年民族地区共有银行类法人机构 1296 个,但随后出现下降,到 2010 年剩下 721 个,随后开始出现恢复式增长,到 2016 年法人机构增加到 1403 个,超过 2007 年成为历史新高,但到 2017 年民族地区的银行类法人迅速减少,法人数只剩下 982 个。引起民族地区银行类金融法人数量变化的原因,与民族地区金融发展环境有关,部分银行类金融法人受金融生态和市场竞争的影响,无法维持经营而注销法人资格;另一个重要原因就是,民族地区金融风险突出,2018 年民族地区银行类金融法人减少,与互联网金融经营困难和企业关门注销有关。民族地区主要银行类金融法人是小型农村金融机构和新型农村金融机构,而小贷公司作为新型农村金融机构的重要构成,其经营和抵御风险能力取决于市场环境和经营水平,受到2018年经济下行的影响,民族地区部分小贷公司因经营不善而破产,因此稳定银行类金融法人对提升民族地区金融服务意义重大。

尽管民族地区的银行类金融发展迅速,取得了巨大成就,提升了民族地区的金融服务水平,但要满足差异性和多样化的金融服务,还有大量的工作要做。民族地区的金融业发展水平落后,政策的着力点应该是在扶持上,全国性"一刀切"的政策可能对民族地区并不适宜。

表2-5　民族地区银行类金融机构的法人个数(2007—2017年)　单位:个

年份	大型商业银行	国开和政策性银行	股份制商业银行	城市商业银行	小型农村金融机构	财务公司	信托公司	邮政储蓄	外资银行	新型农村金融机构	合计
2007	0	0	0	17	1277	2	0	0	0	0	1296
2008	0	0	0	18	842	1	2	1	1	40	905
2009	0	0	0	23	650	2	2	0	1	514	1192
2010	0	0	0	25	619	2	2	0	1	72	721
2011	0	0	0	26	604	4	10	0	1	317	962
2012	0	0	0	24	604	4	10	0	1	160	803
2013	0	0	0	24	568	8	9	0	1	207	817
2014	0	0	0	24	597	10	10	0	0	229	870
2015	0	0	0	24	601	14	10	0	0	255	904
2016	0	0	0	26	600	14	10	0	0	753	1403
2017	0	0	0	26	604	14	10	0	0	328	982

资料来源:笔者根据历年《中国区域金融运行报告》整理核算。

第二节　保险业持续稳健有序发展

保险业最主要的功能是促进发展和实现社会和谐,民族地区多是老少边穷地区,自然环境恶劣发展基础薄弱,自然和社会灾害对地方发展的冲击巨大。民族地区发展保险业,有利于社会稳定与和谐,对民族地区的经济发展具有重要意义。改革开放，尤其是近年来民族地区的保险业发展取得了巨大进展。

一 保险业网络逐步形成

保险业作为我国金融业的重要组成部分，能够对经济发展中的损失进行补偿，使经济尽快恢复到损失前的状态，对促进经济健康稳定发展有重要作用。在我国经济转型升级与市场功能不断完善的大背景下，保险业迎来了重要的发展机遇，而民族地区的经济社会发展，又为保险业提供了发展空间和展示价值的舞台。经过多年的发展，民族地区的保险业网络正在逐步形成。

第一，国家出台政策支持民族地区保险业发展。2006年，国务院出台《国务院关于保险业改革发展的若干意见》，指出要统筹保险业区域发展，提高少数民族地区和欠发达地区保险服务水平，发挥保险业的经济发展"助推器"和社会"稳定器"的功能。2014年8月10日，国务院印发了《关于加快发展现代保险服务业的若干意见》，明确提出了大力发展"三农"保险，创新支农惠农方式，针对民族地区和偏远乡村，进一步拓展保险服务功能，促进经济提质增效。民族地区作为经济欠发达地区，发展保险业具有重要的现实意义，为了促进民族地区的保险业发展，国家增加了民族地区的政策险购买力度，同时对民族地区的保险业发展给予政策扶持，民族地方政府对保险业的发展给予了政策支持，湖北的恩施州，对接《湖北省人民政府关于加快发展现代保险业的实施意见》，在国家和省的政策支持下，围绕地方特色产业开展保险服务，保险服务网点从街头巷尾走向田间地头，民族地区的保险业实现从无到有突破性发展。

第二，保险业的服务网点不断增加。地广人稀是民族地区人口分布的重要特征，加强网点建设和完善保险服务人员队伍，是增强保险服务水平的主要途径。经过多年的建设，民族地区的保险服务网络逐步形成。总部设在民族地区的保险公司的总量，由2006年的1家增加到2017年的7家，其中2016年新增3家，2017年新增2家，人身保险公司经营主体在2016年实现了零的突破，财产保险公司由2006年的1家增加到2017年的6家；保险公司的分支机构，由2006年的3590家增加到 2017 年的 4495 家,其中,财产保险的分支机构由 2006 年的 1358 家增加到 2017 年的 2679 家,人身保险的分支机构从 2006 年的 1158 家增加到 2017 年的 1816 家(见表 2-6)。应该说,经过多年的发展,民族地区保险业的服务网点初步建立起来,实现了县域和部分镇(乡)域的全覆盖。

表 2-6　　民族地区保险公司的情况（2006—2017 年）　　单位：家

年份	2006	2007	2008	2009	2010	2011	2012	2013	2014	2015	2016	2017
辖区保险公司总部	1	1	1	1	1	1	1	3	3	2	5	7
财产险经营主体	1	1	1	1	1	1	1	3	3	2	4	6
人身险经营主体	0	0	0	0	0	0	0	0	0	0	1	1
保险公司分支	3590	5240	6127	6387	1598	172	185	1874	197	210	221	4495
财险公司分支	1358	2898	3424	3393	944	98	104	710	110	119	126	2679
人身险公司分支	1158	2342	2703	2994	654	74	81	1164	87	91	95	1816

资料来源:笔者根据历年《中国区域金融运行报告》整理核算。

第三,保险业从业人员不断增加。保险业从业人员的流动性比较强,但从保险业从业人员的数量变化,还是可以得到相关的启示。尽管目前没有完整的民族地区保险从业人员的统计,从恩施州的保险业从业人员数量的变化,还是可以了解到保险业从业人员队伍的变化(见表 2-7)。恩施州的保险业从业人员从 2008 年的 3064 人增加到 2017 年的 7893 人,全职保险业从业人员数量,从 2008 年的 1819 人增加到 2017 年的 6619 人,全职从业人员的队伍不断扩大。从从业人员的性别构成来看,女性员工增加速度明显比男性快,10 年间女性员工增加了 3.28 倍,而男性员工只增加了 1.73 倍。保险从业人员数量的增加,一方面促进了民族地区保险业的发展与繁荣,但也造成了保险业市场过度竞争。

表 2-7　　恩施州保险业人力资源情况（2008—2017 年）　　单位：人

年份	2008	2009	2010	2011	2012	2013	2014	2015	2016	2017
从业人员总量	3064	2753	4709	2593	2930	3851	5332	7298	7663	7893
全职从业人员	1819	1401	3340	2280	2478	3362	4242	6120	6426	6619
兼职从业人员	1245	1352	1369	313	452	489	1090	1178	1237	1274
男性在岗人员	1456	1276	2015	990	1012	1425	1794	2329	2445	2519
女性在岗人员	1541	1407	2611	1767	1511	2161	3206	4670	4904	5051

资料来源：恩施州保险业协会。

民族地区保险业的发展，极大地促进了民族地区经济社会发展，2017 年整个宁夏的各类保险公司，向投保主体赔付的理赔费用达到 29.7 亿元，尤其是针对农牧民在冬春季节遭遇冰雪自然灾害，保险公司的赔付成为农牧民恢复生产和维持生活稳定的根本。

二　保险产品丰富多样

各大保险公司结合民族地区的产业发展，创新保险服务的品种，开发了大批具有地区特色的保险品种。保险品种的多样化丰富了民族地区群众的选择，实现了保险供给与需求的有效衔接。民族地区的保险产品具有以下特点：

第一，保险产品不断丰富。当前，民族地区保险市场中的产品种类较为丰富，险种范围不断扩大，除了传统的人身保险、财产保险、农业保险、车辆保险等保险种类，保险公司还推出了很多创新型的保险品种，如分红保险、投资连结保险等。此外，在责任保险、信用保险、保证保险等方面也有了长足发展，保险产品种类更为细化、更加全面。同时，在产品品种不断丰富的大背景下，当前民族地区很多保险公司尝试与银行合作，开发兼具投资与储蓄功能的银行保险产品，从而使保险险种更加符合市场需求。尤其是针对民族地区的农牧业，保险公司推出能繁母猪、大牲口等保险险种，针对南方水稻种植区，推出水稻种植险，结合特色水果和农产品，开发接地气有需求的保险产品。

第二，政策保险发展迅速。民族地区经济发展相对落后，政策性保险在保险中具有非常重要的影响。政策性保险主要体现为民族地区各级政府，为了发展本地的特色农牧副业，发挥财政资金在保险市场培育中的引领作用，以政府提供部分特色农牧副业补贴的形式促进民族地区保险业的发展。广西壮族自治区百色市的田东县，围绕甘蔗、香蕉、杧果等该县基础产业，针对这些高风险的弱质产业，易受地理、气候等因素影响很大，抵御自然灾害的能力较弱的特点，开展政策性农业保险，建立政府支持的农业保险制度，增强农业产业抵御风险的能力，构建市场化农业支持保护体系，对推动该县农村经济发展发挥了重要作用（见表2-8）。政策性保险是民族地区保险业发展的一大特色，也是保险业快速发展的缩影，广大民族地区正在建设特色各异的政策性保险体系。

表2-8   2017年广西田东县特色农业政策保险情况

序号	险种	责任单位
1	能繁母猪保险	县水产畜牧兽医局、保险机构、各乡镇
2	育肥猪保险	县水产畜牧兽医局、保险机构、各乡镇
3	水稻种植保险	县农业局、保险机构、各乡镇
4	糖料甘蔗种植保险	县糖办、制糖公司、保险机构、各乡镇
5	林木种植保险	县林业局、保险机构
6	香蕉种植保险	县农业局、保险机构、各乡镇
7	杧果种植保险	县农业局、保险机构、各乡镇
8	火龙果种植保险	县农业局、保险机构、各乡镇
9	柑橘种植保险	县农业局、保险机构、各乡镇
10	林下养鸡保险	县水产畜牧兽医局、保险机构、各乡镇
11	竹林种植保险	县林业局、保险机构、各乡镇
12	农房保险	县民政局、北部湾保险田东支公司、各乡镇

资料来源：广西壮族自治区田东县县政府。

第三，重视政府对风险的处置能力。经济运行中存在意外扰动是正常现象，增强政府的风险防控能力，尽量减少自然风险扩散带来的经济影响，稳住整个地区的发展环境。民族地区政府注重为小微企业融资增信和分担风险，用政府信用来弥补企业商业信用的不足，尽量减少风险扩散带来的负面影响。民族地区政府根据2015年8月发布的《关于促进融资担保行业加快发展的意见》（国发〔2015〕43号），要求大力发展政府支持的融资担保机构,加大对融资担保机构的财政支持力度,建立政银担三方共同参与的合作模式。广西建立起区市县三级联动、政银担三方合作、区市县三域全覆盖的全区政府性融资担保服务体系。在业务拓展上坚持小额、分散原则,不断扩大小微企业和"三农"服务覆盖面。截至2017年年底,"4321"业务累计服务小微企业473户次,占比81.55%;户均担保金额383.79万元,单户贷款担保额500万元以下(含)的小微企业累计担保户数占比73.82%。减少财产纠纷带来的社会问题,成为民族地区保险业拓展的重要方向。

民族地区的保险业品种丰富多样,不同于传统的商业保险模式,具有鲜明的民族地区特色,符合了当前的产业特点并满足风险分担的要求。尽管民族地区保险品种日益繁多,但民族地区经济社会的快速发展,需要更多的差异化产品才能满足需求,需要保险业有更大的发展。

三 保险业发展基础持续强化

我国民族地区幅员辽阔,地区之间发展水平差异巨大,决定了民族地区保险业发展各有特色;民族各省区的产业结构特征不同,经济社会风险存在一定的差异,民族地区的保险产品和服务需求存在差别。国家的支持和鼓励,保险公司的积极开拓,民族地区群众的保险意识增强,买保险成为促进经济社会发展的重要途径。与以往发生灾害单独依靠政府救济不同,大量事实证明,保险公司逐渐成为稳定民族地区经济社会发展的重要力量。

从2010年到2016年,民族地区保险业发展整体上取得巨大进步(见表2-9),保费收入增加迅速,2010年民族地区的保费收入为1040.4亿元,到2016年增加到2471.5亿元。保险密度得到了不同程度的上升,2010年新疆以884元/人的保险密度在民族地区独占鳌头,2016年宁夏以1985元/人,成为民族地区保险密度的"领头羊"。保险业的发展,成为促进经济社会和谐的稳定器,也是促进经济平稳发展的保障。2017年民族地区的保险赔付金额达到1005.5亿元,其中,内蒙古的保险赔付总额达到186.5亿元。特别是民族地区发生重大自然灾害时,保险公司的赔付成为灾后重建重要的资金来源,2008年5月12日的汶川地震,发生在羌族、藏族等民族聚居区,地震发生后的一年内,截至 2009 年 5 月 10 日，保险公司赔付保险金 11.6 亿元，预付保险赔付金 4.97 亿元，共计 16.6 亿元。青海玉树大地震、甘肃舟曲泥石流灾害等重大自然灾害的恢复重建，都有保险业的身影。

表 2-9　　　　　　　　　民族地区的保险业发展情况

单位：家、亿元、元/人、%

年份	类别	广西	贵州	内蒙古	宁夏	青海	西藏	新疆	云南
2010	总部在辖内的保险公司	0	0	0	0	0	0	1	0
	保险公司分支机构	27	20	29	13	9	4	1469	27
	保费收入	190.9	122.6	216	52.8	26	5.1	191	236
	保险密度	381.9	321.7	872	831.5	457	172.6	884	512
	保险深度	2	2.7	2	3.2	2	1	4	3
2013	总部在辖内的保险公司	1	0	0	0	0	0	1	1
	保险公司分支机构	34	23	37	16	12	6	1714	32
	保费收入	275.5	181.6	275	72.7	39	11.43	273	320.8
	保险密度	583.7	518.6	1100	111.3	676	366.3	1207.83	685.3
	保险深度	1.9	2.3	2	2.8	2	1.42	3.14	2.7
2016	总部在辖内的保险公司	1	0	0	1	0	2	0	1
	保险公司分支	38	29	39	20	16	9	31	39
	保费收入	469	321.3	486.87	134	69	22.3	440	529
	保险密度	970	903.7	1931.96	1985	1159	643.6	1864	1116
	保险深度	3	2.8	2.6	4	3	1.9	5	4

资料来源：笔者根据历年的《中国区域金融运行报告》整理核算。

随着民族地区脱贫攻坚的持续推进，建立与脱贫攻坚相适应的保险服务体制，形成商业性、政策性、合作性等各类机构协调配合共同参与的保险服务格局，成为民族地区保险业发展的新特征。在国家政策支持下，对贫困人口实行"愿保尽保"，尤其是针对贫困户的生产生活开发扶贫保险产品，增强贫困民族群众的抗风险能力，构筑贫困地区产业发展的风险屏障。特别是针对民族地区的小微企业和"三农"主体，不断探索"保险+银行+政府"的多方信贷补偿机制，民族地区的保险业发展进入了全新的发展阶段。

经过多年的努力，保险业在民族地区摸索出有特色的发展路径，对促进民族地区的经济发展和社会稳定做出了贡献。民族地区的发展，正在由温饱向全面建成小康社会转型，保险业的发展也要跟随发展而进步。民族地区的经济进步，对保险业来说既是机遇又是挑战，如何围绕区域发展和产业需求做大保险业是关键。

第三节 资本市场发展稳步推进

资本市场是金融市场不可或缺的组成部分，具有直接融资和优化资源配置的功能，充分发挥资本市场对经济发展的基石作用，对于处于发展关键阶段的民族地区来说意义重大。我国资本市场建立的时间不长，民族地区的资本市场发展更晚，要建立满足经济发展需要的多层次资本市场体系，还需要付出巨大的努力。

一 民族地区资本发展历程

民族地区资本市场的发展，与我国的改革开放息息相关，是我国经济体系日益现代化的标志。1978年我国农村出现联产承包责任制，民族地区就有农民尝试"以资带劳、以劳带资"的方式集资，筹集资金兴办股份制乡镇企业，生产具有民族特色的农副产品和工艺产品，成为民族地区资本市场发展的开始。受到国家整体政策的影响，民族地区的资本市场发展大体上可以分为三个阶段：

第一阶段从1982年到1992年，该阶段是股份制改革阶段。1982年国家经济体制改革委员会成立，负责统筹全国企业股份制改革，民族地区的小型国有和集体企业开始进行股份制改革，股票也随之出现。1992年民族地区出现第一家公开上市企业。民族地区资本市场和全国资本市场发展一样，处于萌芽阶段，规章制度并不完善，市场很不健全。受到计划经济体制的影响，资本市场没有被广泛地认可，加上民族地区经济相对落后，受当时非均衡开放政策的影响，民族地区的资本市场意识和融资作用影响有限，资本市场发展水平不高。

第二阶段从 1992 年到 2013 年，是民族地区资本市场在市场经济条件下的自主发展。1992 年邓小平"南方谈话"，在国家计划委员会和中国人民银行的主导下，《股份制企业试点办法》出台，包括民族地区在内的全国各地，出现了股份制改革的热潮，民族地区企业积极进行改制，条件成熟的企业开始谋求上市融资。1992 年，党的十四大召开，明确提出了中国经济体制改革的目标，是"建设社会主义市场经济体制"，股份制是国有企业的改革方向。1998 年 4 月，国务院撤销证券委员会，将其职能与中国人民银行对证券经营机构的监管职能，一并划入新成立的中国证监会，对全国各省、自治区、直辖市和计划单列市的证券管理机构进行管理，建立跨区域监管体制，在全国设立 36 个派出机构，民族地区的证券业被纳入全国统一管理。

第三阶段从 2015 年到现在，是在国家精准扶贫政策支持的民族地区资本市场发展阶段。2015 年，国家发布《中共中央国务院关于打赢脱贫攻坚战的决定》，明确提出要发挥资本市场作用，服务国家脱贫攻坚战略。民族地区作为精准扶贫和脱贫攻坚的主战场，资本市场在国家支持下得到了快速的发展。按照国家要求，资本市场的发展要满足贫困地区（主要涉及国务院扶贫开发领导小组确定的重点县和集中连片特殊困难县，这些地区主要集中在中西部的民族地区）实体经济的发展需要，把帮助贫困地区群众摆脱贫困和实现共同富裕为目标，努力促进民族地区资本市场发展，对注册在贫困地区的企业申请在全国中小企业股份转让系统挂牌的，实行"专人对接、专项审核"，适用"即报即审、审过即挂"的政策，对贫困地区的企业发行公司债、资产支持证券的，实行"专人对接、专项审核"，适用"即报即审"政策。民族地区的资本市场在精准扶贫政策的支持下，进入了快速发展阶段。

民族地区资本市场是我国资本市场的重要组成部分，但民族地区资本市场发展基础薄弱，在执行"一刀切"的全国统一资本市场管理政策背景下，民族地区的资本市场发展水平比较低。随着精准扶贫政策的推进，民族地区的资本市场发展迎来精准施策机遇，资本市场发展不断取得新成绩。

二 民族地区资本市场发展条件逐步改善

改善民族地区资本市场发展基本条件，国家和职能部门付出了艰苦的努力，经过多年的建设，民族地区的资本市场发展条件逐步改善。主要体现在以下几个方面：

第一，总部设立在民族地区的证券公司数量逐渐增加。证券公司承担企业上市辅导以及上市后证券的承销工作，民族地区的资本市场发展起步晚，证券公司不愿意将总部设在民族地区。随着民族地区资本市场逐步发展，更多证券公司愿意在民族地区设立公司总部，民族地区的证券公司总部，从2006年的9家增加到2016年的12家，每个民族省区都有证券公司（见表2-10）。民族地区证券公司的数量增加，有利于民族地区资本市场发展。1992年4月，内蒙古自治区证券公司成立，1994年5月，内蒙古蒙电华能热电股份有限公司在上海证券交易上市，成为内蒙古首家上市公司，也是第一家以社会募集方式成立的公众公司，到2016年年底，内蒙古上市企业总市值达到5094.23亿元，促进了自治区经济社会的发展。

表2-10 总部设在民族地区的证券公司总部　　　　单位：家

年份 地区	2006	2007	2008	2009	2010	2011	2012	2013	2014	2015	2016	2017
内蒙古	2	2	2	2	2	2	2	2	2	2	2	2
广西	1	1	1	1	1	1	1	1	1	1	1	1
贵州	1	1	1	1	1	1	1	1	1	1	2	2
云南	2	2	2	2	2	2	2	2	2	2	2	2
西藏	1	1	1	1	1	1	1	1	1	2	2	2
青海	1	1	1	1	1	1	1	1	1	1	1	1
宁夏	1	1	1	1	1	1	1	1	1	0	2	2
合计	9	9	9	9	9	9	9	9	9	9	12	12

资料来源：笔者根据历年《中国区域金融运行报告》整理核算。

第二，投资机构不断发展。根据清科私募研究中心的统计，截至2016年10月，民族地区共有投资机构1245家（见表2-11），民族地区外的投资机构有697家投资民族地区。投资机构投资民族地区的企业，根据清科的统计，民族地区投资机构投资民族地区企业案例共有45起，投资企业的总数为36家，投资总额达到32.5千万美元，每起投资的平均金额为833万美元。随着民族地区经济的发展，更多有发展潜力的投资项目被发掘出来，投资机构也会加大对民族地区投资项目的关注，更多的资金将会进入民族地区。

表2-11　民族地区活跃的投资机构（截至2016年10月）　　单位：家

地区	投资机构	政府引导基金	新三板投资机构	活跃本土投资机构
新疆	296	8	100	17
云南	292	12	27	9
西藏	170	2	53	31
广西	145	14	18	8
内蒙古	121	12	11	3
贵州	118	16	18	8
宁夏	75	1	11	7
青海	28	8	5	3

资料来源：清科私募研究中心。

第三，资本市场发展促进民族地区资源开发和利用。内蒙古的上市公司主要集中在煤炭、有色金属、冶金化工、电力、农畜产品加工和机械制造等产业。培育包括伊利股份、伊泰B股、包钢稀土、蒙草生态、北方股份等龙头企业。近些年来，内蒙古的期货行业也有很大发展，1994年成立了五洋期货公司，1995年成立了金宇期货公司和久龙期货公司，2013年在郑州商品交易所设立鄂尔多斯动力煤、甲醇以及铁金属期货交割中转库。新疆股权交易中心是区域性股权交易市场，对新疆的区域性资本市场发展具有重要的促进作用，为区域经济发展提供支持与帮助。

尽管民族地区的资本市场有所发展，但与经济发达地区相比，依然存在发展不足与巨大差距,影响了民族地区经济的可持续发展。

三 资本市场培育取得进步

为了推动民族地区资本市场发展,各级地方政府和相关职能部门采取积极措施,推动民族地区资本市场发展。随着民族地区资本市场的不断发展与完善,民族地区的资本市场融资能力不断增强。截至2015年年末,民族地区当年国内股票(A股)筹资为1033.1亿元,同比增长126.31%,债券融资额为600.5亿元(见表2-12)。民族地区上市公司数量的增加,不但为民族地区企业面向全国资本市场募集资金创造机会,也为国内资本分享民族地区经济发展机遇提供条件,是互利共赢的发展合作。公开上市为民族地区企业面向全国投资者筹集发展资金创造了机会,改变了企业发展过程中过度依赖自身积累和银行融资的困境。资本市场的发展,为民族地区企业开辟更多的外源性融资渠道,与依赖内源性融资相比,企业能获得更多、更充足的资金。

表2-12　　　2004—2015年民族地区证券业基本情况　　单位:家、亿元

年份	总部设在辖区证券公司	总部设在辖区内基金公司	总部设在辖区内期货公司	年末国内上市公司数	当年国内股票(A股)筹资	当年发行(H股)筹资	当年债券筹资额度
2004	6	0	3	70	3.5	27	53
2005	8	1	2	87	7.7	—	34.9
2006	10	1	6	128	34.5	—	40
2007	10	1	5	148	417.6	9.3	26
2008	9	1	6	149	190.3	13.6	81
2009	9	1	6	152	151.2	—	95
2010	9	1	6	162	391.2	—	164
2011	10	1	6	167	408.17	10.8	197
2012	9	1	5	176	388.4	114	481.7
2013	9	1	5	175	681.36	—	413
2014	9	1	5	180	456.5	934.1	698
2015	10	1	5	188	1033.1	6	600.5

资料来源:笔者根据历年《中国区域金融运行报告》整理核算。

民族地区上市公司数量不断增加,融资规模不断扩大。证券市场活跃度显著提高,虽然与发达地区相比,民族地区的资本市场规模比较小,但与民族地区自身发展相比,已发生了翻天覆地的变化。资本市场的发展,带动了民族地区经济的发展,更重要的是传播了现代经济观念,提高了民族的现代金融意识。截至 2017 年年底,民族地区共有上市企业 214 家(见表 2-13),占全国上市公司总量 3194 家的 6.7%,但在民族地区内部各省区之间,企业上市发展并不均衡,新疆拥有 52 家上市企业成为民族地区的翘首,上市公司总量占民族地区上市公司总量的 24.29%;青海是民族地区上市公司数量最少的省区,只有 12 家上市企业,仅占民族地区上市企业总量 214 家的 5.6%。尽管民族地区的资本市场发展取得巨大进步,但与全国的平均水平相比,目前依然处于相对落后的位置。

表 2-13　民族地区上市公司总体情况(截至 2017 年 12 月 31 日)

单位:家、%

排名	省份	上市公司数量	全国占比
1	新疆维吾尔自治区	52	1.63
2	广西壮族自治区	36	1.13
3	云南省	34	1.06
4	贵州省	27	0.85
5	内蒙古自治区	25	0.78
6	西藏自治区	15	0.47
7	宁夏回族自治区	13	0.40
8	青海省	12	0.38

资料来源:笔者根据历年《中国统计年鉴》整理核算绘制。

第三章 金融发展推动民族地区经济增长

金融是现代经济的核心,是促进区域经济增长的重要力量,通过金融系统发挥网络渠道功能,促进发展资源围绕发展项目集聚,进而带动区域经济增长。民族地区的金融业与发达地区存在差距,但依然是支撑区域发展的重要力量。深度把握金融发展与民族地区经济增长之间的关系,有助于民族地区发展金融的自觉与主动性。

第一节 民族地区经济发展取得进步

我国的民族地区经济发展起点低、底子薄弱,自然环境相对比较恶劣,受传统落后的生产方式影响,经济发展水平比较低。中华人民共和国成立后,尤其是改革开放以来,在国家支持和各族群众的努力下,民族地区的经济发展取得巨大进步。

一 经济总量快速增加

1992年我国确定建设社会主义市场经济体制,民族地区的经济活力迅速被激发出来,国民经济和社会发展取得巨大的进步。其主要表现在以下几个方面:

第一,经济总量增加迅速。民族地区经济总量,从1992年的2429.54亿元增长到2014年的70746.33亿元,到2017年更是突破8万亿元大关,达到84899亿元,到2018年突破了9万亿元大关,民族地区实现生产总值达到90576亿元,同比增长6.7%(见图3-1),这是民族地区在经济发展史中从未取得过的辉煌成就。民族地区经济发展的巨大成就取得，一方面得益于各族干部群众的努力进取，也和国家的支持与帮助有密切的关系，尤其是社会主义市场经济体制的确立，激发各族群众脱贫致富的愿望，"发展是硬道理"成为社会的共识，努力工作奔小康成为日常工作的中心。在一心一意谋求发展的社会氛围下，人民群众的聪明才智被激发出来，社会财富的源流不断迸发。

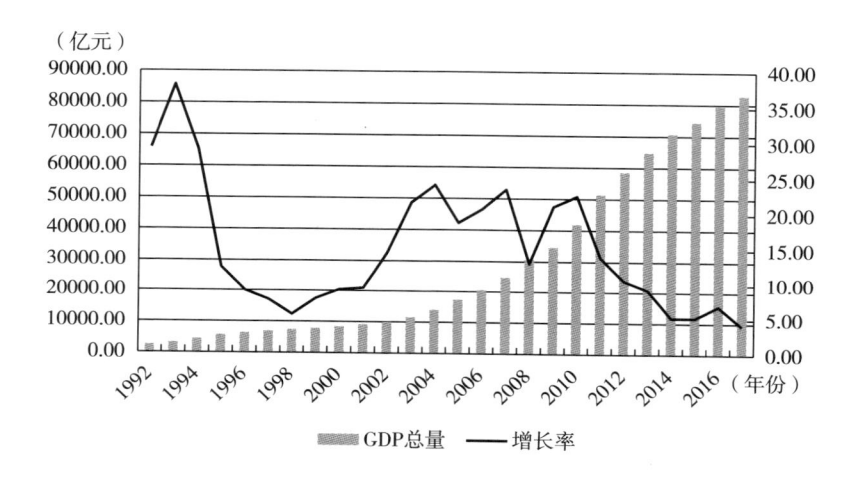

图 3-1 民族地区经济生产总值及增长率变化率

资料来源：笔者根据历年《中国统计年鉴》整理核算绘制。

第二，民族地区固定资产投资快速增加。民族地区作为经济欠发达地区，固定资产投资对经济增长有重要意义，加大对民族地区投资是国家重要的发展战略，民族地区的固定资产投资总量，从 2009 年的 24490.29 亿元增加到 2017 年的 90628.77 亿元，增长了 2.7 倍（见表 3-1）。同期全国的固定资产投资从 2009 年的 224598.77 亿元增加到 2017 年的 641238.39 亿元，期间增长了 1.86 倍，民族地区的固定资产投资增速明显高于全国。民族地区固定资产投资在全国固定资产投资中的占比从 2009 年的 10.9% 提升到 2017 年的 14.1%。从民族地区内部固定资产投资结构来看，广西、云南、贵州、内蒙古、新疆等省区的固定资产投资占比较高，而宁夏、青海、西藏等省区的固定资产投资占比偏低。固定资产投资对民族地区的经济增长有比较大的影响。

表3-1　　　　　2009—2017年民族地区固定资产投资　　　　单位：亿元

年份 地区	2009	2011	2013	2015	2017
内蒙古	7336.79	10365.17	14217.38	13702.22	14013.16
广西	5237.24	7990.66	11907.67	16227.78	20499.11
贵州	2412.02	4235.92	7373.6	10945.54	15503.86
云南	4526.37	6191	9968.3	13500.62	18935.99
西藏	378.28	516.31	876	1295.68	1975.6
青海	798.23	1435.58	2361.09	3210.63	3883.55
宁夏	1075.91	1644.74	2651.14	3505.45	3728.38
新疆	2725.45	4632.14	7732.3	10813.03	12089.12
合计	24490.29	37011.52	57087.48	73200.95	90628.77

资料来源：根据国家统计局网站相关数据整理核算。

第三，民族地区发展不均衡。民族地区经济发展竞争比较激烈，从各省区GDP在民族地区GDP总量中占比的变化得到反映（见图3-2）。广西在民族地区经济中具有重要地位，2006年以前广西是民族地区经济总量第一大省区，2007年被内蒙古超过，原因是随着我国经济的发展，能源价格持续上升，拥有煤炭和天然气等自然资源的内蒙古，经济迅速上升形成对广西的超越。但随着国民经济的调整，能源类大宗商品价格出现下滑，内蒙古经济的竞争优势逐步丧失，2016年广西GDP占比再次超越内蒙古，在民族地区占据第一的位置。云南的经济发展，早期依靠旅游业带动取得巨大成就，但在民族地区转型发展的大背景下，云南的竞争优势逐步下降。西藏和青海受经济发展基础条件制约变化不大。

民族地区的经济增长与金融业发展基础有密切关系，经济总量规模和固定投资总量比较大的广西、云南、贵州、内蒙古、新疆等省区，也是金融业发展水平相对比较高的地区。青海和西藏等地，无论是经济规模还是金融的发展水平都很低，提升民族地区的经济金融发展任重道远。

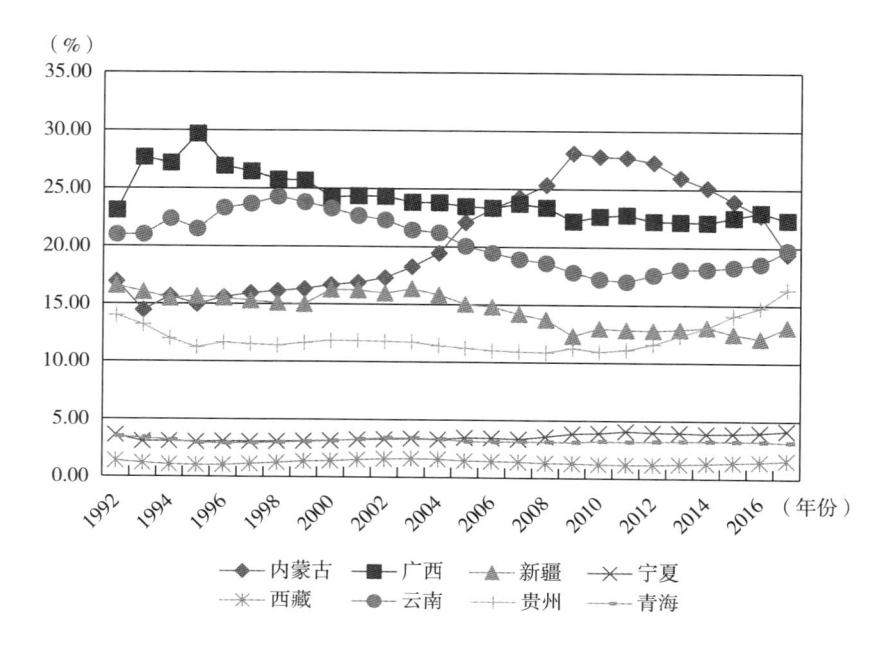

图 3-2　各省区在民族地区经济总量中占比变化

资料来源：笔者根据历年《中国统计年鉴》整理核算绘制。

二　人民收入不断提高

民族地区经济总量的快速增长，带来了人民群众收入的快速提高。受日益增长收入的影响，民族地区的人民群众的消费能力也在不断增强。

第一，人均 GDP 持续增长。随着民族地区经济的发展，民族地区的人均 GDP 水平在不断提高，1993—2014 年，民族地区人均 GDP 处于持续上升状态（见图 3-3），人均 GDP 从 1993 年的 2065 元增加到 2014 年的 38965 元，增长了 17.87 倍，应该说，我国建立社会主义市场经济体制，最大限度地解放了民族地区的生产力，经济发展处于历史最好水平；从人均 GDP 的增长来看，民族地区人均 GDP 处于快速增长阶段，1994 年达到增长率的峰值 29.07%，受东南亚金融危机和国际经济形势影响，民族地区人均 GDP 增长率的最低值出现在 1999 年，仅增长了 5.79%；2001 年我国加入 WTO，民族地区经济发展再次迎来高速增长，2009年受次贷危机影响，民族地区人均GDP增速出现回落，随后出现上升，2011年后又出现下降。近年来，随着我国经济发展步入新常态，民族地区与全国一道，摒弃粗放的增长模式，追求经济增长质量，虽然经济增长的速度有所下降，但发展质量明显提升。

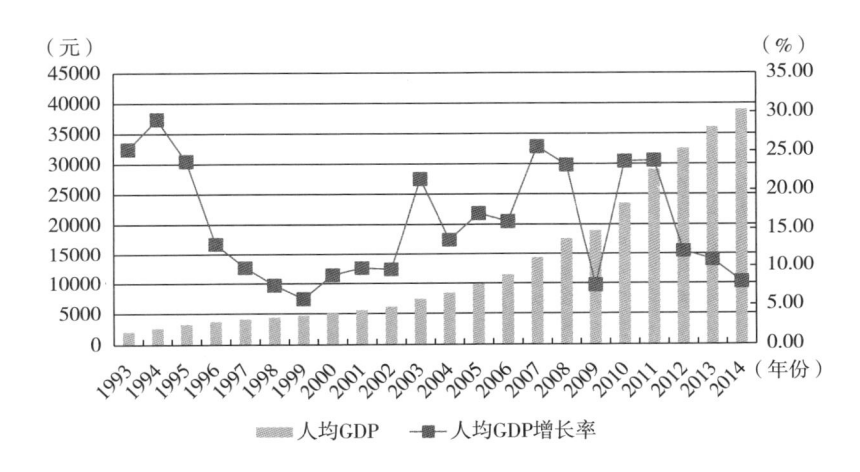

图3-3 民族地区人均GDP及其增长率

资料来源：笔者根据历年《中国统计年鉴》整理核算绘制。

第二，民族地区经济增长出现分化。受2008年全球次贷危机的影响，世界经济出现增长困难，国际大宗商品价格出现波动，尤其是能源类商品价格出现回落，民族地区经济受自身结构影响，不同省区的经济增长出现了分化。近些年来，内蒙古经济的主要动力，是依靠"羊、煤、土、气"类资源产品，在国内经济粗放发展模式的驱动下，内蒙古依靠大量的原煤和稀土类自然资源产品，供给全国乃至全球市场，实现了经济的高速增长并带动人均GDP的快速增加，2009年后内蒙古的人均GDP遥遥领先其他的省区。随着党的十八大提出"五位一体"的经济发展战略，重视生态环境保护并推进生态文明建设，依靠资源驱动的传统粗放增长模式竞争力明显不足，在其他省区的人均GDP继续上升的总体态势下，内蒙古的人均GDP出现增长停滞，并在2017年出现负增长（见图3-4）。内蒙古的人均GDP的变化，是民族地区经济发展的缩影，依靠输出自然资源产品，缺乏深加工与开放能力，不但影响民族地区经济的持续稳定发展，还可能受外部环境影响而放大，改善民族地区的产业结构，是夯实经济增长基础的根本。

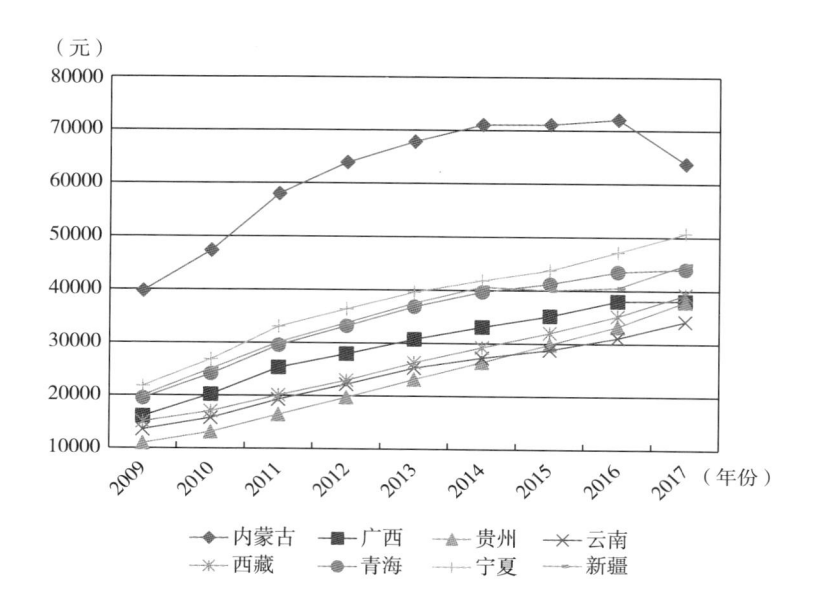

图 3-4　2009—2017 年民族地区人均 GDP 变化情况

资料来源：笔者根据历年《中国统计年鉴》整理绘制。

第三，民族地区消费能力增强。随着经济发展水平的提高，民族地区的居民消费水平也在不断提高，2017 年，民族地区城镇居民人均可支配收入达到 31553 元，同比增长 8.4%，农村居民人均可支配收入 10527 元，同比增长 9.6%[①]。民族地区借助消费需求拉动，推动经济增长逐步由投资驱动向需求拉动转变，2018 年广西农村居民可支配收入增长 9.8%，贵州、云南、宁夏的农村居民收入增长都在 9% 以上；稳步提高城镇居民可支配收入，为民族地区的消费扩容持续注入活力，贵州城镇居民可支配收入增长达到 8.6%，宁夏和云南城镇居民的可支配收入增长也超过 8%，消费成为民族地区经济增长的重要动力。但民

---

① 国家民族事务委员会经济发展司、中南民族大学编：《中国民族地区经济发展报告（2018）》，民族出版社 2018 年版，第 5 页。

族地区与全国平均水平相比仍然有较大差距，2017年民族地区的农村居民和全国农村居民相比，人均可支配收入要少2990元，与城镇居民的人均可支配收入相差4843元。民族地区居民收入偏低的局面依然存在，提高居民收入并增强消费能力，依然要付出艰苦的努力。

多渠道促进民族地区居民提高收入，是促进经济增长的重要途径，尤其是我国经济发展进入"去过剩产能，培育新动能"的阶段，更需要为民族地区新动能的培育和释放提供金融支持，促进民族地区的金融发展，就是为民族地区赢得未来发展的空间。

三 产业结构稳步改善

经过持续努力，民族地区的产业结构已经发生根本性变化，已经从中华人民共和国成立初期的刀耕火种状态中摆脱出来。改革开放尤其是1992年建立市场经济体制以来，民族地区的产业结构不断优化改善（见图3-5）。民族地区的产业结构始终处于变化中，鲜明的特征是第一产业在国民经济中占比逐步下降，第三产业在国民经济中占比稳步上升，第二产业占比基本维持稳定。民族地区的产业结构变化有以下特点：

第一，农业稳步发展但占比下降。民族地区第一产业的增加值迅速增长，到2017年民族地区的第一产业的增加值达到11062.3亿元，比2009年增加了5998.1亿元，但第一产业在国民经济中的占比逐步下降，第一产业增加值在国民经济中占比，从2009年的14.6%下降到2017年的13.4%。将大量青壮年劳动力从繁重的农业劳动中解放出来，适龄劳动力获得了城市工作的机会，依靠"农耕经济"谋生的局面不断改变，在提高民族地区劳动力边际收益的同时，还为民族地区群众提供了解市场和外部世界机会。掌握新型现代劳动技能，开拓了眼界的青壮年回到民族地区后，带来了现代生活理念和市场意识，成为引领民族地区经济发展的重要力量。贵州黔东南州"80后"青年龙泉珍从大城市的集团公司辞职，利用在城市学习到的市场开发经验和技能，在贵州的黄平县成立芦笙食品有限公司种植并加工魔芋，带动民族地区特色资源的市场化开发，提升了少数民族群众的收入。

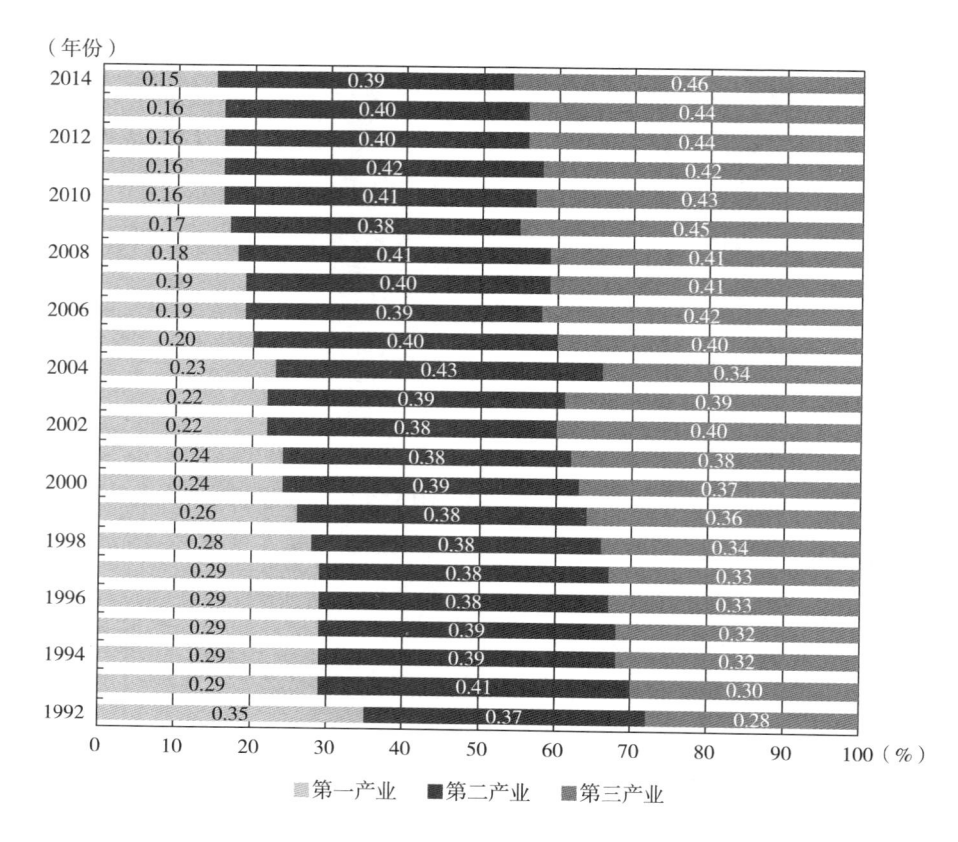

年份	第一产业	第二产业	第三产业
2014	0.15	0.39	0.46
2013	0.16	0.40	0.44
2012	0.16	0.40	0.44
2011	0.16	0.42	0.42
2010	0.16	0.41	0.43
2009	0.17	0.38	0.45
2008	0.18	0.41	0.41
2007	0.19	0.40	0.41
2006	0.19	0.39	0.42
2005	0.20	0.40	0.40
2004	0.23	0.43	0.34
2003	0.22	0.39	0.39
2002	0.22	0.38	0.40
2001	0.24	0.38	0.38
2000	0.24	0.39	0.37
1999	0.26	0.38	0.36
1998	0.28	0.38	0.34
1997	0.29	0.38	0.33
1996	0.29	0.38	0.33
1995	0.29	0.39	0.32
1994	0.29	0.39	0.32
1993	0.29	0.41	0.30
1992	0.35	0.37	0.28

图 3-5　1992—2014 年民族地区三大产业占 GDP 比重

资料来源：笔者根据历年的《中国统计年鉴》整理核算绘制。

表 3-2　　　　2009—2017 年民族地区第一产业增加值　　　　单位：亿元

年份 地区	2009	2010	2011	2012	2013	2014	2015	2016	2017
内蒙古	929.6	1095.3	1306.3	1448.6	1575.8	1627.9	1617.4	1637.4	1649.8
广西	1458.5	1675.1	2047.2	2172.4	2290.6	2413.4	2565.5	2796.8	2878.3
贵州	550.3	625.0	726.2	891.9	998.5	1280.5	1640.6	1846.2	2032.3
云南	1067.6	1108.4	1411.0	1654.6	1860.8	1990.1	2055.8	2195.1	2338.4
西藏	63.9	68.7	74.5	80.4	84.7	91.6	98.0	115.8	122.7
青海	107.4	134.9	155.1	176.9	204.7	215.9	208.9	221.2	238.4
宁夏	127.3	159.3	184.1	199.4	210.8	217.0	237.8	241.6	250.6

续表

年份 地区	2009	2010	2011	2012	2013	2014	2015	2016	2017
新疆	759.7	1078.6	1139.0	1320.6	1434.8	1538.6	1559.1	1649.0	1551.8
合计	5064.2	5945.3	7043.5	7944.8	8660.7	9375.0	9983.1	10703.1	11062.3

资料来源：国家统计局网站相关数据整理核算。

第二，工业化有增有减。民族地区的第二产业在国民经济中的占比，长期维持在40%左右，说明了改革开放后我国开启了工业化进程，但民族地区受地理区位和资源要素禀赋结构的影响，工业化进程水平有限。在民族地区内部的工业增加值占比变化趋势也不相同，内蒙古的工业增加值占比在2012年达到峰值逐步下降，经济结构的第三产业化特征明显，新疆、青海、宁夏、广西、云南也呈现出类似的特征，而西藏、贵州等地的工业化进程还在继续。民族地区的工业发展并非步伐统一整齐，与全国产业日益服务化的趋势也并非完全一致。

表3-3　　2009—2017年民族各省区工业增加值占比变化　　单位：%

年份 地区	2009	2010	2011	2012	2013	2014	2015	2016	2017
内蒙古	52.50	54.56	55.97	55.42	53.82	51.32	50.48	47.18	39.76
广西	43.58	47.14	48.42	47.93	46.58	46.74	45.93	45.17	40.22
贵州	37.74	39.11	38.48	39.08	40.51	41.63	39.49	39.65	40.09
云南	41.86	44.62	42.51	42.87	41.74	41.22	39.77	38.48	37.89
西藏	30.96	32.30	34.46	34.64	35.91	36.58	36.65	37.27	39.18
青海	53.21	55.14	58.53	57.69	54.25	53.59	49.90	48.59	44.29
宁夏	48.94	49.00	50.24	49.52	48.87	48.74	47.38	46.97	45.90
新疆	45.11	47.67	48.80	46.39	42.34	42.58	38.57	37.79	39.80

资料来源：国家统计局网站相关数据整理核算。

第三，服务业发展迅速。民族地区的第三产业占比逐年增加，自2005年起第三产业占比一直保持在40%以上。2017年民族地区的第三产业实现增加值 38599 亿元，比 2016 年提升 9 个百分点达到 45.5%，是民族地区经济发展进步的表现。但与全国相比，民族地区的产业结构依然不优，2017 年民族地区的第一产业和第二产业增加值的占比，与全国平均水平相比，仍要高出 5.3 个和 0.9 个百分点，而在最具有增长潜力的第三产业中，民族地区的增加值占比要比全国平均水平低 5.3 个百分点。民族地区的产业结构偏工偏农，与产业结构日益服务化的趋势不符合，产业结构依然有很大的提升空间。

因此，尽管民族地区的经济发展取得了巨大进步，产业结构也处在不断优化中，但与全国的平均水平和发展趋势相比，仍然存在不足。尤其是在当前工业领域存在过剩产能的背景下，严重依赖自然资源加工的民族地区工业，经济效益提升的空间不大，亟须大量的资金支持实现产业结构升级与经济效益提高。

第二节 金融发展促进民族地区经济增长

民族地区经济的增长，与民族地区的金融发展有很大的关系，民族地区政府采取积极措施，为地方经济的发展创造有利条件。因此，要促进民族地区经济的增长，解决经济发展的金融制约是关键。

一 金融发展带动经济增长

金融发展最重要的功能是动员社会资源，促进闲置资源的有效利用。民族地区经济增长，就是要动员包括金融资源在内的一切资源，促进区域资源存量向财富增量转化。金融体系的建设，不但能促进社会储蓄的形成，更重要的是能实现资金向资本的转化，增加内外源性融资，解决发展的金融资源制约。

金融体系影响金融机构布局、资源配置供给、技术创新进步和区域经济增长之间的机理是错综复杂的，完善有效且适用的金融体系，不但能促进金融资源的优化配置，还能促进经济的增长。金融资源在各部门投资中进行有效的分配，不仅关系到经济增长潜力的实现，也关系到区域发展能力的形成。金融资源在不同部门之间的流动，能将资源转化为财富增量，进而促进区域经济增长。金融体系的形成与完善，能更好地集聚现有的金融资源，合理配置发展资源存量，更好、更充分地利用现有金融资源，促进经济增长。

区域储蓄的增加有赖于区域经济发展，只有区域经济增长才能形成更多的储蓄资源，投资者才能以更低成本便捷筹集到足够的资本，在技术创新和产业升级上投入足够资金。技术创新作为经济增长的第一动力，能够充分地促进生产效率提高，金融资源是经济增长的燃料，没有足够的燃料则技术创新的动力无法释放。民族地区的经济发展基础薄弱，居民的储蓄和财富积累有限，要促进经济增长必须发展生产力和增加投资，利用全国性的金融体系增加外源性资金供给，能减少民族地区依靠自身积累形成资本的困难。民族地区的金融发展，能增加区域金融机构，为地方经济发展提供更多的金融服务，提高民族地区的金融普惠水平，对增加区域金融服务有积极意义。

金融发展对经济增长的互动机制可以简单描述为：经济增长可以促进居民收入水平的增加，刺激储蓄水平提高和增加储蓄，储蓄率提高与储蓄向投资的有效转化，又得益于金融发展水平的提升，从而增加了国家、企业和个人投资。投资的增加会刺激金融服务的需求，金融服务需求增加促进产出增加和人力资本的需求（见图3-6）。更重要的是区域经济增长，能为外部资金进入提供更大的吸引力，实现内源性融资与外源性融资的对接，从而促进区域经济增长的金融资源供给，有利于区域经济增长。

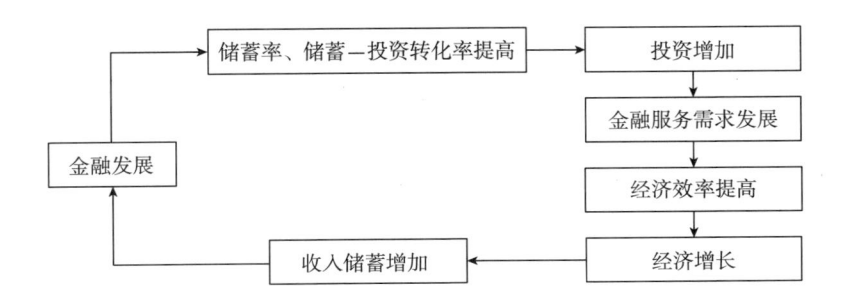

图3-6　金融发展与经济增长相互作用机制

资料来源：笔者绘制。

二 民族地区的金融资源增加迅速

随着民族地区金融发展基础条件的改善，在国家的大力扶持下，民族地区的金融服务能力和服务水平都有了很大提高。尽管民族地区的金融资源供给与区域经济发展需求之间还存在缺口，但金融资源供给能力的增强有目共睹。尤其是近年来，民族地区注重金融生态环境建设，采取积极措施抵御各种金融风险，民族地区的金融资源供给增加明显。

第一，金融资源供给迅速增加。在国家扶持和地方的努力下，民族地区的金融资源供给迅速增加。2018 年民族地区的贷款余额达到 137706 亿元，比 2017 年增加了 10.6%，民族地区的存款余额达到 148963 亿元，比 2017 年增加了 2.7%。民族地区内部的贵州、广西、西藏、云南等省区的贷款增长率都超过了 10%，存贷比明显提升，民族地区的资金漏斗现象有所好转。资本市场融资也取得巨大进步，尤其是利用国家证券市场改革机遇筹措发展资金，2017 年民族地区的债券融资总量达到 2581.5 亿元，上市公司融资达到 1041 亿元，民族地区发展资金的约束明显改善。金融资源增加促进了民族地区的经济发展，2017 年民族地区实现生产总值 84899 亿元，同比增长 6.16%，贵州、西藏、云南的 GDP 增速位列全国前三，贵州以 10.2% 的增速成为全国翘首；2018 年民族地区实现生产总值 90576 亿元，同比增长 7.2%，比全国平均增速快 0.6 个百分点，经济增速领先全国整体水平。

表 3-4　　　　　2018 年民族地区的存贷款情况　　　　单位：亿元、%

地区	内蒙古	广西	贵州	云南	西藏	青海	宁夏	新疆	合计
存款余额	23261	29620	26473	30519	4928	5755	6028	22378	148963
存款余额同比	1.3	6.9	1.5	1.9	-0.5	-1.2	3.1	2.9	2.7
贷款余额	22085	26143	24715	28042	4556	6582	6808	18774	137706
贷款余额同比	2.9	14.8	18.7	10.4	12.7	5.8	7.5	7.4	10.6

资料来源：民委经济司提供。

第二，各地探索出特色各异的金融发展促进政策。广西依托沿边金融综合改革和农村金融改革两大试验区，以田东模式为基础，促进农村普惠金融发展，以防范金融风险为抓手，促进金融服务实体经济，全区社会融资规模增量为 3168 亿元，同比增长 56.7%，比同期固定资产投资增速高出 43.9 个百分点。广西依托沿边金融改革，推出促进地方金融发展十二大经验①，人民币兑换东盟国家货币的区域银行间交易平台、人民币兑换越南盾银行柜台挂牌"抱团定价""轮值定价"模式、田东农村金融改革模式、广西经常项目跨境外汇资金轧差净额结算试点、广西边境贸易外汇收支差异化管理、试验区六市金融同城化、东兴市"三位一体"组合担保抵押信贷模式、跨境保险业务创新、全国首创的"保险+期货"综合金融创新、中国—东盟（南宁）货币指数、全国首创的公共资产负债管理智能云平台、"互市+金融服务"发展模式等。广西依托沿边金融改革，在完善金融自主发展体系，培育发展多层次资本市场、加快农村金融服务创新，完善地方金融管理服务方面取得巨大成就，南宁承担建设中国面向东盟国际金融合作中心的重任。虽然民族地区金融发展环境和水平存在巨大差异，不同地方只要因地制宜进行创新，是能找到适合地方需要的特色金融发展道路的。

第三，金融发展环境优化，金融资源供给增加。2018 年，民族地区以防范重大金融风险为抓手，各省区结合地方发展实际，采取有效措施化解金融风险，积极引导金融资源服务实体经济，经济增长的安全性和稳定性日益巩固。强化和规范政府的融资行为，贵州制定政府性债务管理"七严禁"和"1+8"系列政策，广西规范政府举债和融资行为，云南健全完善地方金融监管机制，西藏各级政府落实主体责任坚决遏制债务增量，做好金融风险源的管控；为下好金融风险防控的先手棋，云南严格投融资监管，设立省级债务风险应急资金池，宁夏制订加强政府债务管理的意见和化解方案，青海制订实施防范金融风险三年行动计划，协调融资 160 多亿元应对重点企业债务兑付风险，用预案稳定金融市场；有序降低发展的杠杆和成本，云南银行不良贷款余额和不良率实现"双降"，贵州省级债务存量债务全部置换完毕，降低债务成本 3.8 个百分点，内蒙古规模以上工业企业资产负债率比上年降低 0.7 个百分

---

① 《广西沿边金改取得 10 方面成效》，新华网，http://www.gx.xinhuanet.com/news-center/2018-07/09/c_1123096648.htm。

点。引导金融资源服务实体经济，2018年贵州的民间投资、产业投资、基础设施投资分别增长13.8%、10%、15.8%，云南的工业投资比2017年增长11.3%，广西的民间投资、制造业投资与2017年相比分别增长12.2%和22.5%。

应该说，在国家大力扶持和民族地区政府的努力下，制约地方经济发展的金融资源约束得到了一定的缓解，民族地区的经济发展取得了巨大进步。

三 经济增长的金融制约不容忽视

民族地区经济总量偏小、发展不够的问题突出。2018年民族八省区GDP总量为90576.40亿元，不及东部江苏或南方广东一省的总量。2018年民族八省区人均GDP最高为内蒙古，达68302元/人，最低为云南，人均GDP仅为37252元/人。最高的内蒙古比最低的云南省人均GDP高出83.35%，差幅较2017年扩大5.1个百分点。2018年内蒙古、广西、贵州、云南、西藏、青海、宁夏、新疆农村居民可支配收入分别为13803元/人、12435元/人、9716元/人、10768元/人、11450元/人、10393元/人、11708元/人、11975元/人，均明显低于全国14617元/人的平均水平，远低于东部发达省份。城镇居民可支配收入分别为38305元/人、32436元/人、31592元/人、33488元/人、33797元/人、31515元/人、31895元/人、32764元/人，均明显低于全国39251元/人的平均水平，更远低于东部发达省份。城乡收入比分别为2.78、2.61、3.25、3.11、2.95、3.03、2.72、2.74，除广西外均高于全国2.69的平均水平，也显著高于东部发达省份。

受宏观经济环境影响，总体经济下行压力增大。民族地方的稳增长、调结构、惠民生、防风险任务日益繁重，部分企业经营困难，政府隐性债务化解、金融风险防控任务艰巨，特别是受基础设施建设融资渠道收窄、重大项目接续储备不足等因素影响，实现固定资产投资恢复性增长的难度加大，消费和投资驱动经济增长动力不足。基础设施和公共服务建设相对滞后，内需潜力释放不够，需要增加民族地区的投资总量，但民族地区出现投资下滑的势头。2018年民族地区全社会固定资产投资总额90415.30亿元，自1990年以来首次出现了负增长，投资总额较 2017 年减少 0.24 个百分点。具体来看，内蒙古、宁夏、新疆三省区固定资产投资出现负增长，投资总额分别较 2017 年减少 27.30 个、18.20 个、25.20 个百分点；广西、贵州、云南、西藏、青海固定投资增速放缓，增速分别较 2017 年下降 1.61 个、1.62 个、5.87 个、13.98 个、2.78 个百分点。尤其是我国经济目前处于转型升级的关键时期，能否增加新兴产业的投资，关系地方经济增长后劲的形成与发展。

创新驱动严重不足，新动能的形成缺乏金融支持。创新是支撑新动能加快形成和发挥效益的关键因素，而制度创新、科技创新和管理创新相对滞后导致民族地区创新动力严重不足。民族地区制约创新发展的最大问题，是缺人才、缺资金、缺技术、缺项目，特别是科技创新推动产业发展方面滞后，导致企业处在产业链条的中低端，竞争力不强，要增强创新能力必须解决金融支持不力的问题。2017 年，内蒙古、广西、贵州、云南、西藏、青海、宁夏、新疆八省区 R&D 经费占 GDP 比重均不足 1%，分别为 0.67%、0.58%、0.47%、0.54%、0.02%、0.31%、0.84%、0.36%，远低于东部发达省份浙江的 1.98% 和南部广东的 2.07% 水平，研发经费不足从源头上影响创新能力的形成。自 2014 年以来，广西、西藏、新疆等三省区 R&D 经费占 GDP 比重呈现下降态势，内蒙古、贵州基本维持不变，云南、青海、宁夏则呈现微弱的增长态势，与东南部沿海地区大幅度增加研发费用投入形成鲜明对比。没有充足的金融资源支持，民族地区要维持持续增长势头很难。

民族地区要实现经济增长，不但要提高经济增长率和增强经济竞争力，还必须有超常规的经济政策和促进措施，简单套用全国的一般性的发展政策促进民族地区经济增长，要实现经济增长的突破与超越很困难。民族地区金融政策到了优化提升的关键时期，提升金融对经济增长的支撑刻不容缓；否则，民族地区与全国平均发展水平的差距会拉大，实现共同富裕和建成小康的挑战会不断增加。

第三节 民族地区金融发展对经济增长的检验

为了从实践中进一步检验金融发展对民族地区经济增长的促进，本书结合民族地区的金融发展与经济增长进行实证检验，从数理逻辑上分析金融发展对经济增长的促进作用。

一 金融发展促进经济增长的逻辑

总增长模型（Aggregate growth model），是探讨关键的宏观经济变量对产出水平和经济增长率的影响，通过经济变量影响传导寻找经济增长的动力。理论上认为影响宏观经济增长的变量包括：资本存量、投资规模、储蓄多少、贸易总额等。不考虑技术变化，资本是影响总产出的主要因素，且影响因子短期内不变，则有：

$$K(t) = cY(t) \tag{3-1}$$

其中，$k(t)$ 是 t 时刻的社会资本存量，$Y(t)$ 是 t 时刻的总产出（GDP）；c 是平均资本—产出比例关系，可以理解为资本边际产出。若经济产出（Y）中不变的份额（s）作为储蓄，而且储蓄可以转化为投资 I，则有：

$$I(t) = K(t+1) - K(t) + \delta K(t) = s\gamma = s(t) \tag{3-2}$$

其中，$I(t)$ 是 t 时刻的总投资，δ 是指资本的折旧率。假定产出的增长率目标为 g，则有：

$$g = \frac{Y(t+1) - Y(t)}{Y(t)} = \frac{\Delta Y(t)}{Y(t)} \tag{3-3}$$

根据式（3-1），经济增长必须有相同增长率的资本供给，即：

$$\frac{\Delta K}{K} = \frac{c\Delta Y}{K} = \frac{(K/Y)\Delta Y}{K} = \frac{\Delta Y}{Y} \tag{3-4}$$

结合式（3-2），可以得到基本的哈德罗—多马增长模型，考虑到资本折旧必须增加资本折旧率，则有：

$$g = \frac{sY - \delta K}{K} \frac{s}{c} - \delta \tag{3-5}$$

由于没有技术进步的影响，产出增长率也能用劳动力增长率（n）以及劳动生产率（p）的和来表示，式（3-5）可以写为：

$$n + p = \frac{s}{c} - \delta \tag{3-6}$$

受人口增长规律的影响，劳动力的增长率是可预期测度的，没有技术进步的劳动生产率的变化则与历史相同，式（3-6）就可以用来观察储蓄能否就业的增加。为了分析的方便，将储蓄式（$S-sY$）

分解为由两个部门储蓄构成。W 为工资收入的储蓄倾向，π 为可以利用的收入，则有：

$$W + \pi = Y \tag{3-7}$$

$$s_\pi \pi + s_w W = I \tag{3-8}$$

在式（3-8）中，s_π 和 s_w 分别代表 π 和 w 的边际储蓄倾向。用式（3-7）和式（3-8）与式（3-5）进行替换，可以得到修正后的哈德罗—多马增长模型：

$$c(g+\delta) = (s_\pi - s_w)\left(\frac{\pi}{Y}\right) + s_w \tag{3-9}$$

式（3-9）阐明由利润与工资收入构成的储蓄能否满足投资的需要。比如，如果预期劳动力增长率为 4%，并且 $\delta = 0.03$，$c = 3.0$，$\pi/Y = 0.5$，式（3-9）就能写成 $0.42 = s_\pi + s_w$。如果资本收入的边际储蓄倾向为 25%，家庭的边际储蓄倾向必须达到 17%，才能满足对投资资本的预期的需求。若存在一个开放的金融体系，政府可以采取政策提高储蓄水平，也可以借用外部的储蓄来完成，金融体系的开放和包容能力的强弱是其关键。

投资增加是能促进经济增长的，民族地区的投资来源由四个部分构成：一是金融机构的各项贷款余额；二是政府的财政转移支持；三是资本市场获得的股权性外源融资；四是资本市场获得外源性债权融资。下面将从这四个维度出发，对民族地区金融发展与经济增长关系进行分析。

二 金融发展与经济增长的实证分析

（一）研究方法与样本选取

1. 研究方法

本书采用面板数据单位根检验金融发展变量是否稳定，建立适当的固定个体效应模型，分析金融发展对经济增长影响的大小。面板数据单位根检验方法与单个序列的单位根检验有所类似，给出面板数据的个体固定效应模型的一般方程：

$$y_{it} = \partial_i y_{it-1} + X'_{it}\delta_i + \varepsilon_{it}, \ i=1, 2, \cdots \ t=1, 2, \cdots, T_i \tag{3-10}$$

其中，X_{it} 表示外生变量，包括截面成员的固定效应或个体效应趋

势；N 表示截面成员的个数，对截面成员样本观测的时期数，∂_i 是自回归系数；假定随机误差项 ε_{it} 满足独立分布的假设。如果 $|\partial_i|<1$，则序列 y_i 是弱平稳；如果 $|\partial_i|=1$，则序列 y_i 包含一个单位根，即 y_i 是非平稳的。

对参数 ∂_i 有两种基本假定：一是假定该参数对所有的截面都是相同的，即对于所有的 i，有 $\partial_i=\partial$，可以采用 LLC 检验、Breitung 检验以及 Hadri 检验；二是假定参数 ∂_i 跨截面自由变化，则适用于 IPS 检验、Fisher – ADF 检验以及 Fisher – PP 检验。

2. 样本选取和数据来源

本书选用 1992—2014 年全国八个民族省区的面板数据，数据主要来源于历年的《中国统计年鉴》，部分缺失的数据源于国家统计局网站，极少量缺失的数据采用插值法进行补齐。选取内蒙古、广西、新疆、宁夏、西藏、云南、贵州和青海八个民族省区作为截面成员，以人均 GDP 作为被解释变量，人均存款、人均贷款、人均资本和人均财政支出作为解释变量（见表 3 – 5），变量均采用元/人来衡量。其中，人均 GDP 是扣除当年消费者价格指数（CPI）的影响，并以 1992 年为基期折算而成。民族地区人均 GDP 数据源于中国国家统计局官网，常住人口是根据国家统计局官网的人均 GDP 指标逆推核算，其他数据均来源于历年的《中国统计年鉴》。由于民族地区的资本市场发展水平不高，再加上统计资料缺失，将股价总市值和当年债券筹资额度合并处理。

表 3 – 5　　　　　　　　　　相关变量含义及构成

变量含义	变量符号
人均生产总值 = 当年 GDP/消费者价格指数	RGDP
人均存款 = 银行业各项存款（余额）/当地常住人口	PCD
人均贷款 = 银行业各项贷款（余额）/当地常住人口	PCL
人均资本 =（股价总市值 + 债券融资）/当地常住人口	PCC
人均财政支出 = 财政支出/当地常住人口	FEPC

(二) 实证分析

1. 面板数据单位根检验

为了避免出现虚假的回归现象,先对序列进行平稳性检验。检验方法采用上述介绍的四种面板数据单位根检验方法,结果见表3-6。对于人均 GDP 的检验,在原值下的 LLC 检验方法的统计量等于22.1107,相应的概率值 P=1,接受"各截面序列具有相同单位根过程"的原假设。IPS 检验、ADF-Fisher 检验和 PP-Fisher 检验结果也表明存在单位根,拒绝"各截面成员序列无单位根"的原假设,即人均 GDP 存在单位根,人均 GDP 序列是非平稳的。

在一阶差分下 LLC 检验统计量等于 -1.4645,概率值 P=0.0015,拒绝"各截面序列具有相同单位根过程"的原假设,即各截面成员人均 GDP 不存在相同单位根。IPS 检验和 ADF-Fisher 检验人均 GDP 是一阶平稳的,尽管 PP-Fisher 检验时接受"各截面成员序列存在相同单位根"的原假设。综合相关结论,人均 GDP 序列是一阶平稳的。综合原值和一阶差分下的各种检验,可以得出人均存款 PCD 序列、人均贷款 PCL、人均资本 PCC 和人均财政支出 FEPC 序列是一阶平稳的。

表3-6   面板数据单位根检验结果

检验方法	原值				
	RGDP	PCD	PCL	PCC	FEPC
LLC 检验	22.1107 P=1.0000	25.3853 P=1.0000	17.3437 P=1.0000	-2.0182 P=0.0218	14.7345 P=1.0000
IPS 检验	20.4810 P=1.0000	20.1771 P=1.0000	15.5199 P=1.0000	0.4019 P=0.6561	13.8886 P=1.0000
ADF-Fisher	14.3786 P=0.5705	4.4280 P=0.9979	1.8042 P=1.0000	13.3441 0.6475	7.5888 P=0.9602
PP-Fisher	0.0003 P=1.0000	4.4153 P=0.9980	1.6002 P=1.0000	15.6443 P=0.4781	0.0012 P=1.0000
LLC 检验	-1.4645 P=0.0015	2.7046 P=0.0166	2.4688 P=0.0432	-12.7148 P=0.0000	1.1059 P=0.0056

续表

检验方法	原值				
	RGDP	PCD	PCL	PCC	FEPC
IPS 检验	0.4371 P=0.0690	2.5835 P=0.9951	2.7997 P=0.9974	-6.8612 P=0.0000	1.7259 P=0.1178
ADF-Fisher	15.5042 P=0.0488	25.0319 P=0.0493	20.2642 P=0.0086	74.3446 P=0.0000	14.2903 P=0.0071
PP-Fisher	11.4738 P=0.7793	268.971 P=0.0000	42.1548 P=0.0004	133.793 P=0.0000	9.1611 P=0.0002

2. 建立回归模型

根据面板数据单位根检验的结果，各截面成员序列在原值下是非平稳的，在一阶差分条件下是平稳的。本书采用面板效应中的个体固定效应模型，为了考察解释变量与被解释变量之间的关系，对每个变量取自然对数，并建立个体固定效应模型：

$$\ln\gamma gdp_{it} = \partial + \beta_{1i}\ln pcd_{it} + \beta_{2i}\ln pcl_{it} + \beta_{3i}\ln pcc_{it} + \beta_{4i}\ln fepc_{it} + u_{it}$$
$$i = 1, 2, \cdots, 8 \quad t = 1992, 1993, \cdots, 2014 \quad (3-11)$$

其中，i 表示省份 $i=1,2,\cdots,8$，分别表示内蒙古、广西、新疆、宁夏、西藏、云南、贵州和青海；t 表示时期，$t=1992;\cdots,2014$；u_i 表示随机误差项。β_{ij}（$j=1,2,3,4;i=1,\cdots,8$）表示各截面成员在时期 t 对应因变量的回归系数；$rgbp_{it}$ 表示民族地区在 t 时期实际人均 GDP 数据；pcd_{it} 表示民族地区在时期 t 的人均存款；pcl_{it} 表示民族地区在时期 t 的人均贷款数据；pcc_{it} 表示民族地区八省、区在时期 t 的人均资本数据；$fepc_{it}$ 表示民族地区在时期 t 的人均财政支出数据。

由表 3-7 可知，影响民族地区人均 GDP 的因子存在差异，即影响民族地区经济增长的原因各异。下面对这四个金融发展变量是如何影响民族地区经济增长、如何进行传导进行深度剖析。

表 3-7　　　　　　　　截面成员回归系数

民族地区	β_1	β_2	β_3	β_4
内蒙古（NMG）	1.1551	-2.2262	-0.9957	4.4557

续表

民族地区	β₁	β₂	β₃	β₄
广西（GX）	0.1633	-0.1491	0.1122	3.6328
新疆（XJ）	0.4160	-0.2466	0.0225	1.2788
宁夏（NX）	3.0572	0.4108	-0.1089	-2.5957
西藏（XZ）	0.2639	-0.0459	0.0145	0.0316
贵州（GZ）	0.7236	-0.3794	0.1211	0.5421
青海（QH）	-0.1139	0.1806	0.0332	0.4901
民族地区（RR）	1.2057	-1.2422	-0.0659	0.6966

内蒙古、广西、新疆、宁夏、西藏、贵州、青海和民族地区调整后的方差的平方分别是 0.9953、0.9907、0.9903、0.9941、0.9923、0.9907、0.9947、0.9945。调整后的方差的平方都是非常接近 1 的，回归方程的拟合程度很高，模型的科学性和有效性很高。

三　金融发展是民族地区经济增长的重要原因

综合实证分析的结果，银行贷款、资本市场融资对民族地区经济增长的影响不明显，原因与民族地区金融市场发育滞后，对经济增长的促进作用不显著有关。国家财政支出是民族重要金融资金来源，对地区经济增长的促进作用明显。

从民族地区各省区经济增长来看，制约内蒙古人均 GDP 增长的影响因素是人均贷款，人均贷款回归系数为 -2.2262，内蒙古人均贷款每增加 1%，人均 GDP 减少 2.2262%，说明内蒙古银行业贷款虽然存量规模比较大，但是并没有投入与当地经济密切的建设中，即银行贷款主要是投向在内蒙古经营的国有企业，与当地民生联系不强。对内蒙古人均 GDP 增长影响最大的是人均财政支出，每增加 1% 人均财政支出拉动人均 GDP 增长 4.4557%。与内蒙古情况相似，广西和新疆人均 GDP 增加促进因素是人均财政支出，每增加 1% 人均财政支出，广西、新疆人均 GDP 分别增加 3.6328%、1.2788%。宁夏人均 GDP 与人均资本和人均财政支出呈负相关，人均存贷款与人均 GDP 呈正相关，促进宁夏人均 GDP 增加的最大影响因素是银行贷款，原因是宁夏的经济发展水平比较高，银行实力比较强，银行资金服务地方经济发展水平高，财政资金在投资中占比小。

人均存款回归系数中唯一一个负值省区是青海省，即银行存款增加不能促进青海经济增长，当地居民和企业的银行存款存在流失的可能性。人均贷款回归系数中唯一的一个正值是宁夏，这也恰恰从侧面说明了宁夏经济水平发展较其他民族地区高，即便国家财政转移支付不多，宁夏也可以依靠地方金融资源促进经济增长。民族省区人均财政支出多与人均 GDP 呈正相关，表明财政资金是民族地区经济增长的重要推动力。

发展金融市场增强民族地区经济自我发展能力任重道远，民族地区的金融发展处于起步阶段，制定具有针对性的金融政策，不仅关系到增加金融资源供给，更重要的是促进本地金融资源服务地方发展。

第四节　民族地区金融发展水平有待提高

从金融发展与经济增长的影响逻辑看，经济增长是金融发展的基础，金融发展有助于经济增长。但从民族地区的实证检验来看，民族地区的金融发展对经济增长的促进并不明显，财政资金是民族地区金融资源的主要来源。民族地区金融发展水平低下，金融的现代经济核心功能没有完全发挥，促进民族地区的金融发展刻不容缓。

一　健全金融服务体系

从理论逻辑上来讲，民族地区人均贷款应该对经济增长有促进作用，实证结果无法显示这种影响，而人均财政转移支付和人均资本市场融资，对人均 GDP 的增加有促进作用。也就是说银行类金融机构的贷款投入，对民族地区的人均 GDP 增加不明显，原因可能与民族地区金融服务体系不健全有关，由银行提供的金融渠道管网造成民族地区的资金外流，民族地区银行的存贷比较低，银行吸收的存款更多地转贷到民族地区以外，用于民族地区发展的金融资源供给作用有限。

尽管经过多年努力，民族地区的银行类金融机构服务体系有很大发展，机构数量、从业人均资产、银行总资产增加很快（见表 3 – 8）。但银行类金融机构是人力资源密集的行业，民族地区的地域幅员辽阔，人口居住比较分散，银行服务的成本比较高。民族地区银行业从业人员服务强度高，从业人员人均资产、地均投入的金融资产比较低。银行机构要提供服务的地域面积大，地理区位条件不便影响银行服务成本。从贷款安全的角度来看，民族地区经济欠发达，合格的贷款主体并不多，银行能提供贷款的合格主体，主要以民族地区的大型国有企业为主，与地区经济发展关系密切的小微企业，由于缺少银行贷款的必要条件而无法融资，大型国有企业贷款融资创造财富，并不属于民族地区可支配和控制的财富，对民族地区经济发展的促进作用不明显。

表 3-8　2004—2015 年民族地区银行业服务密度及资产统计

年份	银行类机构数量（个）	银行类从业人员数量（人）	银行类资产总额（亿元）	人均服务地域（平方公里/人）	从业人员服务强度（万元/人）	从业人员人均资产（亿元）	地均资产（万元/平方公里）
2004	3703	108453	5467.33	1528.95	52.20	504.12	9.66
2005	36683	290884	29370.73	154.34	19.46	1009.71	51.88
2006	34604	300650	53111.2	163.61	18.83	1766.55	93.81
2007	36760	586054	33468.3	154.02	9.66	571.08	59.11
2008	33985	499152	41843.8	166.59	11.34	838.30	73.91
2009	36435	334640	65747	155.39	16.92	1964.71	116.13
2010	37254	351852	68806.63	151.98	16.09	1955.78	121.53
2011	38726	354852	83708	146.20	15.96	2358.96	147.85
2012	41631	388047	101179.9	136.00	14.59	2607.41	178.71
2013	42560	404739	118094.3	133.03	13.99	2917.79	208.58
2014	43715	421315	132200.6	129.51	13.44	3137.81	233.50
2015	45531	431772	151166.2	124.35	13.11	3501.07	267

资料来源：笔者根据历年《中国区域金融运行报告》整理核算。

民族地区的银行类金融机构，要更好地为民族地区经济发展服务，不但要增加对小微企业和"三农"企业的贷款，使民族地区的金融资源更好地促进民族地区经济增长。同时要健全民族地区金融服务体系，增加金融机构服务网点和服务能力建设，鼓励银行结合民族地区产业创新产品,银行系统不能成为民族地区资金外流的通道。要加大民族地区本土银行法人的培育,积极培育区域性本土银行法人,以银行经营地域约束资金外流,更好地为民族地区经济发展提供金融资源支持。

二 加大金融服务供给力度

民族地区的银行类金融机构,承载民族地区金融服务的重任,是民族地区金融服务的主力。银行服务能力不足和水平不高,是制约民族地区金融服务水平提高的重要因素,增加民族地区银行的资产和人力资源,是促进银行发展的重要突破口,加大金融服务力度,关系到民族地区的金融服务可获得性。

民族地区银行类金融机构从业人员增长缓慢。自2004年以来,民族地区银行类金融机构从业人员数量长期负增长。从业人员服务强度也呈现出下降趋势,从业人员服务地域范围缩小,反映出人力资源投入加大,但银行业服务品种有很大增加,从业人员服务地域的缩小并不一定带来服务水平提升。北京银行业的从业人员服务地域在2015年为0.147平方公里/人,从业人员人均服务范围是0.147平方公里,而民族地区从业人员服务地域是13.11平方公里,即每名银行从业人员需要服务13.11平方公里。发达地区的银行人力资源充足,民族地区银行人力资源投入力度不够,地广人稀与银行从业人员配给不足,造成偏远民族地区金融服务的自然排斥,有限的金融服务仅集中在城镇,民族地区出现了大量的金融服务空白乡村。

民族地区地均金融资源存量低,影响银行开展业务的能力。银行类金融机构按照资产与负债平衡的原则来经营,银行机构拥有的资产规模越大,提供金融服务的能力和力度就越大。2015年,民族地区每平方公里拥有267万元银行资产,同年北京每平方公里拥有银行资产规模达到23014.38万元,是民族地区的36.2倍,金融资源可获得性还是服务能力都是民族地区无法比拟的。2015年民族地区银行员工人均资产规模为3501.07万元,同年北京的银行员工拥有人均资产达到6200万元,单个银行工作人员能提供金融服务资源差距明显。每平方公里拥有银行金融资产越多,意味着相同土地能获得的金融资源就越多,银行员工人均拥有资产规模越大,意味着信贷员放贷能力就越强。因此,增强民族地区金融服务能力，增加银行金融资产与人力资源，缓解金融资源不足和服务能力不到位，是民族地区金融发展的重要内容。

三 促进金融资源与产业融合

发展民族地区特色产业，不仅是促进当地产业发展的重要内容，更是留住发展的金融资源。民族地区的市场主体不多，企业规模偏小再加上财务不规范，导致民族地区金融资源外流，没有用于本地区的发展。要结合民族地区的产业特色和居民增收，培育民族地区特色产业的优质企业，成长为更多高质量的市场主体，为民族地区金融资源提供高质量的载体，兼顾民族地区的经济社会效应，让民族地区群众享受经济发展带来的好处。

要将金融普惠政策与培育民族地区产业主体联系在一起，促进民族地区经济增长并增加当地居民收入，让金融资源惠及民族地区当地居民，通过发展产业促进当地居民增收。结合民族地区特色资源发展特色产业，维护民族地区经济发展利益，培育和壮大植根本地的小微型企业，为留住宝贵金融资源提供合格的载体。要采取切实有效的措施，确保银行从民族地区吸收的贷款，主要用于本地区发展的贷款，不能让民族地区的金融资源外流。民族地区不仅要发展和培育自己的企业，还要完善民族地区的金融监管制度，用制度留住发展的金融资源。

"农耕经济"在民族地区所占比重较大，调整民族地区三大产业结构非常紧迫，要提高第三产业在三次产业中的占比。在发挥民族地区特色产业优势的同时，要走新型工业化道路和城镇化道路，加快培育战略性新兴产业，释放经济发展新动能。要注重引进新型金融人才和有先进理念的金融管理人才，鼓励金融机构围绕民族地区因地制宜进行创新，留住宝贵的金融资源服务地方经济发展。

第四章 开发性金融与民族地区脱贫发展

由于经济不发达和贫困程度深,民族地区促进经济增长的金融资源短缺,金融服务水平和市场运作能力不足,要集聚金融资源并促进民族地区的金融市场发展,需要创新体制机制促进金融发展。扶贫攻坚是提升民族地区经济发展水平的重要抓手,金融扶贫对民族地区经济脱贫发展意义重大,依托精准扶贫提升民族地区金融发展水平,能有力地推动脱贫攻坚和金融发展。发挥金融扶贫工作的系统影响,把握金融扶贫的开发性金融属性,利用金融扶贫促进民族地区的金融发展,将脱贫发展与金融市场培育相结合,实现民族地区由脱贫发展向自生发展转化,用金融扶贫的"造血"促进民族持续自生发展,实现脱贫致富奔小康。

第一节 金融扶贫与民族地区发展

民族经济发展的现状,是发展资源富裕与财富生成贫弱并存,守着金山银山饿肚子的尴尬被动。支持民族地区脱贫发展,与全国人民一道实现小康,共享经济发展的成果是国家坚定不移的政策。民族地区经济发展水平不高,投入和产出绩效不平衡,偏远农牧区大量存在贫困,产生发展落后问题的原因是多方面的,但金融作为现代经济核心的功能发挥不够是重要原因。利用国家推进精准扶贫的时机,发挥金融扶贫的开发性金融属性,促进民族地区金融的发展,为区域经济增长提供支持。

一　金融扶贫的由来与发展

金融是现代经济的核心,最大的功能是发现和实现价值,通过金融市场的配置功能,集聚资源于最具增长潜力的领域,促进区域经济迅速增长,金融是区域经济增长的加速器。金融资源的集聚是有条件的,区域经济发展水平和储蓄率的高低是前提,良好的市场环境和交易规则是基础。从金融资源投入对经济增长促进来看,金融资源的有效供给增加,能对区域经济增长起到良好的促进作用,从资源配置的角度来看,欠发达民族地区的金融资源外流,会对区域发展起到釜底抽薪的作用。从经济发展的角度来看,民族地区是金融资源短缺地区,需要金融资源浇灌经济发展,但从现实的角度来看,民族地区是金融资源流出地区,"十二五"期间恩施金融资源通过银行外流超过1000亿元[①]。要减少民族地区宝贵金融资源外流,吸引外源性金融资源流入,需要利用金融的价值发现和实现功能,通过资本转化实现民族地区资源存量向财富增量转变,因此,增强民族地区金融市场的资源配置能力,是事关民族地区脱贫攻坚和经济增长的重要抓手。

2013年11月,习近平总书记在湖南考察提出"精准扶贫",并指出要做好金融扶贫这篇大文章,促进贫困地区的发展。金融作为经济发展的重要力量,是脱贫攻坚的重要依靠力量,更是贫困地区集聚发展资源的重要渠道。为了推动金融扶贫的发展,2014年中国人民银行等七部委联合印发《关于全面做好金融扶贫开发金融服务工作的指导意见》,提出要优化金融机构网点布局,提高金融服务覆盖面,提升金融综合服务水平,探索资金回流贫困地区的途径,完善扶贫贷款贴息政策,增加扶贫贷款的投放,中国人民银行的指导意见,成为指导金融扶贫工作的重要指针。

民族地方根据中国人民银行的指导意见,结合地方实际制定有针对性的金融扶贫方案,广西先后出台《关于推进全区金融精准扶贫工作的实施方案》(南宁银发〔2016〕69号)和《广西金融信用扶贫工作方案》(南宁银发〔2016〕106号)两个文件,要"创建一个精准扶贫

---

① 段世德:《武陵山区资本市场发展研究》,《中南民族大学学报》2018年第4期。

的对接平台，完善一套全面惠农的服务体系，形成一套立足长远的保障机制"，推动广西金融扶贫的发展。湖北省的恩施州，结合中国人民银行的指导意见，根据湖北省出台的《小额贷款扶贫贴息相关管理试行办法》和《创新发展扶贫小额信贷实施方案》等政策意见，结合恩施州地方扶贫攻坚的现实需要，建立具有恩施特色的金融扶贫工作思路。

民族地区的金融扶贫经历了漫长的探索过程。1986—1997年是民族地区金融扶贫的初始阶段，在1989年前的金融扶贫主要是给贫困户发放扶贫贴息贷款，促进贫困户的增收和当地经济的增长；1989年后的金融扶贫主要是给贫困地区企业提供贷款，希望通过贫困地区企业发展带动贫困户脱贫致富。为了推动我国扶贫工作，2001年国务院颁布了《中国农村扶贫开发纲要（2001—2010）》，金融被赋予了更重大的扶贫促发展功能，形成微观与宏观并重的小额扶贫信贷服务政策体系。金融扶贫政策从两个方面发力：一是继续增加扶贫贷款的投放规模，增加重点贫困地区贷款，注重能带动贫困人口增加收入的种植业企业、劳动密集型企业、农产品加工企业、市场流通企业和基础设施建设项目的支持；二是继续向贫困户提供小额扶贫信贷，支持贫困户发展生产增加收入，但从政策实施的重点来看，对有发展基础和潜力企业的支持，是政策设计的重点。2008年国务院扶贫办出台《关于全面改革扶贫贴息贷款管理体制的通知》，扶贫贷款和贴息资金的管理、使用和效益由地方统一负责；引入市场竞争机制，鼓励商业银行运用商业原则参与扶贫贷款，公开公平地进行扶贫开发贷款投放竞争，按照扶贫贷款原则发放的贷款，比照扶贫贷款政策享受优惠；扶贫资金主要用于国家和省级扶贫开发重点和非重点县的贫困村。扶贫资金重点投向贫困户，主要用于发展生产，扶贫龙头企业和农村中小型基础设施及社会事业项目是重点，通过增强贫困村、贫困户的发展能力，达到贫困户增收脱贫的目的。

2011年以后，扶贫贴息贷款政策逐步完善，融入精准扶贫的金融政策，并与促进"三农"发展的财税、金融、保险、金融监管等政策相互协调配合，初步形成金融扶贫综合政策体系。2011年，中国政府制定《中国农村扶贫开发纲要（2011—2020年）》，提出除了要积极推动贫困地区金融产品和服务方式创新，还要鼓励开展小额信用贷款，努力满足扶贫对象发展生产的资金需求。2014年人民银行、财政部、银监会、证监会、保监会、扶贫办、共青团中央联合印发了《关于全面做好扶贫开发金融服务工作的指导意见》，提出要进一步发挥政策性、商业性和合作性金融的互补优势，下沉经营网点和业务管理重心，金融扶贫要贴近农民、扎根农村、做实县域，有效地增加贫困地区信贷供给；对标建档立卡认定的贫困户，改进项目库建设、扶贫企业和项目认定机制，合理确定贷款贴息额度，加大扶贫贴息贷款投放；优化金融机构网点布局，提高金融服务覆盖面，改善农村支付环境；加快推进农村信用体系建设，增加农村小额贷款。我国的金融扶贫进入新的发展阶段，民族地区的金融扶贫开发也稳步向前推进。

二　金融扶贫的概念与内涵

结合我国金融扶贫的发展实践，金融扶贫就是结合贫困地区的产业发展和市场主体，综合运用财政资金的风险担保，以改善产业发展环境与条件为目的，以金融普惠网络为支撑平台，借助小额扶贫贷款和异地搬迁贷款等手段，通过增加贫困地区的金融资源供给，扭转发展中存在的"资金漏斗"现象，借助金融财富激发效应，增强贫困群众利用市场促进发展的能力，在帮助贫困户脱贫致富的同时支撑市场主体的发展，在全社会普及金融知识并促进金融市场建设。

依据我国金融扶贫政策的演变和本书界定的金融扶贫概念，金融扶贫的内涵主要包括：

第一，金融扶贫是开发式扶贫。金融扶贫是以产业发展为引领，通过完善金融服务，促进贫困地区的贫困人口提升自我发展能力，增强贫困地区经济发展的"造血"功能，促进贫困地区持续健康发展。金融扶贫的效果与扶贫信贷资金的投入有关，考察是否增强了贫困户发展产业的能力，是否增强贫困地区和贫困户的经济自生能力。金融扶贫核心是利用金融手段，增强贫困户利用金融市场发展经济的能力，发展由对财政资金的依赖转向对社会资金的依赖。

第二，金融扶贫是商业行为。金融扶贫要坚持市场化和政策扶持相结合的模式，要以市场化为导向借助政策扶持来联合推进，充分发挥市场配置资源的决定性作用，加强不同经济部门的协调配合，通过健全激励约束机制,既能有效防范金融风险,又能引导金融资源向贫困地区倾斜。扶贫资金的使用要坚持市场原则,坚持有借有还可持续,通过扶贫资金取得与使用,形成贫困户信用记录。金融扶贫的推行,目的就是要让贫困户了解市场经济运行的特征和规律,增强其驾驭市场的能力,通过市场实现经济发展和增收。

第三,金融扶贫要因地制宜。金融服务的提供要立足贫困地区和贫困群众实际,创新金融产品和服务方式,让贫困地区农业、农村和农民得到更高效、更实惠的金融服务,金融扶贫本质是普惠金融,让金融体系外的贫困户得到金融资源与服务。金融扶贫要加强与贫困地区的区域发展规划、相关产业扶贫规划以及精准扶贫工作机制相衔接,突出工作重点,下移工作重心,把金融服务的政策措施落到实处,不断提升贫困地区金融服务水平。金融扶贫不能是千篇一律的行为,必须是围绕地区和产业特色的金融创新,更不是传统财政资金的转移支付,是市场选择与财政支持共同作用的结果。

第四,金融扶贫要服务"三农"。金融扶贫要和服务"三农"、区域发展有机结合。在金融服务"三农"过程中着力推动扶贫开发,贫困地区的产业主要以农牧业为主,结合"三农"特点提供金融服务。我国的扶贫攻坚和区域发展规划,也明确提出"区域发展带动扶贫开发,扶贫开发促进区域发展"的思路,只有将金融服务扶贫开发和服务区域发展有效地结合起来协同推进,才能实现金融扶贫促进持续发展的初衷。金融扶贫围绕特色产业发力,才能为金融资本找到有效载体,保障资金的安全和偿还,实现金融扶贫的可持续推进。

三 金融扶贫的本质

金融扶贫的本质是开发性金融,是介于政策性金融与商业性金融之间的一种金融形态,主要是通过银行类金融市场机构主体,对贫困户资产属性进行信用评估创新,借助国家财政资金的风险补偿分担增信贫困户,将基于传统商业银行认为"不能贷"的贫困户,转化为符合信用贷款条件的信贷对象。通过国家财政对贫困户贴息,降低贫困户的贷款利息压力,降低资金使用成本达到提升发展绩效的目标,协助贫困户增收达到脱贫致富的目的。

金融扶贫的根本目的是提升发展能力，借助金融市场的发现功能，将有发展能力和意愿的贫困户识别出来，借助金融市场的实现功能，实现贫困户的资源能力转化为财富，实现贫困户的资源存量向财富增量转变。金融扶贫不是简单地将资金交给贫困户使用，而是贫困户通过使用扶贫资金，逐步掌握现代经济运行特征和发展规律，依托金融关系建立稳定的市场联络机制，实现贫困户由封闭的个体发展向开放的集体发展转化，利用集体力量抵御市场风险，是金融服务实体经济发展的重要体现。参与金融扶贫的金融结构，按照国家相关政策通过"保本微利"的经营原则，在促进贫困地区发展的同时承担必要的社会责任，借助贫困户的脱贫发展开发新的金融服务市场，借助经营业绩的跨期均衡实现经营利润的提升，与贫困地区形成稳定的金融关系，实现互利共赢。金融扶贫是在政府政策引导下，鼓励不同市场主体依据市场原则建立利益共同体，是宏观政策引导微观主体克服市场失灵的体现。

民族地区是我国脱贫攻坚的主要战场，是金融扶贫重要的发力地区，扶贫资金是民族地区金融资源的重要来源，是缓解民族地区发展资金制约的重要手段，是普及现代金融知识和市场意识的重要载体，是促进民族地区金融发展的重要抓手，也是帮助民族地区与全国市场建立联系通道的重要机会。金融扶贫为民族地区金融经济快速发展提供了机会，运用好国家金融扶贫的政策机遇，不但能促进民族地区的金融发展与经济进步，还能帮助民族地区形成利用市场促进经济发展的能力，因此，做好金融扶贫对民族地区至关重要。

第二节　金融扶贫的开发性金融特征

金融扶贫是我国政府发挥金融现代经济核心功能，促进落后地区经济社会发展的一种手段，通过政府增信和贴息为贫困户提供金融服务，避免传统金融机构按照整齐划一的商业运作模式，使弱势群体排斥在金融服务体系外。金融扶贫是一种开发性金融，最终目的不是简单增加贫困户的金融资源供给，更重要的目的是通过金融扶贫的引导带动功能，促进欠发达地区的金融发展和市场意识的形成，通过市场机制的建立完善与功能发挥，增强贫困户利用市场发展经济的目的。

一 开发性金融与政策金融的区别

政策性金融是国家为了保障"强位弱势群体"金融发展权和金融平等权的特殊制度安排。① 政策性金融是在政府的支持和鼓励下,为了促进金融资源配置的合理性,解决特殊群体发展的金融需求,在国家政策的扶持下,通过优惠的存贷利率安排或信贷、保险(担保)的可获得性和有偿性为条件,借助法律和制度的规范而形成特殊的金融制度安排。需要指出的是,提供政策性金融服务的机构,可以是政策性的银行,也可以是非政策性银行。政策性金融有三大特征,即政策性、优惠性、有偿性。②

指令式是政策性金融运作模式的基础。政策性金融机构从事业务,受国家政策指令的影响,国家通过相应法律文件和制度安排,对政策性金融机构的贷款去向进行指定。政府向政策性金融机构发出贷款指令,一种可能性是直接指示政策性金融机构向特定企业或项目提供资金,另一种可能性是指示政策性金融机构向特定行业或区域提供贷款。在政府指定向特定项目贷款模式中:一是政府直接圈定特定的企业,指示政策金融机构向该企业提供贷款;二是政府筹建投资机构建立专门平台,通过专门平台向特定类型企业提供贷款。尽管两种模式表面存在不同,但实质都是一样的,即项目是政府选择的,政策性金融机构受政府指令提供贷款。政府也可能对特定产业或特定区域提供政策性金融支持,政府向政策性金融机构发出指令,要求其为特定产业或区域提供信贷支持,但允许政策性金融机构自主选择项目。政策性金融机构有部分自主权,能自行挑选企业或项目并决定是否贷款。

政策性金融机构对特定地区和产业的支持,可能存在三个方面的不足:一是政策性金融机构被动地执行政府指令,只是向特定企业和项目提供贷款,但并没有收回贷款的积极性,政府挑选高质量的企业并监督其用好资金没有激励性制度安排,由于缺少必要外部激励与监督,项目的推进可能出现严重的道德风险。二是政策性金融机构缺少挑选优质合

---

① 白钦先、王伟:《科学认识政策性金融制度》,《财贸经济》2010年第8期。
② 白钦先:《政策性金融论》,《经济学家》1998年第4期。

格企业的激励性制度安排，政策性金融机构也没有收回贷款的激励，政策性金融机构只是完成政府的任务，并没有从援助对象的发展中获得激励，最终导致政府没有挑选优秀的企业或项目来承担政策目标。三是经济效率低下，在政府指定特定的产业或区域内，政策性银行自主选择产业或项目，但挑选项目与政策性金融机构业绩之间不存在必然联系，政策性金融机构可能没有足够的动力去挑选好的企业，也没有积极性和主动性去监督企业运作，可能导致经济效率低下。

开放性金融，是"政策性金融的深化和发展，以服务国家发展战略为宗旨，以国家信用为依托，以市场运作为基本模式，以保本微利为经营原则，以中长期投融资为载体，以实现政府发展目标、弥补市场失灵、提供公共产品、提高社会资源配置效率、熨平经济周期性波动，是经济金融体系中不可替代的重要组成部门"[1]。开发性金融机构是以国家信用为基础的市场主体，具有配合国家经济政策实施的法定职能，能按照政府宏观调控的需要增减贷款并调整信贷结构。开发性金融按照市场模式运作，在推进过程中执行"政府选择项目入口、开发性金融孵化、实行市场出口"的运作[2]，开发性金融是欠发达地区发展的重要推进器。

开发性金融促进地区和产业发展的功能主要体现在以下几点：一是追求社会效益，具有正的外部性，开发性金融机构选择"市场失灵"空白领域或薄弱环节提供融资支持，包括可以在基础设施建设、基础产业、支柱产业和国际合作融资领域发挥主导作用，具有更大的公共品性质的正外部性。二是开发性金融能够有效地服务国家经济战略目标，促进微观金融机构的稳健和宏观金融体系的稳定。三是能规避商业金融"趋利避害"的市场性，开发性金融机构向金融市场和实体经济注入资金，能够帮助市场尽快恢复到稳定和理性状态。

二 开发性金融优于政策性金融

开发性金融与政策性金融相比，政府能寻找到更适合的支持企业，通过培育领头企业促进区域发展。对于民族地区的发展而言，选择具有

---

[1] 国家开发银行关于开发性金融，http://www.cdb.com.cn/kfxjr/gykfxjr/。
[2] 陈元：《开发性金融与逆经济周期调节》，《财贸经济》2010年第12期。

发展潜力的企业将其培育成龙头企业，借助龙头企业带动产业和区域的发展，利用开放性金融政策要比政策性金融政策好。

（一）挑选企业

在政策性金融指引下，扶植的目标企业由政府指定，政府希望挑选出来的企业具有最高发展绩效，并希望挑选企业的成本最小。也就是说，政府希望以最小成本挑选到最好企业，政府的目标函数为：

$$\max \int_{ke^{rt}}^{\bar{x}} (x - Ke^{rt}) \mathrm{d}x - c_1(g) \qquad (4-1)$$

其中，k 表示政策性金融机构向企业提供贷款规模；x 表示目标企业的资产价值，是一个随机变量，$x \in [\underline{x}, \bar{x}]$，其中 $0 \leq \underline{x} \leq \bar{x}$；$f(x, g)$ 表示政府挑选到好企业的资产价值分布密度函数；$c_1(g)$ 表示这个挑选好企业花费的成本；g 表示政府挑选企业的激励程度，g 越大说明政府去挑选好的企业的激励越大。

假设 $f(x, g)$ 函数满足：

$$f(x, g) = F_x(x, g), \quad F_g(x, g) = \frac{\partial F(x, g)}{\partial g} < 0 \qquad (4-2)$$

即企业的资产价值分布对政府激励程度满足的一阶随机占优的条件。政府挑选目标企业的成本函数 $c_1(g)$ 满足：

$$c'_1(g) > 0, \quad c''_1(g) > 0 \qquad (4-3)$$

即政府挑选企业受到的激励越大，挑选企业花费的成本越高，随着政府激励的增加，挑选企业成本增加的速度在加快。政府激励最大化的一阶条件为：

$$\max \int_{ke^{rt}}^{\bar{x}} (x - Ke^{rt}) f_g(x, g) \mathrm{d}x = c'_1(g) \qquad (4-4)$$

即政府激励的边际成本等于企业的边际期望收益。于是，最优解为：

$$g = \tilde{g}_1 \qquad (4-5)$$

其中，$\tilde{g}_1$ 表示在政策性金融条件下政府自身的最优激励程度。

在政策性金融下，银行没有选择企业的权利，服务的目标企业由政府指定，银行的利润自身无法控制。政府选择了激励程度，银行的利润就决定了。银行利润为：

$$\Pi_{l^*} = \int_{\underline{X}}^{Ke^{rt}} xf(x,g)\mathrm{d}x + \int_{ke^{rt}}^{\overline{x}} ke^{rt}f(x,g)\mathrm{d}x - Ke^{r_1}t \quad (4-6)$$

在开发性金融模式运作下，政府要求开发性金融机构进行贷款，由于开发性金融不能对企业进行甄别，开发性金融机构将要求政府为其贷款提供担保。开发性金融机构是自主经营的市场主体，政府提供担保后就必须兑现对银行贷款的担保责任，如果政府担保的企业贷款没有违约风险，也就是政府担保的贷款没有违约责任，银行能够正常收回贷款，政府目标函数为：

$$\int_{\underline{X}}^{\overline{X}} (x - Ke^{rt})f(x,g)\mathrm{d}x - c_1(g) \quad (4-7)$$

式（4-7）中的变量与式（4-4）中的变量含义相同。在开发性金融模式下，政府要让贷款企业具有履行还贷的责任，在挑选企业时就要考虑企业资产价值概率分布，确保企业出现违约风险时应对。最优化问题的一阶条件为：

$$\int_{\underline{X}}^{\overline{X}} (x - Ke^{rt})f(x,g)\mathrm{d}x - c_1(g) \quad (4-8)$$

政府激励边际成本等于期望边际收益。最优解为：

$$g = \widehat{g_1} \quad (4-9)$$

其中，$\widehat{g_1}$ 就是开发性金融模式下政府的最优解激励程度。

（二）银行行为

在开发性金融运作模式下，金融机构的贷款资金由财政担保，政府对贷款担保是国家信用，担保的可信度高而金融机构放贷风险小，银行的利润为：

$$\widehat{\Pi_1} = Ke^{rt} - ke^{\varepsilon_1}t \quad (4-10)$$

在开发性金融模式下，银行利润不再有风险是可预期的，银行利润是参与金融活动的激励，开发金融模式银行获得利润要比政策性金融模式高，银行机构从事贷款业务获得激励更大，挑选出来的企业质量更高、更好，因此，开发性金融模式与政策性金融模式相比，政府能得到的激励水平更高。也就是说，政府政策绩效比以前有所提高。开发性金融模式激励政府努力挑选企业，政府挑选企业的效率和目标的准确性，直接影响到政府目标的实现。在开发性金融模式下，有挑选好企业的正面激励，政府政策收益更多、更大，从事开发性金融的机构能获得更高的期望收益。在政策性金融模式下，从事业务的金融机构收益由政府指定企业经营状况决定，金融机构作为提供贷款的银行，并不关心从具体业务中获得收益的大小，因为按照政策性金融制度设计，银行从事政策性金融业务出现亏损，金融机构的亏损由财政补贴进行弥补。因此，政策性金融模式下银行的决策函数是：

$$\max_{b \geq 0} - c_3(b) \tag{4-11}$$

其中，b 表示银行监督企业的激励程度，b 越大表示政策性银行被激励去监督企业的动机越强烈；$c_3(b)$ 表示银行监督企业的成本，并且满足：

$$c'_3(b) > 0, \quad c''_3(b) > 0 \tag{4-12}$$

式（4-12）表明，银行监督企业的努力程度越高则花费的成本越高，由于 $c_3(b)$ 是单调函数，所以 $b = 0$ 是最大化的解。由于政策性金融机构被动接受政府的贷款指令，监督企业不会获得任何额外的收益，从事政策性金融业务银行的利润为：

$$\widetilde{\Pi}_2 = \int_{\underline{X}}^{Ke^{rt}} xf(x,a)\,dx + \int_{Ke^{rt}}^{\bar{x}} xf(x,a)\,dx - Ke^{rt} \tag{4-13}$$

在开发性金融模式下，政府为了让企业按时归还贷款，会对企业贷款的使用进行监督，从而达到提高政府政策绩效的目的，政府的目标函数为：

$$\max \int_{\underline{x}}^{\bar{x}} (x - Ke^{rt}) f[x, a_1(g)]\,dx - c_2(g) \tag{4-14}$$

一阶条件为：

$$\int_{\underline{x}}^{\bar{x}} (x - Ke^{rt}) f[x, a_1(g)]\,dx - c_2(g) = \frac{c'_2(g)}{a'_1(g)} \tag{4-15}$$

政府自身的最优解激励为：

$$\widehat{a_1} = a_1(\widehat{g_2})$$

在开发性金融模式下，发放贷款银行的收益虽有政府担保，但对企业进行监督有助于贷款回收，开发性金融机构不会直接监督企业，但依然会关心企业经营活动。开发性金融模式下银行的决策函数：

$$\max(ke^{rt} - ke^{r_s t}) - c_3(b) \tag{4-16}$$

而 $b=0$ 是开发性金融机构收益最大化的解，即开发性金融机构不用直接监督企业，政府担保使开发性金融没有必要支付监督企业的成本。开发性金融模式下银行利润为：

$$\hat{\Pi}_2 = Ke^{rt} - Ke^{r_s t} \tag{4-17}$$

对比政策性金融机构和开发性金融机构的行为，政策性金融机构缺乏监督企业的激励，开发性金融机构没有风险也需要监督企业。由于开发性金融机构承担培育金融市场的责任，开发性金融机构行为的价值要大于政策性金融机构，则有：

$$\int_{\underline{X}}^{Ke^{rt}} xf(x)dx + \int_{Ke^{rt}}^{\overline{X}} Ke^{rt}f(x)dx < Ke^{rt} \tag{4-18}$$

根据假设前提可知：

$$\widetilde{\Pi}_2 < \hat{\Pi}_2 \tag{4-19}$$

有政府信用担保在没有风险的情况下，开发性金融机构发放贷款的期望收益高于政策性金融机构。除了按照政府要求提供贷款并要求政府担保外，开发性金融有追求自身业绩的要求，甄别并选择好的企业对开发性金融机构意义重大。开发性金融的参与，提升了政府选择企业的回报，政府监督贷款企业资金使用的积极性提高，提高了金融机构提供资金的回报率，也提升了贷款收回率。政策性金融没有自身业绩的追求，其业绩主要来源于财政资金的补贴，缺乏监督企业激励的动机，政府甄别企业的激励回报不高，不能按期收回贷款的损失由政府承担，政策性金融机构的资金效率低下。

三 开发性金融促进民族地区金融发展

民族地区金融发展存在问题，不仅面临金融资源短缺还存在金融市场发育程度低，还存在民众缺乏现代金融意识和理念，商业金融机构开发金融市场的动机不强烈。开发性金融以服务国家战略为宗旨，致力于促进民族地区金融开发与市场培育，通过在政府与市场之间发挥桥梁纽带作用，能帮助民族地区建设金融市场培育信用意识，促进开发项目的可持续推进，是增加民族地区金融资源和培育金融市场的重要推动力量。开发性金融能促进民族地区金融发展，其原因包括：

(一) 国家信用能增加金融资源

从事开发性金融业务的机构一般由政府赋权，不但具有商业信用还具有国家信用，与一般商业性金融只拥有机构信用不同，开发性金融机构拥有国家信用，要比普通商业金融机构的信用等级更高，在金融市场筹资能力存在差别。这种差别不仅影响金融机构的融资性质，还对融资成本产生巨大影响，开发性金融机构的融资能力强，融资成本低，更适合为民族地区发展提供金融服务。

兼具国家信用和机构信用的开发性金融，成立与运行带有国家使命履行相应的社会责任，能比只拥有机构信用的普通商业金融机构筹措更多资金，能为民族地区发展提供更多的信贷支持。

假设银行只向一家企业贷款，企业只有一个项目，银行的收益函数为：

$$B_i(K) = \int_{\underline{x}}^{Ke^{rt}} xf(x)\mathrm{d}x + \int_{Ke^{rt}}^{\bar{x}} Ke^{rt}f(x)\mathrm{d}x, i = 1,2 \quad (4-20)$$

其中，$i=1,2$ 分别表示开发性金融机构和商业性金融机构，x 表示借款企业的价值，是一个随机变量，函数 $f(x)$ 表示企业资产价值的分布密度；$\underline{x}$，$\bar{x}$ 分别表示企业资产价值的下限和上限；k 表示银行对企业的贷款，r 表示银行贷款的利率，利息按照复利计算，银行收益函数一阶条件为：

$$B'_i(K) = \int_{Ke^{rt}}^{\bar{x}} e^{rt}f(x)\mathrm{d}x > 0, B''_i(K) = -e^{2rt}f(Ke^{rt}) < 0 \quad (4-21)$$

也就是说，随着银行提供贷款数量的增加，银行总收益虽然会增加，但增加的速率会下降。开发性金融机构通过发行债券筹集资金，而商业性金融通过吸收存款筹集资金，二者筹资的成本存在差异，银行的成本函数可以表示为：

$$C_i(K) = Ke^{r_i t} \quad (4-22)$$

其中，r_i，$i=1,2$ 表示开发性金融机构和商业性金融机构融资成本，即筹措发放贷款的成本。开发性金融机构具有国家信用和机构信用，商业性金融机构只具有机构信用。因此，开发性金融机构的融资成本比商业性金融机构的筹资成本低，即 $r_1 < r_2$。根据收益函数和成本函数，可以推导银行的利润函数：

$$\Pi_i = B_i(K) - C_i(K) = \int_{\underline{X}}^{K\varepsilon^{rt}} xf(x)\mathrm{d}x + \int_{K\varepsilon^{rt}}^{\overline{X}} Ke^{rt}f(x)\mathrm{d}x - Ke^{r_i t} \quad (4-23)$$

一阶条件的解为：

$$\Pi'_i = \int_{K\varepsilon^{rt}}^{\overline{X}} e^{rt}f(x)\mathrm{d}x - e^{r_i t} \Leftrightarrow \int_{K^*\varepsilon^{rt}}^{\overline{X}} f(x)\mathrm{d}x = e^{(r_i-r)t} \quad (4-24)$$

对一阶条件的解求关于 r_i 的导数：

$$\frac{dK^*}{dr_i} = \frac{te^{(r_i-2r)t}}{f(K^*e^{rt})} < 0 \quad (4-25)$$

结果显示，融资成本越高，银行的最优贷款额就越小。开发性金融机构融资成本比一般商业性金融机构融资成本低，开发性金融机构提供的最优贷款额度比商业性金融机构大。在相同条件下，开发性金融机构会利用成本优势，向经济欠发达的民族地区多提供信贷，比商业性金融机构更适合服务民族地区发展。同样的贷款条件，开发性金融机构拥有国家信用和机构信用，能比商业性金融机构提供更多贷款。民族地区存在大量的融资困难企业和项目，商业性金融机构不愿意提供资金或提供资金不足时，开发性金融机构能提供相对充裕的贷款支持。

（二）开发性金融能培育金融市场

开发性金融机构不但关注业绩目标，同时也承载政府特定的经济政治目标，市场业绩和利润最大化不是唯一目标，开发性金融机构还承担培育区域金融市场的使命。贷款融资项目存在外部效应，开发性金融机构在提供贷款时，会对项目的外部效应进行考察，作出与商业性金融机构不同的决策。开发性金融机构考虑融资外部效应注重社会价值，与不考虑外部效应的商业金融机构在提供贷款的存在偏好差异，愿意对有正的外部效应项目提供更多的资金支持。商业性金融机构和开发性金融机构对两个企业进行融资贷款，当一个投资项目外部效应大而另一个投资项目外部为零时，开发性金融机构和商业性金融机构的决策差异就很明显。开发性金融机构追求业绩和项目的社会效应，目标函数不仅包含利润函数也包含外部效应函数。商业性金融机构受经营原则与目标影响，目标函数仅包含利润函数而不包含外部效应函数。两类银行机构在两个投资项目上的总收益函数是：

$$B(K_1,K_2) = \int_{\underline{X}}^{K_1 e^{rt}} x f(x) dx + \int_{K_1 e^{rt}}^{\overline{X}} K_1 e^{rt} f(x) dx + \int_{\underline{X}}^{K_2 e^{rt}} x h(x) dx + \int_{K_2 e^{rt}}^{X} K_2 e^{rt} h(x) dx \tag{4-26}$$

其中，K_1，K_2 分别为银行机构向项目 1 和项目 2 投放信贷资金；$f(x)$，$h(x)$ 表示两个投资项目的资产价值分布密度。银行机构的总收益函数满足：

$$\frac{\partial B(K_1,K_2)}{\partial K_{11}} = \int_{K_{11} e^{rt}}^{\overline{X}} e^{rt} f(x) dx > 0, \frac{\partial B(K_1,K_2)}{\partial K_{11}} = \int_{K_{12} e^{rt}}^{X} e^{rt} h(x) dx > 0$$

$$\frac{\partial^2 B(K_1,K_2)}{\partial K_1^2} = -e^{2rt} f(K_1 e^{rt}) < 0, \frac{\partial^2 B(K_1,K_2)}{\partial K_2^2} = e^{2rt} h(K_2 e^{rt}) < 0 \tag{4-27}$$

项目 2 产生的外部效应为正，效应函数为 $E(K)$，满足 $E(K) > 0$，$E'(K) > 0$，$E''(K) < 0$。目标函数的差异会对银行决策产生不同影响，若两类银行的融资成本相同，即每筹集单位资金在 t 时间后都需要支付利息 e^{rt}，成本函数为：

$$C(K_1, K_2) = (K_1 + K_2) e^{rt} \tag{4-28}$$

两类银行都自主选择贷款额度，以实现目标函数最大化。

对于开发性金融机构来说，K_{11}、K_{12} 表示对项目 1 和项目 2 的贷款，开发性金融机构的目标函数：

$$\Pi_1(K_1,K_2) = B(K_{11},K_{22}) + E(K_{12}) - C(K_{11},K_{22}) \tag{4-29}$$

如果 $E''(K) < 0$，也就是 $E(k)$ 是凹函数，开发性金融机构目标函数最大化有最优解。目标最大化的一阶条件是：

$$\frac{\partial \Pi_1(K_1,K_2)}{\partial K_{11}} = \frac{\partial B(K_{11},K_{12})}{\partial K_{11}} - \frac{\partial C(K_{11},K_{12})}{\partial K_{11}} = 0$$

$$\frac{\partial \Pi_1(K_{11},K_{12})}{\partial K_{12}} = \frac{\partial B(K_{11},K_{12})}{\partial K_{12}} + \frac{\partial E(K_{12})}{\partial K_{12}} - \frac{\partial C(K_{11},K_{12})}{\partial K_{12}} = 0 \tag{4-30}$$

则有：$K_{11} = \widehat{K_{11}}$，$K_{12} = \widehat{K_{12}}$，$\widehat{K_{11}}$，$\widehat{K_{12}}$ 表示开发性机构对两个项目提供的贷款，如果 $E''(K) > 0$，$E(K)$ 是凸函数，开发性金融机构的目标最大化函数没有最优解，而随着正外部效应项目贷款量的增加，开发性金融机构的目标函数越来越大，开发性金融机构提供信贷资金能实现融资项目价值的最大化。

对于商业性金融机构来说，K_{21}，K_{22}表示商业性金融机构对项目1和项目2的贷款，商业性金融机构的目标函数没有外部效应，目标函数为：

$$\Pi_2(K_{21},K_{22}) = B(K_{21},K_{22}) - C(K_{21},K_{22}) \qquad (4-31)$$

商业性金融机构目标函数最大化问题的一阶条件：

$$\frac{\partial \Pi_2(K_{21},K_{22})}{\partial K_{21}} = \frac{\partial B(K_{21},K_{22})}{\partial K_{21}} - \frac{\partial C(K_{21},K_{22})}{\partial K_{21}} = 0$$

$$\frac{\partial \Pi_2(K_{21},K_{22})}{\partial K_{22}} = \frac{\partial B(K_{21},K_{22})}{\partial K_{22}} - \frac{\partial C(K_{21},K_{22})}{\partial K_{22}} = 0 \qquad (4-32)$$

可得 $K_{21} = \overline{K_{21}}$，$K_{22} = \overline{K_{22}}$，对比开发性金融机构和商业性金融机构，如果外部效应函数为凹函数，则 $\widehat{K} = \overline{K_{21}}$，$\widehat{K_{12}} = \overline{K_{22}}$ 即开发性金融机构愿意在有外部效应的项目上投入了更多资金。如果外部效应函数是凸函数，开发性金融机构在存在外部效应的项目上愿意比商业性金融机构提供更多的贷款。单纯的市场配置资源实现经济效率而难以保障社会公平，金融发展落后导致民族地区经济增长缓慢。国家开发性金融机构，作为政府特定赋权的金融机构，体现了政府意志，在市场经济条件下，能尽量地促进社会公平发展。开发性金融的目标函数含有发展区域金融市场的功能，尽管项目所能实现的利润比较少，但能提高收入较低人群的收入水平和市场经济意识。开发性金融机构会对该项目提供较多贷款，这就是开发性金融促进民族地区发展的根本所在，也是金融扶贫的本质所在。

第三节　民族地区金融扶贫的实践

金融扶贫是实现民族地区精准脱贫中的重要手段之一，通过专业性的金融机构精准筛选甄别，针对贫困人口中具有脱贫发展意愿、脱贫发展潜力且具有强烈资金需求的人，通过有偿有条件提供优惠利率的启动资金，帮助贫困户开发经济发展能力，是国家扶贫开发的重要内容。金融扶贫就是在国家和社会支持下，利用贫困地区的自然资源，通过金融资源注入进行开发性生产建设，逐步形成贫困地区和贫困农户的自我积累和发展能力,达到解决温饱和实现脱贫致富的目的。

一 金融扶贫促进民族地区的开发

党的十八大以来,全国农村贫困人口从 2012 年的 9899 万减少到 2017 年的 3046 万,贫困发生率从 2012 年的 10.2% 下降到 2017 年的 3.1%。民族地区的经济发展基础薄弱,扶贫压力大、任务重。2013 年我国民族地区贫困发生率高达 17.1%,民族地区的八个省区[①]农村的贫困人口占全国农村贫困人口的 31.1%,是全国平均水平 15.4% 的 2 倍多,在全国 592 个国家级贫困县中,有 257 个是少数民族自治县。[②] 民族地区的深度贫困问题有所改善,目前除了西藏自治区、四省藏区、新疆南疆四地州以及云南怒江傈僳族自治州、四川凉山彝族自治州和甘肃临夏回族自治州等为代表的"三区三州"外,民族地区的贫困状况有所改善,与全国人民同步实现小康是可以实现的。

国家开发银行针对民族地区贫困现状,坚持金融扶贫开发的"融制、融资、融智"的"三融"扶贫策略,坚持"异地扶贫搬迁到省、基础设施到县、产业发展到村(户)、教育资助到户(人)"的"四到"思路,按照"信贷政策最优、贷款定价最优、审批程序最优、资源配置最优、服务方式最优"的"五个最优"工作原则,加大对深度贫困地区的支持力度。[③] 国家开发银行在 2017 年发布的《开发性金融支持深度贫困地区脱贫攻坚行动计划》中提出,到 2020 年国家开发银行将向西藏自治区、四省藏区、新疆南疆四地州以及云南怒江州、四川凉山州、甘肃临夏州"三区三州"提供精准扶贫贷款不少于 3000 亿元,并提供全方位的金融服务。截至 2018 年 7 月,国家开发银行累计发放精准扶贫贷款 15322 亿元,覆盖了全国的 1000 个贫困县,先后与广西、甘肃、云南等 22 个省份签订开发性金融扶贫支持脱贫攻坚的合作协议,明确工作目标和支持重点,有力地推动了民族地区脱贫攻坚

---

① 指内蒙古、广西、云南、贵州、青海、新疆、西藏、宁夏八个民族省区。
② 赖景生:《新时期西部农村贫困特征与反贫困对策》,《重庆工商大学学报》(西部论坛)2008 年第 3 期。
③ 金融机构助力扶贫,http://www.zgcxjrb.com/epaper/zgcxjrb/2018/01/26/A02/story/445012.shtml。

工作。

　　农业发展银行是我国重要的开发性金融机构，支持深度贫困地区的脱贫是工作的重点，农发行针对民族地区农村的贫困程度采取差异化的策略，系统开展异地扶贫搬迁、贫困村能力提升、产业发展扶贫等策略，提出了针对深度贫困地区"三个高于"政策，即深度贫困地区分支机构的贷款增速高于所在省区农发行"十三五"时期贷款平均增速；高于所在省区金融业同业"十三五"时期贫困地区贷款平均增速；高于全行"十三五"时期各项贷款的平均增速。切实增加深度贫困民族地区的有效金融资源供给，2015年农发行制订了打赢脱贫攻坚战三年行动计划，健全脱贫攻坚的责任体系，强化扶贫金融事业部组成及扶贫职能，立足"三区三州"的实际，出台28条特惠政策，在信贷政策、资源保障、定向帮扶等方面降低准入门槛，执行特殊的优惠利率、下放扶贫贷款的审批权限、优先保障信贷资金。从2015年到2018年年末，农发行累计发放的精准扶贫贷款达到1.75万亿元，支持贫困民族地区的粮棉油收储、农业产业化经营和特色农业发展，帮助藏区实施青稞扶贫，组织"扶贫车间"到农牧区，2018年投放的精准扶贫贷款达到3893.4亿元。农发行将定点扶贫作为重中之重，积极构建融资、融智、融商、融情的"四融一体"帮扶体系，在国内首次发行扶贫专项金融债券、深度扶贫金融债券、精准扶贫金融债券等扶贫债券品种，探索具有特色的农发行金融扶贫模式。

　　商业银行结合民族地区的实际开展开放性金融服务。中国建设银行结合精准扶贫的国家战略，加大民族地区金融扶贫的力度，精准对接民族地区脱贫的多元化金融需求，推进民族地区贫困地区的普惠金融发展，到2017年年底建设银行发放的金融扶贫贷款余额达到1500亿元，直接带动37万建档立卡贫困户实现就业增收。建设银行的金融扶贫本质是开发性金融，主要目标是协助各级政府完成扶贫任务的目标，金融活动围绕重点民族地区、发力服务重点主体，加强渠道建设并促进网络延伸，提升了民族地区的金融服务水平，促进金融市场的发展。商业银行通过金融扶贫增加贫困地区的金融资源，根据中国人民银行的统计，截至2018年3月末，全国建档立卡贫困人口获得产业扶贫贷款余额9186亿元，结合民族地区金融扶贫创新产品和服务，四川民族地区实施"政担银企户"扶贫模式,贵州创新"一县一业"贷款产品,提升了金融扶贫的效果。

二 基于金融体系的广西金融扶贫

广西作为我国壮族集聚地区,脱贫攻坚任务重、压力大,2014年年底广西的贫困人口总数为540万,全区贫困发生率为12.6%,全区的12个民族县的贫困人口为103.7万,占全区贫困人口的19.20%。随着国家脱贫攻坚和精准扶贫工作的推进,广西加大金融扶贫力度,完善政策支撑体系,创新金融扶贫机制,增加贫困地区信贷投放,形成基于体系特色的广西金融扶贫开发模式。广西的金融扶贫工作有自己的特色,不是简单要求金融机构增加资源投入,重点以建设农村金融服务体系为着力点,通过增加偏远农村的金融服务,促进金融资源与产业结合,在推动经济发展的同时促进金融普惠水平的提高。广西的金融扶贫基本特征包括以下几点:

第一,重视金融扶贫的政策体系建设。为了响应中央提出的脱贫攻坚战略,2014年自治区政府出台《关于加强金融扶贫支持扶贫开发的实施意见》,为了规范扶贫资金的使用并激发金融机构参与的积极性,自治区先后出台了《脱贫攻坚贫困户小额信贷实施方案》《关于进一步推进扶贫小额信贷工作的通知》《关于稳步推进扶贫小额信贷工作的补充通知》《关于利用扶贫小额信贷合作或委托经营有关问题的通知》等系列文件,使广西的金融扶贫工作有章可循。为了提升干部群众对金融扶贫工作的认识,自治区政府利用重大会议、举办金融扶贫培训班、帮扶干部入户等方式,深入、广泛宣传金融扶贫特别是扶贫小额信贷政策,让贫困群众知晓政策、理解政策和运用政策,推动政策落地见效,自2016年以来,自治区先后举办了8期金融扶贫专题培训班,对金融扶贫政策进行解读。

第二,建设金融扶贫的大数据平台。针对贫困户的信息不完善,金融机构提供扶贫贷款存在顾虑,利用现代科学技术开发金融扶贫数据平台。2016年自治区自主开发建设广西金融扶贫大数据管理平台,全自治区的452万贫困人口、765家扶贫农民专业合作社、175家扶贫龙头企业、54个贫困县、5000个贫困村、200个异地扶贫搬迁项目与金融机构实现互联互通，金融机构能精准定位贫困地区、遴选扶持对象，推动精准放贷、定点帮扶的展开。为了用好平台落实工作，自治区建立扶贫贷款逐笔统计制度，对所有扶贫信贷全要素进行精准采集，并建立金融扶贫政策效果评估指标报送制度，通过多维查询、可视化展示和科学的系统打分，实现对各金融机构、各贫困县金融扶贫工作进展和成效的精准评估。在2016年召开的国务院金融精准扶贫工作电视电话会议上，中国人民银行总行对广西金融扶贫大数据管理平台做法给予充分肯定，并以广西金融扶贫数据管理平台为基础，升级改造建设全国的金融精准扶贫信息系统。

第三，树立典型引领全区工作开展。为了推进广西金融扶贫工作向基层延伸，利用田东县探索农村金融改革的基础，探索和完善自治区的金融扶贫机制。田东县创新贫困户信用评级做法，以个人信用为基础，以信用品质和邻里关系及履行社会责任为重点进行评级增信；以信用信息记录为根据，降低了银行对农户的贷前调查成本；以一次授信随贷随取的规则切实简化贷款流程，进而降低贷款门槛，有效地解决贫困农户"首贷难"的问题。以行政村为单位建设"三农金融服务室"，人员由村"两委"、大学生村干部、致富带头人等组成，协助银行和保险公司提供金融服务，有效解决金融机构网点不足、人员短缺的问题，打造真正"接地气"的农村金融服务方式。重点发展小额信贷，以金融手段引导贫困群众因地制宜自主经营、发展生产、获得收益，促使贫困户有持续发展能力，提高脱贫质量。截至2017年12月底，田东县为7.2万户农户、1251家企业、182家农民专业合作社建立信用信息电子档案；评定A级以上信用户5.7万户、信用村139个、信用镇7个；全县全年新增扶贫小额贷款993户4630.5万元，有效缓解了贫困农户发展生产的资金难题，切实解决农户，特别是贫困农户首贷难题。形成了具有全国影响的金融扶贫"田东模式"，"田东模式"带动了自治区金融扶贫工作的深入。

第四，重视金融机构积极性的激发。重视国家开发性金融机构的参与积极性，自治区与国家开放银行广西分行多次沟通，配合国家开发银行广西分行建设"省带县、市带县、集团助县"模式，发挥国家开发银行承担国家使命的传统，推动广西污水垃圾处理、棚户区改造、村村通公路、农村电网建设等县域项目建设，有力支持了广西的脱贫攻坚和经济发展，2016年国家开发银行为广西融资超过1300亿元，发放各类扶贫贷款277亿元，同比增长62%，其中异地扶贫搬迁贷款44.54亿元，惠及49个县建档立卡人口12.78万人。动员农业发展银行广西分行积极参与自治区脱贫攻坚，2016年，农发行广西分行扶贫贷款余额459.79亿元，占全行贷款余额835.91亿元的55%。农发行在百色市隆林县推行"六位一体"立体式扶贫模式，通过整合中央、自治区各帮扶部门的资源和政策，实现扶贫资金"多个渠道进水、一个龙头出水"。在隆林县投放异地扶贫搬迁贷款4亿元，省级统贷转借1.89亿元，惠及建档立卡贫困人口20821人。

广西的金融扶贫成效显著，截至2017年年底，广西金融精准扶贫贷款余额2004亿元，同比增长26.77%。2012—2017年，全区共减少贫困人口704万，年均脱贫117万多人。贫困发生率从2012年的18%降至2017年的5.7%，下降12.3个百分点。

三 基于产业发展的湘西金融扶贫模式

湘西土家族苗族自治州是湖南省唯一的少数民族自治州，全州常住人口264.95万，城镇人口123.3万，城镇化率达到46.5%。截至2018年年末，全州实有贫困人口10.6万人，未脱贫的村236个，全年减少贫困人口14.5万，退出的贫困村374个，全州贫困发生率降至4.39%，比上年下降了6.16个百分点。而在2016年年末，全州有建档立卡贫困户197691户，全州贫困发生率为16.14%。湘西州扶贫工作取得巨大进展，与金融扶贫工作推进有很大关系。具体说来，主要包括：

第一，成立强有力的领导班子确定工作思路。湖南省银行监督管理委员会成立了金融服务小组，统筹推动精准扶贫中的金融扶贫工作，驻湘金融机构在银监局的推动下，成立了相应的金融扶贫工作专门机构。在深入调研的基础上，由省政府推出《关于湖南省银行业全力做好扶贫开发金融服务工作的指导意见》，明确以完善金融服务体系，促使扶贫信贷投入持续有效增长，提升金融服务水平为目标，根据金融扶贫需要，落实差异化的扶贫政策，特色产业和特定人群优先扶持，基础设施建设工作是金融扶贫的重中之重。各大金融机构要将金融信贷资金投放到基础设施建设及产业扶持等领域,重点解决贫困地区道路、农村设施、危房改造等,致力于解决湘西的经济发展"瓶颈"。

第二,明确任务要求进行具体分解。为了确保 2020 年脱贫目标达成,湘西州制定了《金融精准扶贫规划(2016—2020 年)》,明确全州的脱贫攻坚和金融扶贫工作。根据产业扶贫实施小额信贷,为异地搬迁及贫困村提供各种金融服务,帮助偏远贫困村建立金融扶贫工作站。为确保脱贫攻坚工作的进行及贫困户收入和生产的稳定,湘西州整合扶贫资金并加大州级财政支出力度,建立风险资金池用于扶贫资金的风险补偿及财政贴息,从而为金融扶贫的推进提供稳定的资金保障。为提高金融扶贫的工作效率,湘西州政府出台了《湘西州金融精准扶贫考核办法》,"把金融扶贫重点工作纳入对各县市区的年度考核内容;开展金融精准扶贫、小微、涉农等政策效果评估,对评估结果进行通报并提出整改要求;要求州级金融机构将其县域分支机构的金融精准扶贫工作纳入本行年度考核"。

第三,鼓励金融机构积极参与。2015 年 8 月,农业发展银行湘西州分行同湘西自治州人民政府签订《金融支持湘西自治州扶贫攻坚战略合作框架协议》,并明确提出将在"十三五"期间融资 100 亿元来支持湘西州的公路建设、异地扶贫搬迁、产业发展等项目。中国建设银行湘西州分行借助"助贷保"业务,搭建古丈、泸溪、凤凰和湘西经济开发区等平台,为特色农业、新能源企业等提供贷款融资。"2014 年 10 月,湘西州与 10 家省级金融机构签订合作框架协议,到位资金金额 378.5 亿元,履约率达 80.6%;银企合作协议到位资金金额 62.4 亿元,履约率达 84.1%。截至 2017 年 3 月末,湘西州金融机构存款余额 1080.9 亿元、贷款余额 561.8 亿元,同比分别增长 20.5%、23.7%。"① 2017 年 5 月,湘西州人民政府召开省级金融机构脱贫攻坚对接会,11 家省级银行与湘西州政府签订了《金融支持湘西州脱贫攻坚合作框架协议》,"国开行湖南省分行、华融湘江银行和 9 家州级金融机构,与州内 243 个重点项目达成合作意向,拟贷款金额 642.25 亿元;现场与

---

① http://finance.jrj.com.cn/2017/06/07052022580228.shtml.

22 家企业签订合作协议,签约金额 169.37 亿元。"① 湘西州依靠多元金融支持来推动湘西州脱贫的战略格局基本形成。

金融扶贫支持了湘西州的发展。2014 年,湘西州累计脱贫 106941 人,占全省脱贫人数的 10.43%;2015 年湘西州累计脱贫 112737 人,占全省脱贫人数的 9.09%;2015 年湘西州累计脱贫 131999 人,占全省脱贫人数的 10.53%。2013—2017 年,湘西州居民人均收入由每年 37361 元增加到每年 58882 元,在岗员工人均月收入由 3113.4 元增长到 4906.8 元。农、林、牧、渔业的收入增加迅速,全州该类行业的人均收入,由 2013 年的 23625 元上升到 2016 年的 59116 元。湘西州农村基础设施得到很大改善,2017 年全州公路通车里程 13028 公里,比 2016 年增长 1.9%,其中农村公路通车里程 3969.3 公里,占比达到 31%。全州的村级面貌得到快速改观,发展基础条件不断改善优化,经济发展能力持续增强。

第四节　民族地区金融扶贫的经验与问题

民族地区是我国脱贫攻坚的主战场,金融是实现民族地区脱贫发展的重要力量。在国家政策引导和民族地区各级政府的努力下,金融机构勇于承担社会责任积极参与,金融扶贫取得了巨大成绩,探索出适合民族地区发展的金融扶贫道路,在取得成绩的同时存在的问题也不容忽视。

一　民族地区金融扶贫的基本经验

为了促进民族地区经济发展,帮助各族群众脱贫致富,民族地区整合各种金融资源和力量,积极参与金融扶贫并取得成就,基本经验包括:

第一,积极宣传发动社会力量参与。民族地区以习近平总书记关于"脱贫攻坚"的系列讲话精神为指引,在全社会大力倡导"全面小康路上,一个不落下"和"全面建成小康社会,少数民族一个都不能少,

---

① http://hn.rednet.cn/c/2017/05/06/4285890.htm.

一个都不能掉队"的理念,结合民族地区贫困程度深和致贫原因复杂的现实,深化"革命老区、民族地区、贫困地区的发展已经成为国家战略的重心"的认识,以实现"坚决打赢脱贫攻坚战,确保与全国同步全面建成小康社会"为目标,在共同发展中筑牢中华民族共同体意识,以经济联系增强各族人民的价值认同、情感认同、文化认同、制度认同。民族地区以推进体制改革创新和培育新型产业体系为抓手,广泛动员各种社会力量参与金融扶贫。改变贫困户"无债一身轻""借钱有包袱"的思想认识,从不想、不敢、不愿贷款向敢想、敢贷、愿贷转变;引导金融机构承担社会责任,改变行业思维与职业习惯,从"不能贷、不敢贷、不愿贷"向"能贷、愿贷、敢贷"转化,以"两学一做"和"勇于担当"的精神督促各级政府和金融机构参与金融扶贫。

第二,建立科学制度有序推进。在中共中央和国务院的统一领导下,民族地区普遍建立金融扶贫工作专班,由中国人民银行、银保监局、政府金融办、各级财政局和扶贫办协同领导,针对民族地区贫困户的信用记录不健全,创新贫困户的信用评级机制与风险防范机制,依据工作进程安排制订专门规划落实每年具体工作。西藏自治区政府在2017年出台《中国人民银行拉萨中心支行关于切实加强产业扶贫开发贷款资金管理的意见》,银行机构与自治区扶贫办签订《西藏自治区金融支持产业扶贫合作框架协议》,农牧厅制定《西藏自治区金融对接扶贫产业项目工作指引(试行)》,对能实现银行金融机构与相关扶贫产业对接的项目进行摸底,为了促进金融扶贫工作的落实到位,自治区金融办的工作人员,到自治区下辖的地市州和区县进行检查。在推进金融扶贫的同时,民族地区还促进金融扶贫与"两权"交易体制建设结合,初步建立金融扶贫风险释放通道。湖北恩施州2017年《恩施银行业支持精准扶贫"提质增效"年行动方案》,明确金融扶贫聚焦产业发展、扶贫搬迁、扶贫信贷三大领域,针对贫困户特惠贷由财政局按基准利率全额贴息,市场主体帮扶贷按照100万元帮扶10户贫困户脱贫销号为基准,由财政局按3%贴息。民族地区的金融扶贫工作开展有思路,落实有规章,操作有流程,考核有依据,整个工作能稳步推进。

第三,注重金融创新与普惠服务。针对贫困群众的信用信息不健全,民族地区普遍创新贫困户的信用评估办法,由村"两委"干部、驻村工作队成员和主办银行信贷员共同组成金融精准扶贫工作站,负责组织村内建档立卡贫困户信用评级,收集精准扶贫的金融需求,参与扶贫贷款申请、贷后管理,协助开展普惠金融服务工作,促进贫困户与金融资源精准对接。注重金融扶贫对贫困村贫困户特惠的同时,积极推动金融普惠提升农村金融服务水平,通过设立村级的惠农金融服务站,为提升金融扶贫绩效创造条件。以湖北省的恩施州为例,到2017年6月,全州2360个村已经建立村级惠农金融服务站1631个,建立信贷档案35.78万份,放贷42.58亿元,大大地提升包括贫困村在内的农村金融服务水平(见表4-1),全州的普惠金融服务网格覆盖率89.4%。目前全州88个乡镇都有涉农金融机构和保险站,农商行在85个乡镇开设小额扶贫贷款网点,所有的行政村都能享受惠农金融服务,结合ATM、POS机为"三农"及贫困户提供存款、结算等金融服务,做到了"乡乡有机构、村村有机具、人人有服务",提升了金融扶贫的经济效益和社会效益。

表4-1　　　　恩施州促进惠农金融服务站建设情况　　　　单位:个、%

地区	行政村	非贫困村	惠农金融服务站	非贫困村覆盖	贫困村	精准扶贫工作站	贫困村覆盖
恩施州	2360	1631	1631	36.48	729	729	100
恩施市	172	27	27	100.00	145	145	100
利川市	564	423	423	25.77	141	141	100
建始县	391	299	299	100.00	92	141	100
巴东县	301	183	183	28.00	118	118	100
宣恩县	279	209	209	20.00	70	70	100
咸丰县	205	197	197	19.48	51	51	100
来凤县	263	139	139	5.58	66	66	100
鹤峰县	185	154	154	18.71	46	46	100

资料来源:恩施州人民银行提供。

第四,注重金融创新与保险结合。湖北恩施州鼓励银行结合地方产业特征创新金融产品,结合恩施的农副业和发展特征创新金融产品,恩施州农业银行开发了扶贫搬迁贷、旅游扶贫贷、教育扶贫贷、光伏扶贫贷、牵手贷、兴业贷,恩施幸福村镇银行开发的"惠农贷""香菇贷""民宿贷""农机贷",恩施邮储银行开发了"邮储农业贷""烟草贷""茶商通""旅游贷"深受群众欢迎。鹤峰工商行推出"高山致富贷""企业帮扶贷",宣恩与咸丰的建设银行也推出"扶贫宜贷""精准扶贫贷",因与地域产业结合紧密,脱贫促进效果明显。广西在金融扶贫的推进中发挥保险业"稳定器"作用,引导保险参与扶贫攻坚,积极开发涉农保险品种。将糖料蔗、烟叶、葡萄、柑橘、香蕉、对虾、大蚝等地方特色农产品纳入保障范围,大蚝采用天气指数保险产品进行承保,糖料蔗目标价格指数保险试点在全国率先开展。玉林市在农业保险发展方面,根据产业发展和农户需求,因地制宜地开展了养鸡险、甘蔗险、香蕉险、水果险等特色保险试点,形成了多层次的农业保险格局。有了这些兜底的保险,最大限度地减轻了农产品因遭受天灾、疫情等原因减产,让养殖户避免因天气和环境原因返贫致贫,是对扶贫资金安全的重要保障。

二 民族地区金融扶贫存在的问题

尽管民族地区金融扶贫取得巨大成就,但存在的问题也不容忽视,主要问题包括以下几个方面:

第一,金融意识影响金融扶贫开展。贫困户受到自身条件制约缺少市场联系通道,金融是知识智力密集与市场联系紧密的行业,缺乏必要的知识制约了贫困户利用金融市场的能力。传统金融发展理论重点在于金融自由化,不能给民族地区的金融扶贫提供正确的引导。因此,要结合民族地区的贫困原因和金融扶贫的使命进行宣传引导,培育民族地区民众现代金融意识,提高利用金融市场促进发展的能力。民族地区贫困户缺少现代金融意识与利用金融市场谋求发展的能力,将扶贫的信贷资金等同财政转移资金,没有"有借有还,再借不难"的金融信用意识,按时偿还意识不强;部分贫困户金融安全意识不强,产业选择是扶贫贷款效益发挥的根本,贫困户参与专业合作社选择产业,受扶贫机制影响缺乏对扶贫贷款使用的监督,扶贫贷款的效益不高存在偿还风险。一些专业合作社利用国家扶贫政策联合贫困户取得贷款,至于取得贷款后产业怎么发展、如何帮助贫困户脱贫，专业合作社没有认真细致的谋划，扶贫贷款成为合作社融资渠道，扶贫贷款的社会效益大打折扣。

第二，风险补偿与担保需要有差距。尽管民族地区的金融扶贫政策都设计了扶贫资金的风险补偿机制，但在实际执行过程中，普遍存在风险补偿能力不足的问题。截至 2017 年 5 月，湖北恩施州 8 县（市）共设立扶贫小额信贷风险补偿金 1.72 亿元，执行的标准是 2015 年《湖北省创新扶贫小额贷款工作的实施意见》中的规定，即每个贫困县统筹不少于 2000 万元扶贫小额信贷风险补偿金，若按照这个标准恩施州风险补偿基本达标。但按照湖北省扶贫办在 2017 年 8 月颁布的《关于推进扶贫小额信贷健康发展的意见》规定，"各合作银行机构按照不低于风险补偿金 1∶7 的比例进行放贷……银行与政府风险分担比例应在 3∶7 至 1∶9 之间"的规定，恩施州要完成小额扶贫贷款发放 30 亿元的目标，全州的小额信贷风险补偿金的下限规模是 4.3 亿元，政府需要向风险担保资金池注入资金的下限为 3 亿元，财政承担的风险补偿金缺口为 1.28 亿元，如果按照上限的标准来测算，政府需要向风险担保池注入的财政资金为 3.9 亿元，财政承担的风险补偿金缺口高达 2.18 亿元，政府风险补偿金不到需要的一半。

第三，扶贫贷款安全存在风险敞口。风险补偿金不足导致小额扶贫信贷的风险敞口，严重影响了金融机构放贷的积极性和主动性。2017 年湖北恩施州 1.72 亿元风险补偿金的规模，是按照 2015 年《湖北省创新扶贫小额贷款工作的实施意见》规定，银行金融机构"按照不低于 1∶5 的比例放大贷款规模"，银行在不损失任何自有资金的基础上执行上述规定，银行发放小额信贷的最大规模是 8.6 亿元；按照最新的《关于推进扶贫小额信贷健康发展的意见》，银行发放小额信贷的最大规模是 12.04 亿元，银行发放小额扶贫信贷只动用财政资金补偿，而不需要动用自有资金弥补风险，这是 12119 建档立卡户贫困户贷款余额为 7.11 亿元重要原因。若政府不再增加风险补偿金规模，要银行增加放贷规模，考虑到部分小额扶贫贷款依托新型农村经营发放，比贫困户的无抵押信用贷款风险低的现实，是银行发放小额信贷余额 15.7 亿元超过 12.04 亿元的原因。随着小额扶贫贷款信用风险的上升，在现有的风险补偿金规模和结构条件下，银行继续增加扶贫信贷发放，意味着要风险敞口扩大可能需要动用自有资金弥补不良贷款,在保本微利的经营原则约束下,要银行加大扶贫贷款发放的难度比较大。

第四,扶贫信贷创新冲突政策设计。恩施州"分红贷"是重要的金融扶贫创新,基本做法利用贫困户的资质获得扶贫贷款,扶贫贷款由新型农村经营主体"统贷统还",贫困户以扶贫资金入股获取收益,贫困户本身不直接使用扶贫资金,违背扶贫贷款用于贫困户发展经营生产的初衷;在"分红贷"的使用过程中,部分贫困户的资质被新型农村主体使用,但贫困户本身并不知情,违背贷款使用的"三个办法一个指引",相当于是冒名贷款,巴东县大支坪镇中坝村徐玲芳组建"恩施州宏升大药房理坪分店"利用扶贫贷款,贫困户对该合作社帮扶、签订帮扶协议过程、约定帮扶的项目、贷款数额一无所知,有4户贫困户根本不认识徐玲芳;"分红贷"的推行过程中使用资金的主体应该是新型农村市场主体,但利川"分红贷"的所筹措的资金由带政府融资平台性质的龙船调公司用来发展旅游业,龙船调公司的政府融资平台性质,使"分红贷"具有政府担保的性质,属于国家当前债务风险处置中明令禁止的政府违规举债行为,在国家加强政府债务管理的背景下,存在巨大的政策风险。

三 促进民族地区金融扶贫的健康持续发展

要促进民族地区金融扶贫的健康持续发展,需要从以下几个方面努力:

第一,扎实推进民族地区的金融扶贫。民族地区是老、少、边、穷的贫困地区,是享受西部大开发政策的区域脱贫攻坚主战场。经济不发达且贫困程度深,地方政府的财政实力比较弱,在民生支出的刚性约束下,用于引导经济发展的财政资源有限,而金融扶贫需要政府干预,增强地方的财力是必要的。要严格落实"省、市州、插花地区县(市)分别按当年地方财政收入增量的15%增列专项扶贫预算;各级财政当年清理回收可统筹使用的存量资金中50%以上用于精准扶贫"的统一规定基础上,要进一步加大省级财政投入补助比重。严格按照国家西部大开发"十三五"规划的要求,落实"中央预算内投资、中央财政均衡性转移支付和专项转移支付向西部地区倾斜,取消民族地区县以下和集中连片特困地区（地、州）级配套资金"的政策，从国家和省级层面继续增加财政投入，为金融扶贫的推进夯实财力基础。

第二，整合财力资源做实金融担保。严格执行《中央财政专项扶贫资金管理办法》，按照"统筹整合使用，形成合理，发挥整体效益"的原则，以改革创新为动力、以提高财政资金使用效益为目的、以县为主体全面统筹，创新贫困县资金整合机制，化"零钱"为"整钱"，集中财力精准扶贫、精准脱贫，对用途相近、范围相似的资金纳入统筹范围，整合产业扶贫专项资金、扶贫小额信贷资金、财政存量资金、政府债券资金等，充实并壮大扶贫信贷的风险担保资金。要根据各县市贫困户的数量和脱贫攻坚进度，整合财力形成风险资金担保池，通过财政资金整合来充实风险担保金，增强民族地区扶贫贷款的担保能力。

第三，建立扶贫产业发展基金。发展产业是降低金融扶贫风险的根本途径，充分发挥农村新型经营主体的脱贫带动作用，建立市州主导县（市）参与按照比例出资的扶贫产业发展基金。以资金支持产业包括家庭农场、专业合作组织、龙头企业在内的产业经营主体，发挥产业经营主体带动贫困村（户）发展产业脱贫的作用，使贫困村（户）通过"股权收益、信贷收益、就业收益、产业收益"等方式脱贫。产业扶贫基金支持的重点，应该以贫困村为基本单位，以2016年年底还没有脱贫出列的贫困村、贫困户为对象，结合本地资源要素禀赋基础，重点发展乡村旅游、特色农业，并联合各地的"双创"基金、社会救助扶贫基金，重点支持能带动贫困户发展产业和能为贫困户提供稳定就业新型的农村经营主体。

第四，加强金融信用守法教育。要以民族开展金融扶贫为契机，在全社会范围内推进学金融、懂金融、用金融的活动，持续加强金融信用守法教育，提高民众金融素养，提升全社会的信用意识，形成科学的金融发展观，同时鼓励金融机构承担社会责任，逐步形成信用建设与金融普惠互动机制。加强金融法律法规教育，树立市场经济是法制经济的意识，金融发展需要法规保驾护航的理念，金融扶贫必须抵制非法金融活动，维护金融市场秩序；以县（市）为基本单位，借助扶贫金融调查和农村普惠金融服务站，利用群众喜闻乐见的形式，加强现代金融知识和法律教育，让群众意识到守法守信的重要性，形成诚实守信的良好氛围,使珍惜信用成为个人自觉行为;将金融知识和法律素养教育纳入领导干部的能力提升工程,通过掌握金融法规提高管理金融扶贫的能力,自觉处理好政府和市场边界,不干扰金融机构正常活动。坚持金融扶贫创新先探索试点后推广的原则,实现创新发展与风险防控统一,严防影响区域金融环境的事件出现,夯实信用生态持续优化的基础,为金融扶贫的有序推进创造条件。

第五,重视金融扶贫的风险。要在民族地区组织银行对扶贫信贷风险进行自查自纠,即时向中国人民银行和国家扶贫办提交扶贫信贷违约的典型案例,在中国人民银行和国家相关职能部门领导下,制定金融风险防范措施和办法,注重发挥风险补偿金的"安全锚"作用,确保金融扶贫与信用环境的和谐稳定。充分利用"金融服务网格化"的成果,将金融服务网格建成具有服务和风险防范的网格,利用网格背后的社会公共治理平台,对于恶意挪用、变相废逃扶贫贷款债务的主体进行曝光。充分发挥金融扶贫大数据平台的功能,建立覆盖所有银行类金融机构的金融风险监测与管理体系,对各类高风险企业的集资进行重点排查,严防扶贫信贷资金卷入涉众经济案件,避免对金融扶贫造成不良的社会影响。建立扶贫信贷金融风险防控应急响应体制,建立由中国人民银行、银保监局、各级金融办、扶贫办、财政局参加的扶贫金融危机救助机制,在最短时间内采用最有效的处理手段,防止事态扩大而影响全局的金融稳定。

第五章　高原高寒藏区金融发展研究

金融作为现代经济的核心，其功能不仅在于动员积累形成储蓄并转化为投资，还在于通过定价和媒介功能促进发展资源的集聚与配置，解决区域发展的资金投入不足问题。西南高寒藏区，地域范围包括西藏和青海、甘肃、四川和云南等省区的藏区。藏族集聚地区高山连绵、雪峰重叠、地势高峻，生产以牧业、农业为主①。高寒藏区是我国典型的集民族地区、革命老区、贫困地区、生态脆弱区为一体的经济欠发达地区，独特的地理区位在维护民族团结中地位重要。但藏区经济发展水平相对落后，交通制约限制了与全国市场的联系，金融业发展水平低下不仅影响经济发展，还对人民群众的生产生活造成巨大影响。提升高寒藏区的金融发展水平，不但能促进藏区的经济发展和社会进步，还能帮助藏区融入全国的市场体系。

第一节　高寒藏区银行类金融业的发展与特征

我国的高寒藏区地域幅员辽阔，是我国稳边固边的重要屏障，西藏高原是我国的三江源，生态环境价值巨大；受地理区位的影响，藏区人口分布有地广人稀的特征，受交通影响与全国市场联系有限；受经济发展水平和产业特征影响，藏区的金融发展相对比较落后。近年来，国家出台一系列支持帮扶政策支持藏区的发展，藏区的经济金融发展取得巨大的进步。

---

① 概况，http://www.seac.gov.cn/seac/ztzl/zz/gk.shtml。

一　西藏金融业的发展与成就

西藏地处我国的西南边陲，自然环境较为恶劣。在 1959 年西藏民主改革前，经济处于封建落后的状态，促进社会进步与经济发展是中华人民共和国成立后的中心工作，1959 年后陆续开始的民主改革，为西藏的经济发展和社会进步奠定了基础。改革开放以来，西藏和全国各族人民一道参与经济建设与社会改革，经济社会发生了翻天覆地的变化。经过 60 年的发展，到 2018 年西藏的第一产业的增加值由 1959 年的 1.28 亿元增加到 134.14 亿元，第二产业的增加值从 1959 年的 0.15 亿元增加到 114.51 亿元。[①] 改革开放以来，国家为了帮助西藏发展，于 1980 年、1984 年、1994 年、2001 年、2010 年和 2015 年，先后六次召开西藏工作座谈会，不断完善支持西藏发展的特殊优惠政策。经过多年的发展，逐步建立起包括能源、建材、机械、采矿、轻工、民族食品和藏医药在内的现代工业体系，西藏的金融市场得到了发展。

西藏的银行业诞生与发展，离不开国家的发展与支持。1951 年西藏地方政府与中央人民政府签订《十七条协议》，西藏获得了和平解放。1951 年中国人民银行西南区分行进入西藏，1952 年成立中国人民银行西藏分行，开启了西藏的现代金融业发展历程。1959 年在平定达赖集团分裂国家的叛乱阴谋后，中国人民银行西藏分行在国家支持下，颁布一系列促进西藏银行业发展的政策措施，1959 年颁布《关于在全区普遍发行和使用人民币的布告》和《关于在全区废除和收兑藏币的布告》，明确了人民币是西藏使用和流通的法定货币，借助金融支持人民政府平息叛乱和民主改革。1962 年发布的《西藏自治区金银管理和禁止外币、银元流通的暂行办法》，确立人民币是唯一流通货币的地位，建立服务人民币流通的制度和体系，为西藏的银行业发展奠定基础创造条件。

1978 年的改革开放促进了西藏银行业的发展。按照邓小平改革开放初提出的"把银行办成真正的银行"指示，1978 年中国人民银行西藏分行从西藏财政厅独立，1980 年中国银行拉萨分行成立，各大国有

---

① 《伟大的跨越：西藏民主改革 60 年》白皮书（全文），http://www.scio.gov.cn/zfbps/32832/Document/1650692/1650692_1.htm。

商业银行纷纷在西藏设立独立的经营机构。2011年西藏银行成立，成为西藏自治区唯一的股份制地方法人银行，坚持"立足西藏、面向全国、服务西藏"的宗旨，形成由总行营业部、4家地区分行、4家支行构成的营业体系，对解决西藏的中小企业"贷款难"和"难贷款"有积极意义，改善了农牧区的金融服务，为农牧区经济发展、农牧民增收提供金融支持，促进西藏实现跨越式发展和长治久安。[①]

西藏的银行业发展取得巨大成绩。2008—2017年，西藏的银行业发展迅速，银行分支机构的数量不断增加（见表5-1），银行分支机构总数从2008年的599个增加到2017年的664个，净增加了65个。2017年西藏银行业共有机构664家，其中大型商业银行565家，股份制商业银行6家，城市商业银行4家，邮政储蓄银行89家，西藏银行机构总量占民族地区总量的2.2%。

表5-1　　　　　西藏银行机构的经营分支情况　　　　　单位：个

年份	2008	2009	2010	2011	2012	2013	2014	2015	2016	2017
大型商业银行	549	549	954	554	557	597	590	572	572	565
国家开发银行和政策银行	1	1	1	1	2	2	2	2	2	0
股份制商业银行	0	0	0	0	1	1	2	4	4	6
城市商业银行	0	0	0	1	0	1	5	8	8	4
小型农村金融机构	0	0	0	0	0	0	0	0	0	0
财务公司	0	0	0	0	0	0	0	0	0	0
信托公司	0	0	0	0	1	0	1	1	1	0
邮政储蓄	49	50	67	74	75	75	76	78	78	89
外资银行	0	0	0	0	0	0	0	0	0	0
新型农村金融机构	0	0	0	0	1	1	1	1	11	0
合计	599	600	1022	631	636	677	677	666	676	664

资料来源：根据历年《中国区域金融运行报告》整理核算。

西藏的银行业资产总量不断增加（见表5-2）。西藏银行业的资

---

① 本行简介，https：//www.xzbc.com.cn/gywh/bxjj/。

产,从 2008 年的 809 亿元增加到 2017 年的 6414 亿元,9 年间资产总量增加了近 8 倍。银行业的资产增加,有利于银行开展业务。从银行资产分布来看,大型商业银行拥有的资产规模最大,占银行业资产总量的 63.7%,国家开发银行以及政策性银行拥有资产占银行业资产总量的 20%,也就是说大型商业银行和国家开发银行和政策性银行的资产,占西藏银行业资产总量的 83.7%,是服务地方经济发展的主要力量。

表 5 - 2　　　　西藏银行机构的资产情况　　　　单位:亿元

年份	2008	2009	2010	2011	2012	2013	2014	2015	2017
大型商业银行	782	926	1159	1492	1881	2295	2734	3139	4088
国家开发银行和政策银行	0	0	0	11	30	60	93	231	1281
股份制商业银行	0	0	0	0	0	15	118	125	235
城市商业银行	0	0	0	0	82	165	255	367	675
小型农村金融机构	0	0	0	0	0	0	0	0	0
财务公司	0	0	0	0	0	0	0	0	0
信托公司	0	0	0	4	7	0	18	22	25
邮政储蓄	27	32	41	46	170	122	91	85	104
外资银行	0	0	0	0	0	0	0	0	0
新型农村金融机构	0	0	0	0	0	0	3	5	6
合计	809	958	1200	1553	2170	2657	3312	3974	6414

资料来源:根据历年《中国区域金融运行报告》整理核算。

改革开放是西藏银行业快速发展时期,银行的服务水平和能力都得到了很大的提高,尽管与全国金融发达地区相比还存在巨大差距,但与自身相比已经是翻天覆地的变化了。

二　四省藏区银行业发展特点

四省藏区是指西藏自治区以外的青海、四川、云南、甘肃四省藏族与其他民族共同集聚地区。四省藏区中的青海藏区有 6 个自治州,四川藏区有 2 个自治州、云南和甘肃藏区各有 1 个自治州,四省藏区共有 10 个自治州。青海藏区是面积最大的藏区,青海的金融发展可以看作青海藏区金融发展的缩影,四川甘孜藏族自治州是四川、甘肃、云南三省藏区的代表,甘孜州的金融发展可以看作是三省藏区金融发展的典型。

(一)青海的银行业发展

青海设省级行政单位时间比较短,直到1929年青海才单独设省,因长期从属于甘肃省,其金融业发展受甘肃金融业发展的影响。1923年甘肃省在青海开设甘肃省银行的营业点,1927年甘肃银行在西宁设立办事处,青海出现近代银行业。中华人民共和国成立以后,青海各族群众与全国人民共同跨入社会主义建设时期,改革开放以来,青海的银行类金融业发展迅速。青海的银行业机构网点迅速增加,银行类的分支机构从2008年的959个增加到2017年的1117个,除了外资银行尚为空白外,其他的银行业态都已出现并迅速发展(见表5-3)。银行类金融机构的服务能力不断增强,主要表现为银行的从业人员增加迅速,青海的银行类机构的从业人员,从2008年的12918人增加到2018年的18636人,增加了5718人(见表5-4)。银行机构的经营网点实现对县域和主要乡镇的覆盖,基本能满足广大的农牧民和工商企业的日常经济活动的需要。

表5-3　　　　　　青海银行机构的经营分支情况　　　　　单位:个

年份	2008	2009	2010	2011	2012	2013	2014	2015	2016	2017
大型商业银行	395	388	398	405	411	425	430	432	426	430
国家开发银行和政策银行	27	25	19	27	27	27	27	27	27	27
股份制商业银行	0	0	0	0	2	4	17	28	26	39
城市商业银行	48	46	51	51	52	54	74	78	81	82
小型农村金融机构	345	309	337	357	363	373	376	345	376	353
财务公司	0	0	0	1	1	1	1	1	1	1
信托公司	0	0	0	1	1	1	1	1	1	1
邮政储蓄	143	152	155	167	170	177	180	181	181	178
外资银行	0	0	0	0	0	0	0	0	0	0
新型农村金融机构	1	7	3	3	3	1	4	3	96	6
合计	959	927	963	1012	1030	1063	1110	1096	1215	1117

资料来源:根据历年《中国区域金融运行报告》整理核算。

表 5-4　　　　　　青海银行从业人员分布情况　　　　　单位：人

年份	2008	2009	2010	2011	2012	2013	2014	2015	2016	2017
大型商业银行	8312	8603	8866	9187	9541	9842	9798	9631	9504	9312
国家开发银行和政策银行	512	491	516	594	609	648	577	571	548	566
股份制商业银行	0	0	0	0	135	284	445	771	919	1038
城市商业银行	797	828	744	918	1101	1152	1530	1676	1561	1684
小型农村金融机构	2134	2262	2209	2399	3416	3558	3534	3985	4344	4306
财务公司	0	0	0	21	26	27	28	27	29	31
信托公司	0	0	0	50	210	276	303	343	304	327
邮政储蓄	1142	682	690	789	905	921	937	900	961	911
外资银行	0	0	0	0	0	0	0	0	0	0
新型农村金融机构	21	44	41	82	42	41	51	105	1175	461
合计	12918	12910	13066	14040	15985	16994	17203	18009	19345	18636

资料来源：根据历年《中国区域金融运行报告》整理核算。

（二）甘孜银行业的发展

四川省的甘孜藏族州，是西藏和青海除外的高寒藏区代表，甘孜州的金融业发展具有典型意义。近年来，甘孜州的银行业发展迅速，2010年全州银行只有农业银行、农业发展银行、建设银行、邮政储蓄银行、农村信用社5类机构22家，从业人员1541人①，到2014年甘孜州的银行类金融法人增加到45家，从业人员增加到2228人，到2016年全州的银行类金融法人增加到56个，从业人员达到2148人，尽管从业人员数量有所减少，但全州的金融业发展基本势头良好。

受经济总体发展水平的影响，甘孜州的金融发展总体水平滞后，2015年全州存款总量仅为561.73亿元，占四川全省的比重为0.98%，贷款总量213.6亿元，占全省的比重为0.59%，存贷比为39.18%，远低于全省的64.4%的平均水平（见表5-5）。在甘孜州内部金融发展

---

① 罗成：《四川甘孜藏区金融业发展现状研究》，《金融教育研究》2013年第3期。

也是极度不平衡的,在经济发展水平相对比较高的康东地区①,金融发展水平明显比康南、康北地区高。整个甘孜州金融发展的基础相当薄弱,四家国有商业银行的经营网点都没有实现全州覆盖,只在康东的康定和泸定有经营网点,其他县域都是空白;四川省农商行甘孜分行实现了州域全覆盖,2015年员工总共才852人,剔除后勤和非银行工作人员的数量,每个县农商行的员工不到40人,而对于幅员辽阔的甘孜州来说,银行的人力资源显然不能满足服务的需求。

表5-5　　　　　　　甘孜州的银行金融业发展情况　　　　　单位:万元

年份		2010	2011	2012	2013	2014	2015
甘孜州	存款总量	2447004	3133850	3755610	4429887	4996052	5617382
	贷款总量	1116115	1313270	1498031	1676011	1940471	2135639
康东地区	存款总量	1504560	1947019	2368848	2680776	3033235	3555934
	贷款总量	988832	1145712	1274464	1386394	1598930	1750363
康南地区	存款总量	352696	450135	522749	705276	824520	828703
	贷款总量	90281	114988	153028	188697	217373	236630
康北地区	存款总量	589749	736696	864013	1043834	1138297	1232745
	贷款总量	37001	52570	70540	100919	124168	148646

资料来源:根据甘孜州人民银行提供数据核算。

三 高寒藏区银行金融业发展的基本特征

尽管高寒藏区的银行类金融业发展取得很大成绩,但与全国银行类金融业的迅猛发展相比,藏区的银行业发展依然存在不小差距。藏区的银行业发展起步晚、水平低,再加上受资源环境和宗教文化的影响,呈现出高寒藏区银行类金融业的独特特征:

第一,金融机构单一且分布不均衡。除西藏拉萨、青海德令哈市、

---

① 根据经济发展水平,甘孜州被划分为康东、康南、康北地区。康东地区主要是靠近汉族地区的康定、泸定、九龙、丹巴、道孚、雅江等县市,属于经济相对发达的地区,产业主要以农业种植和游牧为主;康南地区主要是靠近云南迪庆州的理塘、巴塘、得荣、稻城、乡城等县,产业以旅游和游牧为主,康北地区主要是靠近西藏和青海的石渠、德格、色达、甘孜、白玉、新龙、炉霍等县,产业主要以游牧为主,属于经济最不发达地区。

云南迪庆州香格里拉县、甘肃甘南州合作市等少数中心城外，大部分藏区的银行类金融机构仅有农业银行、邮政储蓄银行、农村信用社，不仅没有证券、信托、寿险公司等现代金融机构，而且地方性金融机构也非常少，就连四大商业银行也不能实现全域覆盖。政策性金融机构仅农业发展银行一家，且仅设州一级机构。机构间缺乏竞争，因而提供的金融服务极其有限。在西藏的大型商业银行中，中国农业银行一行独大；建设银行虽在六个地区（市）建立了分行，但除在拉萨开展各项业务，在日喀则仅开展个人贷款业务，服务能力极其有限；中国银行在四个地区设立了二级分行（或直属支行），但仅仅覆盖地区政府所在地；工商银行于2008年设立西藏分行后，还没有其他分支机构。国家开发银行和政策性银行仅国开行和农发行两家，且仅在拉萨设立了分行，无其他分支机构。唯一的一家股份制商业银行是2013年年底开业的民生银行西藏分行，唯一的城市商业银行为2012年5月开业的西藏银行。相比内蒙古、新疆、广西、宁夏四个民族自治区，西藏的金融机构种类和数量非常少，但与2010年前相比，西藏的金融业实现飞跃发展，这得益于国家的重点扶持。

第二，金融机构网点少，服务单一。藏区地域广袤，人口分散聚居，金融网点无法覆盖所有乡镇。仍以西藏为例，2015年西藏金融网点的绝对数为722个，在五个民族自治区中居最低，其中银行类经营网点只有666个，比面积仅为西藏5%的宁夏（西藏面积以123万平方公里计）总数少了近一半。每平方公里的金融网点数更是远远小于其他自治区。藏区也大力提高普惠服务能力，采用了汽车金融、惠民取款服务点等创新服务方式，但仍未能实现金融服务盲点乡镇全覆盖，偏远农牧区的群众至今无法获得完整的金融服务。另外，县域金融服务基本限于存贷汇业务，贷款产品主要是信用、抵押、联保贷款，中间业务极少，仅州府所在地有少量创新金融产品，基层营业所没有实现计算机联网全覆盖，有些营业所连汇兑也无法提供。以四川甘孜州为例，目前还存在没有通电和联网的空白地区，在整个金融业日益互联网化的背景下，藏区的金融服务能力与水平与全国平均水平的差距，有进一步拉大的危险。

第三，民间金融与寺庙信贷繁荣。藏区民间金融有较长的历史，并逐渐形成了较完善的习俗制度。从提供金融服务的主体来看，藏区非正式金融可分成四类：私人借贷（含亲友资金互助）、寺院借贷、非金融组织借贷（含非政府组织开展的小额贷款项目）和商业信用。藏传佛教寺庙是传承和学习佛法，信众朝拜、开展佛事活动的重要宗教场所，改革开放40多年以来，全国藏区经济得到快速发展，广大群众生活质量明显改善，藏传佛教兴盛，寺庙利用积累的香火钱进行放贷和商业经营，对藏区的正规金融造成了一定冲击。不同经济状况、不同地理位置的寺庙金融实力存在较大的差异，对正规金融活动的影响和冲击也不相同。由于藏区存在全民信教，宗教文化氛围浓厚，群众的金融理财意识淡薄，不愿意出售畜牧牲口将其转化为金融财富，受到寒冬雪灾其财富可能就不存在；广大信教群众的宗教仪规支出巨大，部分民众可能将全年收入用来购买经幡和寺庙施舍，手中的现金收入有限更不可能将其转化为存款。部分农牧民长期在人烟稀少的高山游牧，到集镇和城市的时间周期可能长达三个月甚至半年之久，缺少使用现代金融服务的条件与能力，只能将有限的现金随身携带和就市交易，对银行类金融机构的发展影响巨大。

第二节 藏区资本市场的初步发展与突破

高寒藏区作为经济欠发达地区，资本市场的发展处于起步阶段，利用资本市场筹集发展资金，对于促进藏区的经济增长具有重要意义。要把握资本市场促进经济增长的机理，结合藏区产业基础与资本市场发展，探索藏区如何利用资本市场促进经济发展，具有重要的意义。西藏和青海是高寒藏区资本市场发展水平相对比较高的地区，其发展特点与面临的问题代表了藏区的现实。

一 西藏与青海的资本市场发展

西藏的资本市场从无到有，经历了起步到发展初具规模，目前处于高速发展时期，是我国民族地区资本市场发展的缩影，发展经验和面临的问题值得民族地区学习和借鉴。

1995年，以成都西藏饭店、西藏自治区信托投资公司、西藏兴藏事业开发公司为发起人，成立"五洲明珠"并于同年1月6日向社会公募发行股票 3000 万股,公司在拉萨市注册并经过中国证监会批准,公司股票在上海证交所上市流通,成为西藏自治区第一家企业。截至 2018 年 12 月 31 日,西藏共有 17 家上市公司,分别为:梅花生物、西藏珠峰、西藏药业、西藏旅游、西藏城投、西藏发展、西藏天路、海思科、西藏矿业、奇正藏药、灵康药业、华钰矿业、高争民爆、易明医药、卫信康医药、万信科技、华宝香精股份[①]。西藏的资本市场发展取得巨大成就,主要体现在:

第一,人均拥有上市公司的数量领先全国。2015 年,西藏总人口 324 万,每 23.3 万人就拥有一家上市公司,青海总人口 588 万,每 58.8 万人拥有一家上市公司。同年全国共 3052 家上市企业,总人口 13.8 亿,每 45.2 万人拥有 1 家上市,从人均拥有上市企业的数量来看,西藏的资本市场发展速度比全国要快。这一方面与西藏上市企业拥有独特的经营资源政有关,能在资本市场上获得投资者的青睐,也与国家支持民族地区的资本市场发展政策有关,中国证监会对于民族地区符合条件的上市企业给予绿色通道,激发民族地区企业上市的热情和积极性。2018 年全国共有 105 家企业在国内资本市场 IPO,其中来自西藏的企业就有 3 家。

第二,资本市场平稳发展。西藏的资本市场发展比较稳健,虽然在 1995 年西藏才有企业上市,但上市企业数量增长稳定,2012—2016 年西藏上市公司在稳步增加(见表 5-6),尤其是在国内资本市场不稳定,证监会加大对上市公司 IPO 审查力度的背景下,来自西藏的企业依然能够获得上市机会,实现全区上市企业数量的增长,与广西、内蒙古和宁夏形成鲜明对比,西藏的资本市场发展平稳,在民族地区并不多见。

表 5-6　　　　　西藏及青海公司的上市时间

年份	1995	1996	1997	1998	1999	2000	2001	2009	2012	2015	2016
西藏	1	2	2	0	1	1	1	1	1	1	3
青海	1	3	2	0	0	1	1	0	0	0	0

资料来源:中国证券监督管理委员会—西藏监管局、青海监管局。

[①] 2018 年 10 月西藏辖区上市公司基本数据统计表,http://www.csrc.gov.cn/pub/zjh-publicofxz/tjxx/201811/t20181106_346252.htm。

第三，资本市场秩序井然。西藏在 1995 年就拥有上市企业，西藏的上市企业能以良好的公司治理、规范的信息披露、合理的投资回报树立形象。尤其是前几年国内资本市场发展比较快，部分上市企业利用公司股权控制治理权力，频频发生上市企业的股东股权纠纷以及公司分红摩擦，但在全国发生的众多上市公司纠纷中，没有来自西藏的上市公司。因此，西藏上市公司数量相对比较多，能得到全国投资者的青睐，与自治区重视上市公司的治理和诚信经营有关，这也是民族地区资本市场发展的重要经验。

二 藏区资本市场发展面临的挑战

尽管西藏资本市场建设取得巨大成就（见表 5-7），但也存在许多需要解决的问题，这些问题的解决关系到西藏资本市场的持续健康发展，也是民族地区发展资本市场不容忽视的问题。西藏资本市场发展存在的主要问题包括：

表 5-7　　　　　　　　西藏证券业情况　　　　　　单位：家、亿元

年份	2010	2011	2012	2013	2014	2015	2016
证券公司数	1	1	1	1	1	2	2
基金公司数	0	0	0	0	0	1	1
期货公司数	0	0	0	0	0	0	0
H 股筹资	0	10.8	0	0	0	0	—
债券筹资	0	10	0	0	0	39	—

资料来源：根据历年《中国区域金融运行报告》整理；中国证券监督管理委员会—西藏监管局（统计数据）。

第一，资本市场发展不成体系。长期以来西藏的证券公司数量为零，2015 年才拥有证券公司 2 家，基金公司增加至 1 家，但期货公司至今没有实现零的突破（见表 5-7）；青海面临的情况与西藏类似，目前拥有证券公司 1 家，期货公司 1 家，基金公司也没有实现零的突破（见表 5-8）。与国内资本市场发达的东部沿海地区相比，资本市场在民族地区相对发达的西藏和青海差距尚且如此，其他民族地区的差距就

更大。证券业、期货业、基金业是资本市场发展的基础,也是区域资本市场体系的重要构成,是判断证券市场发展是否健全的标志,基金业是证券业发展中的"朝阳产业"。从目前藏区的资本市场发展来看,资本市场体系不健全、不成熟,存在大量短板和市场空白,藏区的资本市场可以在国家支持下获得短暂的突破性发展,但要长期稳定健康持续发展必须有体系支撑。

表5-8 青海证券业情况 单位:家、亿元

年份	2010	2011	2012	2013	2014	2015
证券公司数	1	1	1	1	1	1
基金公司数	0	0	0	0	0	0
期货公司数	1	1	1	1	1	1
H股筹资	0	0	0	0	0	0
债券筹资	62	68	199	189	216	260

资料来源:根据历年《中国区域金融运行报告》整理;中国证券监督管理委员会—青海监管局(统计数据)。

第二,上市公司行业分布不均衡。2016年,西藏拥有14家上市公司,主要分布在藏医药制造业、医药制造业、食品饮料制造业、特色矿业、旅游服务业、建筑业、化学材料制造业等(见表5-9)。同年青海有10家上市公司,分布在化学制品、新能源制造、工业、钢铁、机械、采矿业、医药制造和茶酒饮料制造等行业(见表5-10)。传统藏医药资源开发是西藏上市公司经营的主体,产业特征符合的资源要素禀赋特征,但无论是青海还是西藏,采矿业都成为上市企业经营主要业务,高寒藏区生态环境脆弱且资源开发成本高,以矿产开采为主的企业不但业绩不稳定,还可能受生态环保意识上升的影响。发展具有藏区独特潜力和优势的产业,应该是旅游、民俗文化、农牧产品、民族手工业等高原特色资源,这些特色资源产业的发展不但能拉动经济增长,还受到国家民品民贸政策的优惠,带动藏区就业和非物质文化遗产的传承。藏区的上市公司主要集中在地区首府和城市,对偏远的农牧区的拉动作用有限,使藏区内部出现经济发展不平衡。

表 5-9　　　　　　　　　西藏上市公司行业分布情况

序号	公司简称	所属行业	注册地址
1	梅花生物	食品制造业	西藏拉萨
2	西藏珠峰	有色金属矿采选业	西藏拉萨
3	西藏药业	医药制造业	西藏拉萨
4	西藏旅游	公共设施管理业	西藏拉萨
5	西藏城投	房地产业	西藏拉萨
6	西藏发展	酒、饮料和精制茶制造业	西藏拉萨
7	西藏天路	土木工程建筑业	西藏拉萨
8	海思科	医药制造业	西藏山南
9	西藏矿业	黑色金属矿采选业	西藏拉萨
10	奇正藏药	医药制造业	西藏林芝
11	灵康药业	医药制造业	西藏山南
12	华钰矿业	有色金属矿采选业	西藏拉萨
13	高争民爆	化学原料及化学制品制造业	西藏拉萨
14	易明医药	医药制造业	西藏拉萨

资料来源：中国证券监督管理委员会。

表 5-10　　　　　　　　青海上市公司的行业分布情况

序号	公司简称	所属行业	注册地址
1	盐湖股份	化学制品制造业	青海格尔木
2	智慧能源	新能源制造业	青海西宁
3	青海春天	工业制造业	青海西宁
4	西宁特钢	钢铁制造业	青海西宁
5	西部矿业	黑色金属矿彩业	青海西宁
6	金瑞矿业	采矿业	青海西宁
7	青海华鼎	重型机械制造业	青海西宁
8	神州易桥	医药制造业	青海西宁
9	广誉远	医药制造业	青海西宁
10	青青稞酒	茶酒饮料制造业	青海西宁

资料来源：中国证券监督管理委员会网站。

第三，上市公司业绩不稳定。由于藏区的上市公司多集中在采矿业，当采矿行业受到外部经济环境影响比较大时，市场业绩出现了比较大的波动（见表5-11）。近年来世界经济不景气，大宗资源和矿石类产品价格不断下降，国内环保意识兴起和节能减排的持续推进，保护蓝天白云和生态环境的要求，使藏区的采矿业上市公司业绩受到巨大冲击。以资源矿产为主的上市公司的利润和每股收益波动很大；相反以藏区传统的藏药业和青稞酒类特色资源上市企业发展很好，经营业绩和带给投资者的回报也在稳步增长。上市企业的经营业绩会影响股价，也会对投资者的回报产生影响，以矿产资源开发为主的藏区上市企业，难以维持稳定投资回报和市场预期，长久下来会破坏藏区的投资品牌和市场效应。

表5-11　　　　　西藏和青海的部分矿产业业绩情况表　　　单位：万元、元

年份		2007	2008	2009	2010	2011	2012	2013	2014	2015	2016
西藏珠峰	利润总额	-8105	4968	5656	-215	-3303	7787	2400	1432	20069	76599
	基本每股收益	-0.52	0.28	0.32	-0.06	-0.3	0.46	0.13	0.05	0.25	1
西藏矿业	利润总额	5682	5718	7445	254	2998	3439	-18360	3333	-10187	4209
	基本每股收益	0.17	0.23	0.18	0.08	0.12	0.11	-0.27	0.04	-0.19	0.07
青海春天	利润总额	-69973	5040	12265	5590	5771	12056	-17387	805	6098	42267
	基本每股收益	-2.13	0.17	0.38	0.17	0.17	0.14	-0.08	0.02	0.4	0.56
西部矿业	利润总额	229110	60127	81286	119321	117997	-12715	53497	47892	23622	24735
	基本每股收益	0.8	0.24	0.25	0.42	0.36	0.02	0.15	0.12	0.01	0.04
金瑞矿业	利润总额	-7079	223	-7396	4688	4018	4950	2679	3645	1873	-2693
	基本每股收益	-0.47	0.02	-0.49	0.13	0.13	0.11	0.04	0.08	0.03	-0.13

资料来源：根据各上市公司的财务报表整理。

第四，资本市场再融资能力欠缺。藏区的上市公司融资规模在不断扩大，上市公司的融资仍以间接融资为主，利用股权进行质押和增资扩股，以及定向增发的新兴融资方式比较少。2015年西藏的融资规模总量虽然突破了700亿元，但是贷款融资占比重高达96.31%，股票融资只占2.18%，而定向增发和增资扩股没有突破，债券融资筹集的资金几乎可以忽略不计（见表5-12），西藏的资本市场发展不均衡，债券筹资能力有待提高；青海资本市场面临同样的问题，2015年融资量达

到1111.8亿元，融资依然是以贷款融资为主（见表5-13），资本市场融资有巨大提升空间，增强资本市场的再融资功能，与利用资本市场融资一样，对藏区的资本市场发展具有重要意义。

表5-12　　　　　　　西藏非金融机构融资结构表　　　　　单位：亿元、%

年份	融资量	比重		
		贷款	债券	股票
2005	10.9	100	0	0
2006	25	100	0	0
2007	19.7	100	0	0
2008	25.8	100	0	0
2009	36.2	86.7	0	13.3
2010	111.4	48	0	52
2011	143.1	74.9	7	18.1
2012	262.4	97.2	0	2.8
2013	438.1	94.1	0	5.9
2014	739.25	95.4	2	2.6
2015	793.9	96.31	1.51	2.18

资料来源：西藏自治区金融统计月报。

表5-13　　　　　　　青海非金融机构融资结构表　　　　　单位：亿元、%

年份	融资量	比重		
		贷款	债券	股票
2005	68	100	0	0
2006	95.5	93	7	0
2007	233.3	65.3	8.1	26.6
2008	220.3	95.5	4.5	0
2009	392	95.4	4.6	0
2010	552.7	76.6	19.4	4
2011	521.7	78.4	13	8.6
2012	822.8	75.4	24.2	0.4
2013	1229.2	72.8	12.4	14.8
2014	1412.3	73.4	13.9	12.7
2015	1111.8	73.66	14.3	12.04

资料来源：青海省金融统计月报。

三 藏区资本市场发展的制约

资本市场的发展不仅需要有现代金融意识和体制机制，还需要有相应的投资项目和专业人才，制约藏区资本市场的因素包括：

第一，传统的间接融资依赖。受传统融资模式影响，藏区的企业在融资中偏好银行的间接融资。近年来国家在民族地区推进金融扶贫，通过财政贴息的手段增加金融资源的供给，部分企业受贴息利好的影响，偏好通过间接融资解决发展的资金约束问题，冲击了企业从资本市场融资的积极性。成功上市的企业，从融资成本和资金获得难易程度出发，也倾向于选择从银行获得信贷。民族地区资本市场发展的时间不长，服务企业从资本市场融资的中介发展不足，有融资需求的企业因缺乏相应服务支撑而选择放弃。

第二，上市企业质量不高影响投资的积极性。藏区的上市企业多是资源依赖性行业，尤其是青海的上市公司几乎全部集中在采矿业，矿产资源有期限性和价格的不确定性，影响了上市企业的业绩和发展前景，难以给投资者带来稳定可靠的回报，从而影响了投资者投资的积极性；随着环保意识的兴起和国家推进生态环境建设，对上市企业的环保社会责任要求越来越高，藏区的矿采类上市公司长期生产方式粗放，提高环保质量和经营水平能力，需要大量的资金投入并影响利润，使投资者不愿意长期持有藏区公司股票。

第三，部分重点资源开发力度不足。西藏自治区政府认定6大西藏特色优势产业，分别为天然饮用水、藏药业、高原绿色食品业、民族手工业、建材业、矿产业，尤其是前4类产业是藏区的天然优势产业，市场巨大而藏区资源丰富，拥有藏区外其他企业无法比拟的优势，正是大有作为的新兴产业。尽管藏区拥有这些优势资源，由于缺乏足够的资金技术支持，加上交通运输不便和基础设施不完善，投资利益回收周期长使这些特色产业失去了发展比较优势。目前虽有制药和特色资源类上市企业，但上市公司主要集中在矿产资源开发，重点开发藏区优势特色资源，培育并鼓励这些企业上市融资，将有利于推动西藏经济的发展。

第四，文旅创意产业有待开发。我国文化产业和休闲旅游业市场不断扩大，藏区有得天独厚的自然景观、神秘的历史宗教文化景观、浓郁的民俗风情景观和丰富多彩的民俗文化节日，是培育上市企业的重点领域。"一方堆绣，一抹藏香，一件手工器皿，一段藏戏的表演，一处原始自然的风景"① 都是好的市场培育热点，将这些民族文化和独特旅游景区转化成特色产业，通过信息化处理和媒体宣传投放市场，以电视电影、画报书籍、音乐演出、工艺品礼品、歌舞戏剧等方式展现出来，形成具有藏区特色的文化商品或休闲旅游服务，通过藏博会等方式让旅客和民众了解藏区的文化和旅游休闲资源，有利于做大相关企业将其培育成上市融资主体。不仅有利于培育资本市场融资主体，也有利于带动民族手工业、餐饮业等其他特色产业的发展，增加群众的旅游服务收入，从而推动西藏经济的发展。

第三节 藏区金融发展面临的难题和挑战

藏区金融发展进步明显，但受到经济社会发展水平和金融业发展规律的影响，整体金融发展水平不高。由于金融发展水平不高，造成部分群众得不到金融服务，包容性的金融普惠制度难以建立。要促进藏区金融发展，必须正视藏区金融发展所面临的现实困难，找准问题产生的原因，才能精准施策促进发展。

一 金融基础服务能力不强

藏区最大的特点是人口分布的地广人稀，金融业服务需要追求效益，地域辽阔和人口分散造成了金融服务成本偏高。金融机构作为自主经营和自负盈亏的主体，在提供金融服务时必须考虑成本收益，国有商业银行和城市股份制银行都是上市公司，必须对投资者和股东负责，受到市场回报和利润的影响，银行投入服务资源能力有限，藏区的金融服务能力和水平亟须提升。

经过多年的努力，甘孜州初步形成以信用合作社、国有商业银行为主体以民间金融为补充的银行金融体系，建立以政策保险为主体和以商

---

① 吴建伟：《文化产业发展促进西藏经济发展研究》，硕士学位论文，中央民族大学，2013 年，第 46 页。

业保险为辅助的保险体系，金融服务体系框架初步形成，2014 年全州各类型与金融服务有关的法人总数达到 90 个，从业人员达到 2646 人；金融服务结构不断延伸服务链条，银行保险机构逐步增设乡镇物理实体服务网点，并辅助现代网络技术发展 POS 机、转账电话等现代手段，金融服务能力逐步增强，到 2015 年年末，全州的基础金融服务覆盖全州 273 个乡镇和 1873 个行政村，乡镇金融普惠服务率达到 84%，而行政村的金融普惠服务率为 69.9%。农牧民共享金融服务的水平有很大的提高，长期制约经济社会发展的融资难、融资贵的问题得到了一定程度缓解，对地区经济发展的支撑能力有很大的提升。在支撑地方经济发展的同时，甘孜州金融业自身赢得了难得的发展机遇，金融业增加值从 2010 年的 4.7 亿元增加到 2015 年的 11.28 亿元，正在成长为甘孜州的支柱性产业。

甘孜州的面积达到 15.3 万平方千米，下辖 1 个县级市和 17 个县 325 个乡镇，还存在大量金融服务空白乡镇。甘孜州的金融服务能力不强主要体现在以下几个方面：一是金融服务网点主要集中于城镇，偏远农村和牧区缺乏服务网点，商业银行的物理网点主要集中在康东的泸定、康定、丹巴等县，而康北、康西地区网点少，在石渠、德格、甘孜等地网点仅集中县城，乡镇的金融服务几乎空白。即便是服务能力比较强的农村信用合作社，其经营网点分布也不足（见表 5-14），从 2010 年到 2015 年经营网点仅仅增加 1 家，与甘孜州经济社会的快速发展形成鲜明的对比。二是金融服务手段单一，在银行和保险等服务机构的主导下，整个甘孜州的金融机构服务采取坐地行商的模式，缺乏主动的上门服务意识，而偏远农牧区居民受到自然条件限制和电力通信基础条件的制约，农牧区尚没有建立由智慧银行、POS 机、转账电话等构成的互联网金融服务模式。三是保险服务能力偏弱，保险机构数量和人员总数太少且集中城镇，业务重政策性保险而轻商业保险，缺乏针对高寒藏区扶贫特色的金融保险产品开发，普遍存在照搬其他地区金融产品的模式。四是金融服务创新意识不强，业务围绕传统的存贷业务展开，对于目前迅猛发展直接融资业务缺乏关注，再加上区域要素市场发展缓慢，建设区域资本市场发展直接融资的业务尚未开展。五是金融从业人员素质不高，金融从业人员以本地人员为主，文化程度偏低且知识老化，中介机构发育缓慢支撑金融发展力量不足，与金融业的智力密集和资金密集的特征不相符合。有限的金融服务资源主要集中在县城和经济发达的乡镇，僻远的农牧区长期存在金融服务空白，受交通、电力、通信和文化习俗的影响，建立在互联网上的虚拟金融服务覆盖率低，部分群众长期游离在现代金融服务体系外，不但影响生产生活还割裂了与外部市场的联系通道，造成经济发展的封闭性和落后性。

表 5-14　　甘孜州农村信用合作社经营网点分布情况　　单位：个

年份	2010	2011	2012	2013	2014	2015
康定县经营网点	13	13	13	13	13	13
其中乡镇经营网点	12	12	12	12	12	12
泸定县经营网点	10	11	11	11	11	11
其中乡镇经营网点	9	10	10	10	10	10
炉霍县经营网点	7	7	7	7	7	7
其中乡镇经营网点	6	6	6	6	6	6
石渠县经营网点	7	7	7	7	7	7
其中乡镇经营网点	6	6	6	6	6	6
德格县经营网点	4	4	4	4	4	4
其中乡镇经营网点	3	3	3	3	3	3
色达县经营网点	6	6	6	6	6	6
其中乡镇经营网点	5	5	5	5	5	5
甘孜县经营网点	8	8	8	8	8	8
其中乡镇经营网点	7	7	7	7	7	7
白玉县经营网点	6	6	6	6	6	6
其中乡镇经营点	4	4	4	4	4	4
新龙县经营网点	11	11	11	11	11	11
其中乡镇经营网点	10	10	10	10	10	10
丹巴县经营网点	14	14	14	14	14	14
其中乡镇经营网点	13	13	13	13	13	13
道孚县经营网点	6	6	6	6	6	6
其中乡镇经营网点	5	5	5	5	5	5
九龙县经营网点	9	9	9	9	9	9

续表

年份	2010	2011	2012	2013	2014	2015
其中乡镇经营网点	8	8	8	8	8	8
雅江县经营网点	7	7	7	7	7	7
其中乡镇经营网点	6	6	6	6	6	6
理塘县经营网点	13	13	13	13	13	13
其中乡镇经营网点	12	12	12	12	12	12
巴塘县经营网点	7	7	7	7	7	7
其中乡镇经营网点	6	6	6	6	6	6
得荣县经营网点	5	5	5	5	5	5
其中乡镇经营网点	4	4	4	4	4	4
稻城县经营网点	6	6	6	6	6	6
其中乡镇经营网点	5	5	5	5	5	5
乡城县经营网点	7	7	7	7	7	7
其中乡镇经营网点	6	6	6	6	6	6
全州经营网点	146	147	147	147	147	147
乡镇经营网点总计	127	128	128	128	128	128

资料来源：甘孜州农村信用合作总社。

二　金融资源的有效供给不足

2017 年西藏落实中央政府"十三五"规划项目投资 941 亿元，其中中央预算内投资 520 亿元，全区 200 个重点项目在建的 132 个，其中完工 25 个，累计投资 1618 亿元，国家实施援藏项目 585 个，完成投资 37.18 亿元，招商引资 454.19 亿元，全社会固定资产投资 2051 亿元，来自财政转移和支援的资金达到 978.18 亿元，占固定资产投资总量的 47.7%。社会发展资金主要依靠财政资金，来自银行和金融市场支持的资金有限，尽管 2017 年全区各项贷款余额为 4043.64 亿元，比年初增加 995.00 亿元，增长 32.64%，但受到基础条件的限制，涉农金融服务依然不够。金融服务机构下沉服务网点，建立普惠为先、相互补充、形成合力的多元化、多层次银行业金融机构体系依然任重道远。

甘孜州的金融资源有效供给不足主要体现在：一是全州经济整体落

后，企业单位和民众收入普遍不高，2017 年全州人均存款 47398.76 元，而四川全省人均存款达到 66281.13 元，仅相当于全省平均水平的 71.5%；加上部分农牧民受传统习俗影响偏好货币"窖藏"，机构存款占全部存款比重的 60% 以上，经济形势的变化影响全州储蓄和资金供给。二是金融资源存在严重的外流现象，受到金融系统内部配置资源的影响，甘孜州长期存在金融资源外流现象，全州的金融存贷比不断下降，从 2007 年的 50.8% 下降到 2015 年的 38.02%，尽管贷款的总量在增加但更多金融资源出现外流。三是县域经济发展和金融供给不足且分布不均，康定、泸定、丹巴、九龙四县占全州贷款总量的 80% 以上，剩下的 14 个县的贷款总量占比不足 20%，各县之间的存贷比差异巨大，康北地区的德格、甘孜、新龙等县的存贷比不足 10%（见表 5 - 15），经济越不发达资金资源越外流，金融资源越外流经济越不发达，形成贫困循环累积。四是小微企业的融资难、融资贵现象依然突出，80% 以上的企业不能及时获得贷款而依赖民间借贷，支付利息高达 20% 以上，企业的经营利润被耗散而无法完成资本积累，导致全州的民营经济发展滞后，经济活力不足难以创造财富和税收。五是银行保险类金融机构推行"一刀切"的监管标准，基层金融机构的审批权限普遍不足，上层审批机构对甘孜情况不了解，信息不对称造成资金的供给与需求错位，加剧区域融资困难。金融服务体系发展不均衡造成金融资源有效供给不足，银行类金融机构侧重发展存储功能且以吸收存款为主，受优质市场主体缺失的影响，造成贷款规模偏小，宝贵的金融资源大量流失，不但造成存贷规模的失衡，还对宝贵的地方发展资源进行"抽血"，形成落后地区支持发达地区的不公平发展局面。

表 5 - 15　　　　甘孜州各县存贷比的变化情况　　　　单位:%

年份	2010	2011	2012	2013	2014	2015
康定	36.43	38.06	39.89	36.58	36.24	39.75
泸定	9.04	8.44	8.4	8.63	8.92	8.81
九龙	4.23	4.38	3.69	3.93	4.12	3.92
丹巴	4.71	4.78	4.71	4.86	4.92	4.26
道孚	3.06	2.66	2.7	2.61	2.35	2.57

续表

年份	2010	2011	2012	2013	2014	2015
雅江	4.02	3.81	3.69	3.91	4.17	4
理塘	4.26	3.85	3.57	3.98	4.01	3.23
巴塘	3.71	3.39	3.27	3.77	3.48	3.3
得荣	1.76	1.93	2.01	2.64	3.05	2.68
稻城	2.4	2.95	3	3.39	3.66	3.3
乡城	2.28	2.24	2.07	2.14	2.31	2.25
石渠	4.59	4.12	3.59	3.75	3.22	3.08
色达	3.23	3.25	3.16	3.48	3.73	4.16
甘孜	3.9	3.96	3.81	3.78	3.45	3.18
德格	3.42	2.96	3.28	3.43	3.2	3.15
白玉	3.74	3.81	3.54	3.53	3.36	3.4
新龙	4.23	4.38	3.69	3.93	4.12	3.92
炉霍	2.7	3.01	2.93	2.89	3.07	2.59

资料来源：根据甘孜州人民银行提供数据核算。

三 金融资源市场需求不足

甘孜州作为藏区的代表，金融资源需求不旺盛的现象，在藏区具有代表性和普遍性。主要体现在以下几个方面：一是甘孜州高质量的市场主体不多，对金融资金的吸纳能力有限。全州规模以上企业数量偏少，2013年全州规模以上企业不到40家，其中九龙9家、丹巴6家、泸定6家、康定12家，企业规模偏小数量偏少对资金需求量有限。二是民营经济不发达，市场主体不活跃影响了资金的需求，2014年全州共有国有性质的生产活动单位6525个，共吸纳69751人就业，而民营生产活动单位463个共吸纳10161人就业，民营经济多从事住宿餐饮和批发零售业务，规模小多以自身投工投劳为主，受到财务水平和规范的影响，难从银行等金融机构获得贷款。三是水电资源开发投资对民生投资形成挤出，受到金融机构贷款风险防控的影响，金融机构贷款偏好"傍大款"，贷款投向以水电开发为主的国有企业，对留存本地的金融资源形成挤占（见表5-16），恶化了区域经济发展的资金供给环境，根据统计全州贷款投向的 80% 以上是和水电有关的项目。四是资本市场直接融资尚未启动。随着我国金融改革的不断推进,拓展直接融资减轻间接融资的压力逐渐成为主要渠道,甘孜州的企业规模小并且满足于小富即安的现状,偏好间接融资获得民品民贸贴息的优惠,缺乏直接融资的动力,区域资本市场建设滞后,全州的四板挂牌企业数量偏少,企业主板上市还没有实现零的突破。五是要素市场制约金融需求。由于区域要素市场发展滞后,以农牧业产品和自然资源等实物为主的实体财富难以转化为流动性的金融资源,严重制约农牧民和政府从金融市场获得发展资源的能力,客观上制约了甘孜州金融资源需求。

表 5-16　　2009—2014 年甘孜州贷款分行业统计　　单位:万元

年份	2009	2010	2011	2012	2013	2014
总计	816081	1116108	1313259	1498026	1675908	1940468
农、林、牧、渔业	3123	2335	1385	6345	11159	8639
采矿业	12799	20205	21979	13030	23520	47070
制造业	31546	34402	32422	30690	34898	34248
电力生产和供应业	607024	825439	982118	1110511	1220580	1395160
建筑业	1835	1555	6865	13956	11440	20785
批发和零售业	750	1430	1330	20199	21594	31239
交通运输、仓储和邮政业	na	na	na	2100	2680	3520
住宿和餐饮业	12659	13165	14401	57569	81615	64315
信息技术服务业	14887	33781	41725	na	na	780
金融业	na	na	na	na	na	9000
房地产业	14223	13254	7540	6448	3983	478
租赁和商务服务业	5100	14650	14085	30349	2930	2935
科学研究和技术服务业	100	na	na	na	na	na
水利环境等	1400	5597	25031	5189	6834	4100
居民服务业	17678	23890	2070	985	4670	390
教育	7220	6520	4420	2797	1526	697
卫生和社会工作	500	1200	800	600	2300	2930
文化、体育和娱乐业	3000	2900	3700	3600	645	1225
公共管理等	1600	660	600	na	na	na
个人贷款及透支	80637	115124	152789	193658	245534	312957

资料来源:根据甘孜州人民银行提供数据整理,na 代表没有数据。

第四节 影响藏区金融发展的制约因素

高寒藏区是全国最大的集中连片贫困地区，涵盖西藏、四省藏区两大集中连片特困地区，该区域具有特殊性，包括自然条件恶劣区域、生态脆弱区域、高原连片贫困区域、藏民族聚居区域、西南边疆区域、反分裂斗争重点区域，也是经济欠发达区域和深度贫困地区。2015年西藏和四省藏区的贫困人口分别为48万和88万，贫困发生率分别为18.6%和16.5%，贫困程度深和面积大，属于贫困中的贫困[①]。金融发展对于藏区摆脱贫困具有重要意义，但受各种综合因素影响，藏区的金融业发展受到巨大制约。

一 缺少合格的金融市场主体

西藏自治区经过多年的发展，经济已经发生了翻天覆地的变化，但依然存在市场主体偏小与合格融资主体不足的问题。2017年全区实有市场主体22.69万户，同比增长19.2%；全年新增市场主体5.4万户，同比增长14.1%，但企业主要是以小微企业和"三农"企业为主，合格的融资主体不多。经济增长不是依靠区域经济的自生能力，增长投入更多是来自国家的转移支付，金融机构能提供信贷支持，是需要融资主体偿还的，缺乏合格的市场主体，金融机构从防范金融风险出发，不愿意提供金融资源支持是市场选择。

四省藏区的情况基本类似。以四川的甘孜藏族自治州为例，该州位于四川省西部的青藏高原东南缘，下辖18个县，325个乡镇，2679个自然村，总面积15.3万平方公里，总人口114.8万，是全国十四个集中连片贫困地区之一。生产活动以传统农牧业为主，生产处于原始农耕游牧状态，产业结构单一，90%以上农作物为一年一熟，因此粮食产量较低，平均亩产仅为226.5公斤，远远低于四川省平均每亩347.9公斤的产量。农牧民依靠采挖中药材和采集野生菌类增加收入，受到季节和

---

① 刘丽娜：《高寒藏区特殊类型贫困与反贫困研究》，博士学位论文，中南民族大学，2017年。

保鲜技术的影响，产量和销售量有限，并受到市场价格波动的影响收入不稳定；受到宗教文化信仰和市场观念的影响，生产的产品主要是满足自身生活所需，产品的商品化水平低下，根据对德格县的马尼干戈镇的马尼村的调查，2013年全村各类牲畜的出栏率和商品率分别为16.9%和15%，而龚垭乡仅为16.9%和13.9%，甘孜全州的牲口出栏率和商品率分别为22.5%和16%，远低于46.51%和43.2%的全国平均水平。

受市场经济发展水平和区位的影响，甘孜州的专业市场处于起步阶段，产业发展缺乏龙头企业和新型市场组织的引领，农牧业产品质量不高且缺乏科技支撑，短期内难以形成品牌优势和产业优势，整个"十二五"期间全州虽然扶植龙头企业67家，登记"三品一标"的农产品154个，但迄今没有1家产值过亿元的农牧业企业，色达县为全国120个重点牧业县，生产优质、生态、安全的畜产品，但因缺乏龙头的农牧产品加工企业无法实现市场价值。农牧民缺乏稳定的收入来源和致富产业，产业结构单一和商品化率低造成农牧业效益低下，2015年占全州人口总数的79.72%的农牧业人口仅创造25.77%的财富，年增长率仅为3.9%，受到农牧业增长的拖累，全州GDP增长率仅为4.2%，远低于全省GDP总量7.9%年增长率。贫困加上自给自足的自然经济，造成了甘孜州的市场主体发育不足，"2016年全州有法人单位9942家，其中，单产业9405家，多产业537家。按机构类型分，企业单位1467家，事业单位3058家，机关单位1433家，社会团体单位293家，民办非企业单位16家，农民专业合作社407家。按产业构成分，第一产业法人单位561家，第二产业法人单位516家，第三产业法人单位8865家。全州规模以上在库单位312家。其中，工业企业48家，建筑业26家，房地产业5家，批发零售业企业38家，住宿餐饮业29家，规模以上服务业21家，投资87家。"① 市场主体数量少导致合格融资主体更少，银行类金融机构出于贷款安全，不愿意向本地企业贷款，2016年全州各类金融机构各项存款余额595.68亿元，各项贷款余额273.62亿元，存贷比仅为45.9%。

---

① 甘孜州统计局：《甘孜统计年鉴（2017）》。

二 金融业发展基础薄弱

西藏的金融业发展基础薄弱。虽然西藏制订《西藏自治区普惠金融发展规划（2016—2020年）》，强调推进普惠金融发展的基本原则，明确以"提高金融服务的覆盖率，提升社会各阶层尤其是农牧民、中小微企业和弱势群体金融服务的可获得性，提高金融服务的满意度"的目标。从用好用活特殊优惠金融政策、完善金融机构组织体系、大力推进金融精准扶贫、推广金融科技运用、完善普惠金融服务、优化普惠金融发展环境六个方面推动西藏普惠金融发展。但交通设施有待提高，截至2016年年底，21个边境县已实现通硬化路20个（墨脱通县油路正在建设）；162个乡（镇）实现通达160个（剩墨脱县加热萨乡、甘登乡通达工程在建），通达率达98.8%；实现通畅122个，通畅率达75.61%；建制村通畅337个，通畅率53.66%。电力是金融业发展的基础，西藏直到2015年才实现"户户通电"，互联网是现代金融发展基础，截至2016年，西藏的固定宽带接入互联网用户28.3万户，家庭普及率为54.2%，移动互联网用户174.3万户，在偏远乡镇和农牧区大量存在电力和"信息孤岛"，电力和信息网络基础影响了西藏的金融发展。

四省藏区因地理区位和历史原因，金融发展基础很薄弱。还是以甘孜州为例，甘孜州自1950年建立民族自治州实现从奴隶社会到社会主义的跨越，但历史遗留的生产力落后和基础设施薄弱并没有随社会制度进步而马上改变，受到人口稀少和分布分散的制约，公共设施供给和金融业基础建设成本居高不下。到2014年年末，全州有110个乡镇未通柏油路，450个村不通公路，占行政村总数的16.46%，不通宽带村达2300个，占行政村总数的84.13%，未通有线电视的村2404个，占总行村的87.93%，与外界联系少相对封闭，有827个行政村未通自来水，占行政村总数的30.25%。在基础设施相对比较好的康定市，2014年全市的235个行政村中有29个行政村没有通电（含不能有效保障用电），占行政村总数的12.3%，2个行政村没有通公路。相对偏远的色达县情况更为严峻，全县134个行政村中有64个没有通公路，1371公里的公路中柏油路仅占13.6%，13个乡77个村3710户中11600人没有通电，占人口总量的19.21%。受到自然条件的制约，基础设施建设成本居高不下。

金融业是资本密集型行业，基础设施建设要求比较高，尤其是随着互联网金融的发展，对网络通信和电力基础设施的要求非常高，藏区基础设施落后难以满足金融业发展的硬件要求。藏区部分偏远乡镇没有通电通网，银行类金融机构没有办法办理金融业务，也无法和上级主管部门进行即时的联系沟通，资金使用和审批在短期内都无法完成。

三　金融专业人才短缺

受到教育基础影响，西藏的财经类教育不发达，金融专业人才培养能力不足。民族地区高等教育水平落后，直到2018年国家推进"双一流"大学建设，民族地区高等院校才有培育具有地域特色的优势学科。虽然新疆大学和云南大学入选"一流大学"建设名单，广西大学、宁夏大学、青海大学、西藏大学等11所大学开展"一流学科"建设，但民族地区整体财经类教育水平依旧落后。藏区的高等教育更加落后，高等教育发展主要围绕藏区资源开发培育专业，"推动中国语言文学、民族学、生态学、中医学（藏医学）等进入一流学科建设计划，推动作物学、林学、中药学（藏药学）、教育学、旅游管理、畜牧学、文艺学等特色学科和生物学、哲学、经济学、公共管理等特色培育学科建设"①，高等教育中金融经济类专业虽然受到重视，但并没有提高到促进经济发展的高度，再加上西藏的金融经济类专业水平不高，高校培养高素质的财经人才力不从心。

四省藏区的金融人才培养不足。2015年甘孜全州共有中学54所，特殊教育学校2所，中专3所，普通高校1所，在校学生总数为18405人，其中普通高校在校本、专科学生为8633人。高中阶段教育教学的学校缺乏，部分县至今不能独立进行高中阶段教育，学生需要到邻近县就学，不仅增加了学生就学成本也影响了学生的成长，影响了部分学生的求学积极性。受到宗教文化和就业观念的影响，虽然推行"9+3"

---

① 《西藏自治区教育事业发展"十三五"规划》，http://www.xizang.gov.cn/zwgk/ghjh/201811/t20181121_171607.html。

教育模式，但部分学生不愿意到中专和职业学校就学，使职业教育发展落后难以培养地方经济发展需要的人才。受基础教育质量的制约，全州学生的大学录取率低和录取质量不高，多数学生就读州内的四川民族学院，以培养"靠得住、下得去、干得好"的人才服务民族地区为宗旨进行教育教学。受到办学基础和办学条件的制约，在培养经济管理类人才方面并无优势，迄今尚未单独招收金融类、经济类、产业类的专业学生，支撑地区经济金融发展的能力有待加强。

金融行业人力资源严重不足。金融业是智力密集行业，需要高素质的人才并为从业者提供良好的待遇。藏区地理位置偏远交通不便，服务对象多在远离村镇的偏远农村，对民族地区的贫困群众和"三农"事业没有深厚的感情，是难以坚持长期开展工作。西藏和四省藏区都存在金融专业人才引进难题，本地教育落后又造成人才培养质量的低下，缺少高素质的人力资源制约了藏区的金融发展。藏区的金融业发展历史比较短，金融机构的员工普遍比较年轻，家庭生活负担重、压力大，而藏区金融机构能提供的待遇有限。金融业是一个信息传播快的行业，藏区的金融业待遇和其他地区形成对比，有一定从业经验的金融工作者，会受到其他地区待遇的吸引而离开，造成藏区金融业高素质人才难招到，就是招到了也难留住的困境。

第六章　北方草原民族地区金融发展研究

内蒙古是北方草原民族地区的代表，金融发展有草原牧区的特点。内蒙古的产业结构不同于传统民族地区，第二产业发展水平比较高，内蒙古东部地区面临产业振兴的问题，在呼和浩特—包头—鄂尔多斯地区，传统重化工业转型如火如荼进行；内蒙古的中北部以传统的农牧业为主，产业转型与提升农牧民收入压力巨大，而在内蒙古西部，培育沙生产业并如期完成脱贫攻坚任务是当前紧迫的任务，内蒙古的发展需要金融发挥作用，促进区域经济持续健康发展。内蒙古作为金融业相对发达的民族地区，金融业支持地方经济发展取得了巨大成绩，但面临金融资源与服务能力不足和系统性金融风险累积的问题，亟须找到既能促进经济增长又能化解金融风险的途径。

第一节　内蒙古的金融发展历程与现状

内蒙古是中华人民共和国的第一个少数民族自治区，内蒙古金融业发展，是中国共产党领导民族地区发展金融业的探索。内蒙古发展金融业取得成绩和面临的问题，在北方草原民族地区具有典型性，是民族地区金融发展走异质性道路的重要组成部分。

一　内蒙古金融业发展的历程

1946年东蒙古自治区政府接收伪满洲国中央银行兴安支店，并以此为基础成立了东蒙银行，东蒙银行可以看作内蒙古发展现代金融业的开始。1947年4月23日,内蒙古人民会议在王爷庙(今呼和浩特)召开,建立第一民族区域自治政府。内蒙古自治区政府成立后,东蒙银行按照规定撤销成立内蒙古银行,并在1948年改组为内蒙古人民银行。早期的内蒙古人民银行从属自治区政府,属于地方性银行。1948年,在中国共产党的领导下,在华北银行、北海银行、西北农民银行的基础上,在河北省石家庄成立中国人民银行。1951年内蒙古人民银行并入中国人民银行,成为中国人民银行的分支机构。中华人民共和国成立后,国内的行政区划进行调整,1954年绥远省撤销,中国人民银行绥远分行并入内蒙古人民银行。

中华人民共和国建立以后进入国民经济恢复时期,我国当时的银行体系中只有中国人民银行,中国人民银行呼和浩特支行和中国人民银行其他分支机构一样,从事金融业的管理和具体营业业务,主要工作包括:建立统一的货币体系促进人民币的流通,拓展分支机构形成国家银行体系,管理金融打击黑市并进行外汇业务,开展存贷和汇兑业务。为了与内蒙古当时推行的计划经济体制相适应,中国人民银行呼和浩特支行,主要负责内蒙古的统存统贷业务,维护地方金融秩序和金融活动有序运转,为经济发展提供服务。

随着我国改革开放政策的确立与推进,1979年中国农业银行建立,1980年中国银行恢复并作为中国人民银行的附属机构出现,并在1984年独立,1985年中国工商银行成立。在国家金融体制改革的大背景下,内蒙古的银行体制也开始进行改革,中国人民银行分离出来单独从事管理,内蒙古形成了"五行一司"① 体制。1984年在巴彦淖尔成立巴盟陕坝金融服务社,1985年更名为城市信用合作社。金融体制的改革使内蒙古的银行体系不断完善,1994年交通银行包头支行成立,内蒙古有了第一家股份制商业银行,在城市信用合作社的基础上,内蒙古在1998年和1999年相继成立包头市商业银行和呼和浩特商业银行。2005年华夏银行在内蒙古成立省级分行,2006年交通银行在内蒙古设立省级分行,招商银行、浦东发展银行、中信实业银行纷纷设立分支机构。

---

① 五行:中国人民银行、中国工商银行、中国银行、中国建设银行、中国农业银行,一司:中国人民保险公司,后来分为中国人民财产保险公司、中国人寿保险公司。

在自治区内部，城市信用合作社改制商业银行不断取得进展，2006年和2007年，乌海城市商业银行和鄂尔多斯商业银行成立，鄂尔多斯城市商业银行在2010年更名为鄂尔多斯银行。农村信用合作社改制农商行的活动在2006年后取得进展，鄂尔多斯农村商业银行、包头农村商业银行、满洲里农村商业银行相继成立，目前主要盟市的农村信用合作社改制农商行的业务基本完成。

与银行体系建设发展相适应，改革开放后内蒙古的资本市场建设也取得成就，1986年在内蒙古的包头成立自治区第一家典当行，1987年成立包头市信托投资公司，1988年呼和浩特成为全国第二批证券经营试点城市，并在同年成立呼和浩特证券公司，1992年更名为内蒙古自治区证券公司，1998年改制为有限责任公司，随后证券公司也得到发展。应该说，经过改革开放以来多年的努力，内蒙古形成了以银行为主导，以证券和保险为支撑的现代金融体系，对地方经济发展进行支撑。

二 银行业发展取得的成就和进展

经过多年的发展，内蒙古银行业发展取得了巨大成绩。2017年，内蒙古全区的银行类金融发展相对稳定，本外币各项存款23092.7亿元，同比增长了8.7%，各项贷款余额21566.3亿元，同比增长了10.8%。内蒙古的银行业在改革开放后，特别是近年来取得了巨大成就，主要体现在以下几个方面：

第一，银行业资产迅猛增加。银行资产是商业银行过去交易形成的、由商业银行拥有和控制的、预期能给银行带来利益的资源，贷款和投资是银行资产的最主要组成部分，银行业拥有的资产规模越大，服务地方经济的能力越强。内蒙古银行业的资产增加迅速，2008年全区银行业的资产规模为8032亿元，到2017年增加到34329亿元，10年间资产的总量增加了4.27倍，新型农村金融结构资产增加最为迅速，从2008年的16亿元增加到2017年的613亿元，增加了38.3倍；大型商业银行、城市商业银行、小型农村金融机构、国家开发银行和政策性银行是服务地方经济主力，拥有资产占全区银行资产总量的85%以上，尤其是本土金融法人的城市商业银行和小型农村金融机构，拥有资产占全区的比重，从2008年的19.2%上升到2017年的39.9%，已经成为内蒙古银行金融服务的中流砥柱。

表 6-1　　内蒙古银行业资产规模的变化（2008—2017 年）　　单位：亿元

年份	2008	2009	2010	2011	2012	2013	2014	2015	2016	2017
大型商业银行	4023	5157	6139	6847	7575	8317	8594	8841	9463	9992
国家开发银行和政策银行	1070	1386	1686	1986	2293	2684	3201	4352	5382	5798
股份商业银行	446	711	931	1486	1881	2286	2445	2601	2790	2623
城市商业银行	943	1344	1848	2730	3192	3644	4600	5370	6488	8023
小型农村金融	1192	1571	2002	2578	2962	3390	3749	4487	5570	5665
财务公司	0	16	13	31	44	42	206	266	437	592
信托公司	24	22	22	24	24	43	44	57	115	132
邮政储蓄	318	384	433	506	625	619	800	838	831	888
外资银行	0	0	2	8	9	12	6	4	4	3
新型农村金	16	163	49	108	203	300	374	447	538	613
合计	8032	10754	13125	16304	18808	21337	24019	27263	31618	34329

资料来源：根据历年《中国区域金融运行报告》整理核算。

第二，银行业服务能力不断增强。内蒙古自治区下辖 9 个地级市、3 个盟、17 个县、3 个自治旗、11 个县级市和 23 个市辖区，地域辽阔，全区的土地面积达到 118.3 万平方千米，截至 2017 年年末，全区常住人口 2528.6 万人。地广人稀的自然特征，要求银行业不断增加经营网点和从业人员，才能满足广大农牧民和工商企业发展的需要。内蒙古银行业重视网点建设，银行业的经营网点从 2008 年的 4367 个增加到 2016 年的 5874 个，全区净增加经营网点 1507 个，意味着每万平方千米增加网点 12.74 个。在增加银行服务网点的同时，针对内蒙古人口分散的现实，银行业通过增加工作人员来提升服务能力。内蒙古全区银行业的从业人员，从 2008 年的 65963 人增加到 2016 年峰值的 101779 人（见表 6-2），增加从业人员 35816 人，在 2017 年从业人员总数虽有所下降，但每万平方千米拥有银行业服务人员 341 人，基本上能保障金融服务的需要。

表6-2　内蒙古银行业从业人员的变化（2008—2017年）　　　单位：人

年份	2008	2009	2010	2011	2012	2013	2014	2015	2016	2017
大型商业银行	35352	38095	39010	40076	41178	40835	40939	41125	41893	38781
国家开发银行和政策银行	2023	2042	2096	2054	2136	2073	2129	2078	2112	2293
股份制商业银行	652	1397	1408	1810	2331	3073	3676	4472	4654	4715
城市商业银行	3357	4712	6434	8839	10338	11594	12137	12384	12446	13179
小型农村金融机构	21835	24551	29191	27061	28800	27902	27604	27470	27041	27496
财务公司	0	11	9	34	41	52	108	154	151	161
信托公司	171	196	221	243	288	346	364	351	360	314
邮政储蓄	2228	3435	4051	3498	7556	2712	4044	3926	9215	8025
外资银行	0	0	21	28	25	26	27	20	7	5
新型农村金融机构	345	2532	812	1461	2257	2361	3231	3829	3900	4478
合计	65963	76971	83253	85104	94950	90974	94259	95809	101818	99447

资料来源：根据历年《中国区域金融运行报告》整理核算。

第三，银行业支持地方发展的力度不断加大。截至2016年年末，内蒙古全区共有银行类金融机构180家，银行发展与改革呈现出积极势头，包头商业银行发起成立1家消费金融公司，1家农村信用合作社改制成农村商业银行，16家村镇信用合作社启动农村商业银行改制工作，赤峰、乌兰察布、巴彦淖尔、乌海四市成立村镇银行6家，内蒙古的银行业服务体系不断发展完善。内蒙古银行业发挥吸收存款发放贷款的中介功能，集聚社会闲散资金服务地方经济发展。银行业吸收的存款余额总量从2003年的2129亿元增加到2017年的22834亿元，到2018年更是增加到23261亿元，银行提供的贷款余额总量，从2003年的1943亿元增加到2017年的22174亿元（见表6-3），银行业的发展为内蒙古的社会经济发展提供了强有力支持。尤其是近年来，内蒙古的经济发展遇到产业转型与外部需求不景气的双重压力，银行业的支持对保持地方经济发展的稳定意义重大。

表6-3　　　　内蒙古银行业金融机构存贷款时序表　　　　单位：亿元、%

年份	各项存款		各项贷款	
	余额	同比增长	余额	同比增长
2003	2129	22.66	1943	17.76
2004	2616	22.90	2278	17.28
2005	3331	27.35	2618	14.90
2006	4075	22.33	3240	23.76
2007	4703	21.06	3803	18.02
2008	6054	28.72	4564	20.01
2009	8109	33.94	6442	41.14
2010	10032	23.73	8060	25.12
2011	11857	18.16	9917	23.01
2012	13588	14.60	11525	16.21
2013	15314	12.70	13247	14.94
2014	16478	7.61	15314	15.61
2015	17905	8.66	17488	14.19
2016	20753	15.30	19864	13.21
2017	22834	10.03	22174	11.62

资料来源：内蒙古银保监局提供。

三　证券保险支撑日益强劲

在银行业发展取得进步的同时，内蒙古的证券业发展也取得一定进展。1994年，内蒙古地区企业实现了上海与深圳交易所上市的突破，1994年内蒙古蒙电华能股份有限公司在上海证券交易所上市，成为内蒙古第一家上市企业。1998年内蒙古上市企业12家，占全国上市企业总数的1.46%，在八个民族省区位居第一。2014年内蒙古股权交易中心成立，2015年恒泰证券登陆香港证券交易所。截至2018年12月31日，内蒙古拥有上市公司25家，在3576家沪深上市公司中占比为0.7%。

在资本市场的支持下，内蒙古的上市企业得到快速发展，其中伊利股份2018年的市值达到1390.68亿元，位居内蒙古上市企业市值的首位。包钢股份以674.66亿元位居上市企业市值的第二位，北方稀土、君正集团、银泰资源的市值都超过 200 亿元。从注册地来看，包头的上市企业最多，共有 8 家，呼和浩特的上市企业有 5 家，鄂尔多斯的上市企业 3 家，呼—包—鄂地区的上市企业总数达到 16 家，占全区上市企业总数的 64%。内蒙古企业也积极参与新三板挂牌，培育具有 IPO 潜力的新兴企业，到 2018 年年末，内蒙古新三板挂牌企业 66 家，占全国新三板挂牌企业总数的 0.62%。内蒙古新三板挂牌企业数量有限，但质量比较高，挂牌企业中有 45 家有市值，占挂牌企业总量的 68%，其中赛科星市值达到 43.91 亿元，小尾羊、蒙水股份、佰惠生的市值都超过 10 亿元，为内蒙古企业在主板上市奠定了良好基础。

内蒙古的保险业也获得良好的发展，2018 年全区共有保险机构 2897 家，实现保险保费收入 659.5 亿元，保险业累计赔付支出 193.3 亿元。经过多年的发展，内蒙古的保险业网点不断下沉，农牧民和城市社区居民获得保险服务越来越方便，保险公司的总数从 2010 年的 29 家增加到 2017 年的 42 家，保费收入也从 2010 年的 215 亿元增加到 2017 年的 570 亿元。群众购买保险的积极性不断上升，保险密度从 2010 年的 872 元增加到 2279.6 元，保险深度从 2% 上升到 2.9%。保险业稳定生产和促进社会和谐的功能不断发挥，保险赔付从 62 亿元增加到 186.5 亿元，2010 年到 2017 年全区的保险赔付增加了 3 倍，而保费收入只增加了 2.65 倍，保险公司稳定和恢复生产的能力不断提升。

表 6-4　　　　内蒙古保险业发展情况（2010—2017 年）

单位：家、亿元、元/人、%

年份	2010	2011	2012	2013	2014	2015	2016	2017
财产险保险公司	15	17	20	21	21	22	22	24
人身险保险公司	14	15	16	16	16	17	17	18
财产险保费收入	96	120	119.8	130	145	156.7	162.7	191.3
人身险保费收入	119	110	127.9	145	169	238.8	324.1	378.7
各类赔付	62	71	85.4	101	110	124.5	137.8	186.5
保险密度	872	926	995	1100	1253	1575	1932	2279.6
保险深度	2	2	1.6	2	2	2.2	2.6	2.9

资料来源：根据历年《中国区域金融运行报告》整理。

内蒙古属于民族地区金融业相对发达地区，经过多年的发展形成了基本能满足地方经济发展的金融服务体系，促进了自治区的经济发展。但是在内蒙古的金融业在发展过程中，存在模式粗放和创新能力不足的问题，尤其是受内蒙古产业结构偏重于资源产业的影响，积累了一定的需要化解的金融风险。能否发挥金融业的现代经济核心功能，借助金融市场的主动调整与引导，适应内蒙古经济发展的转型和释放前期发展积累的风险，成为对内蒙古金融业发展的新考验，也是民族地区金融稳定持续发展面临的挑战。

第二节 经济发展与金融风险累积

内蒙古的经济经过多年发展取得了巨大成绩，经济增长建立的基础是以"羊煤土气"①为代表的资源开发产业。随着我国经济进入新常态，以"三去一降一补"为代表的供给侧改革不断深入，国内的煤炭钢铁等产品价格持续下降，以资源投入为代表粗放发展模式，在煤炭钢铁等重点行业的信贷风险不断累积，内蒙古的金融业发展累积了巨大的风险，有效降低经济发展中的金融风险，成为内蒙古经济发展面临的严峻考验。

一 产业结构放大下行压力

2011年，内蒙古通过了《内蒙古自治区国民经济和社会发展第十二个五年规划纲要》，提出内蒙古的发展战略是"继续坚定不移地推进工业化、城镇化和农牧业现代化，坚持做大总量和调整结构并举、在增量中调整结构，不断优化产业结构、城乡结构和区域结构，构建多元发展、多极支撑的现代产业体系，构建布局合理、多中心带动的城镇化格局，推动城乡、区域、经济社会协调发展。……巩固提升能源、钢铁建材和农畜产品加工业的支柱地位，把新型煤化工、有色金属加工和装备制造业发展为新的支柱产业，积极培育新能源、新材料、新医药等战略

---

① 指内蒙古的产业在农业方面以养羊，工业方面以煤矿、稀土、天然气为代表的矿产资源采掘业为主，简称为羊、煤、土、气。

性新兴产业。"①

在自治区政府的领导下,内蒙古的工业综合实力不断加强,2016年全区实现工业增加值7758亿元,年均增长9%,比全国高出2.3个百分点,工业增加值占GDP的比重达到42.5%,其中,煤炭、电力、铁合金、电石、甲醇、稀土、PVC、乳制品、羊绒制品等产能和产量均居全国第一。煤炭工业、化工、冶金、建材、装备制造、农畜产品加工业的全国占比分别为19.6%、8.5%、16.2%、5.7%、5.7%和16.7%。为了促进自治区的工业化发展,围绕与工业有关的中小企业发展,形成了"工作、政策、融资、服务"四大体系,以资源开发为主的工业发展势头不断增强。随着我国经济进入新常态,调结构和转方式成为引领持续发展的动力,创新、协调、绿色、开放、共享的发展理念深入人心。长期依赖资源开采的内蒙古经济,"在产业、动力、市场、企业、基础设施和宏观调控等方面既有不平衡不充分的问题,也有短板和弱项的制约。"②

粗放发展和长期依赖资源的内蒙古经济,在我国经济进入新常态后面临严峻的挑战。随着"三去一降一补"供给侧改革的深入,煤炭钢铁行业的过剩产能和产品价格下降,给内蒙古经济增长带来巨大影响。"2017年内蒙古全区实现地区生产总值16103.2亿元,按可比价格计算仅增长4.0%,增速明显放缓,其中,第一产业增加值1647.2亿元,第二产业增加值6408.6亿元,第三产业增加值8047.4亿元。"③ 第三产业占比首次超过第二产业,原因不是第三产业的快速发展而是第二产业的萎缩,工业产业结构单一,过度依赖煤炭、钢铁,新兴产业不能接替传统产业,新旧动能转化过慢造成经济下行压力加大。受到经济回暖和钢铁、煤炭价格上涨的影响,"2018年内蒙古的GDP增长率为5.3%,其中煤炭产业的增加值增长了8.1个百分点,原煤产量

---

① 巴彦淖尔市人民政府欢迎您,http://www.bynr.gov.cn/xxgk/ghjh/201102/t20110210_13591.html。
② 《扎实推动内蒙古经济高质量发展》,中国社会科学网,http://www.cssn.cn/skyskl/skyskl_jczx/201803/t20180326_3887418_1.shtml。
③ 内蒙古自治区政府门户网:《内蒙古自治区2017年国民经济和社会发展统计公报》,http://www.nmg.gov.cn/art/2018/9/28/art_1622_231684.html。

97560.3万吨，比上年增长7.7%，焦炭产量3374.1万吨，增长10.8%，电力、热力、燃气及水生产和供应业规模以上工业增加值增长13.8%，发电量增长13.4%"①。内蒙古的经济发展形势虽然有所好转，但经济发展依赖挖煤卖煤的局面并没有根本改变，受到外部需求影响大的脆弱性依然明显，新动能和新产业的培育依然滞后。

二 产能过剩与投资下降

内蒙古的产业结构以重化工业为主，产业结构明显偏向重工业（见表6-5）。内蒙古的能源结构一直以煤炭为主，原煤占能源生产和消费的比重长期保持在90%左右。一次性能源比重高，再生能源比重低、发展慢，能源结构性矛盾突出。与全国能源消费结构相比，内蒙古原煤占能源消费总量的比重高出全国20%左右，而其他清洁能源消费比重都低于全国平均水平。

表6-5 内蒙古部分工业产品产量（2011—2017年） 单位：万吨

年份	粗钢	钢材	水泥	原煤	焦炭
2011	1669.75	1417.32	6396.47	97925.55	—
2012	1734.14	1661.82	5872.06	106194.31	—
2013	1978.56	1797.74	6395.72	103000.00	—
2014	1661.50	1763.20	6268.30	99391.30	3445.90
2015	1735.10	1897.20	5807.10	90957.10	3041.00
2016	1813.20	2016.80	6313.6	84558.9	2816.70
2017	1983.50	2002.70	3045.3	90597.3	3046.40

资料来源：根据内蒙古经济社会发展公报、内蒙古统计局、国家统计局相关网站数据整理。

煤炭产业对内蒙古的工业增加值和利润影响巨大。长期以来，内蒙古通过煤炭外运来增加收入，没有实现就地转化和延伸加工，煤炭综合利用率不高，主要就是销售原煤，挖煤卖煤产业链条短，最多延伸到坑

---

① 《2019年内蒙古政府工作报告解读》，新闻中心—内蒙古新闻网，http://inews.nmgnews.com.cn/system/2019/01/25/012643288.shtml。

口发电环节，附加值和利润率很低。在我国经济粗放增长模式下，全国对煤炭的需求量巨大，煤炭成了"皇帝的女儿不愁嫁"，大量资本受煤炭销售利润的吸引而进入该行业，形成了重复过度投资和产能过剩的局面，但没有投资延伸煤炭行业的产业链，当外部需求减少或下降的时候，煤炭行业对内蒙古经济的持续增长拉动力就不足了。我国经济进入新常态后推行新的发展理念，生态环保的清洁能源受到市场的青睐，受到清洁能源和国外进口煤炭的影响，内蒙古的煤炭类等传统能源产能出现了过剩。去除煤炭钢铁行业的过剩产能，2017年全区退出330万吨煤炭、291万吨钢铁产能，关闭煤矿10处，到2018年虽然提前完成"十三五"钢铁、煤炭行业去过剩产能任务，但压缩过剩产能也造成资源闲置和前期投资资本的浪费。

内蒙古的投资带有明显的行业特征，前期大量投资钢铁、煤炭等传统支柱产业，没有培育新动能和新的增长点，粗放发展造成产能过剩和投资效益低下。受到经济发展形态和生态环保意识的影响，内蒙古的钢铁和煤炭产业与市场需求不相适应，企业前期投资回收困难而投资意愿下降，新兴产业发展水平低下投资空间不足，整个社会投资规模下降。2017年，内蒙古全社会固定资产投资总额14404.6亿元，比上年下降6.9%，其中第一产业投资891.1亿元增长15.0%，第二产业投资5617.6亿元下降13.4%，第三产业投资7895.9亿元增长11.6%。① 到2018年，内蒙古全社会固定资产投资比上年下降27.3%，民间投资比上年下降17.4%，第一产业投资下降24.5%，第二产业投资下降19.6%，第三产业投资下降31.6%。内蒙古固定资产投资和民间投资出现持续下降，与内蒙古钢铁煤炭产能相对过剩有关，尽管在2018年内蒙古的第二产业增加值的增长率有所上升，这与钢铁煤炭价格的回升有一定的关系，但受经济下行压力的影响，钢铁和煤炭价格要维持长期上涨的势头难度比较大，扭转内蒙古固定资产投资下降的难度大，根源在于长期的产业结构固化累积了大量的金融风险。

---

① 内蒙古自治区政府门户网站：《内蒙古自治区2017年国民经济和社会发展统计公报》，http://www.nmg.gov.cn/art/2018/9/28/art_1622_231684.html。

三 累积金融风险需要化解

传统钢铁煤炭产能过剩，新兴接替产能尚未形成，产业结构调整难度比较大，内蒙古企业经营困难增多，累积的各类金融风险逐步显现，对经济持续健康发展的影响比较大。尤其煤炭行业受到需求影响，2012年以后出现价格下降，2013 年原煤平均价格为 475.99 元/吨，2014 年下降到 215.64 元/吨，2015 年价格进一步下降到 122.11 元/吨，2016 年虽然价格有所回升（见表 6 - 6），但还不足以化解煤炭行业累积金融风险。

表 6 - 6　　2012—2017 年内蒙古煤炭相关价格与煤炭行业利润

单位：元/吨、亿元

时间	全区煤炭坑口均价	鄂尔多斯高热值动力煤	东部区褐煤	实现利润
2013 年全年	200	270	170	639.4
2014 年 1—7 月	152	190	125	na
2015 年前三季度	120	149	109	250.3
2016 年上半年	137	177	107	139.3
2017 年上半年	244	360	139	388.8

资料来源：内蒙古经济与信息化委员会；na 代表没有数据。

内蒙古传统产业发展累积的金融风险主要体现在以下几个方面：

第一，亏损企业增加，债务偿还困难。2016 年，受到钢铁、煤炭需求下降的影响，钢铁、煤炭和天然气类大宗建材、能源商品价格大幅下降，煤炭、原油、矿产等企业的利润空间逐渐趋窄，甚至出现严重的亏损（见表 6 - 7）。煤炭行业的相关企业逐步出现资金紧张和资金链断裂，部分煤炭经营企业出现严重的债务违约，内蒙古民营煤炭企业巨头中国庆华能源集团有限公司，该公司经营顶峰时期资产规模高达 686.4 亿元，但随着煤炭价格下降公司经营困难，创始人霍庆华因拖欠北京国资融资租赁股份有限公司相关债务，被北京市第二中级人民法院列入失信人员名单，对其相关消费进行限制。2017 年，国内的煤炭价格虽有所回升，煤炭企业为了偿还债务采取增产措施，又导致煤炭市场价格的动荡，对相关企业资金链和偿债能力形成挑战。

表6-7　内蒙古规模以上工业企业部分经营指标（2010—2016年）

单位：%、元

年份	亏损企业比例	流动比率	每百元主营业务收入成本
2010	12.82	0.97	76.50
2011	12.77	1.00	77.30
2012	19.44	0.99	78.60
2013	19.26	0.92	79.50
2014	21.48	0.90	82.30
2015	23.57	0.86	82.80
2016	20.07	0.84	84.10

资料来源：国家统计局网站。

第二，信贷风险显现，银行风险暴露。煤炭、钢铁是内蒙古的支柱产业，产能过剩问题突出，产品降价严重，与此相关的企业偿债能力下降，高速增长时期掩盖的信贷风险暴露，全区银行业不良贷款余额和不良贷款率大幅度提高。截至2016年年末，内蒙古银行类金融机构不良贷款余额754.5亿元，不良贷款率3.84%，不良贷款逾期严重，逾期90天以上的不良贷款占比不断提高，到2016年年末已达115.60%（见表6-8）。全区的经济增速放缓和相关行业产能相对过剩，企业盈利水平下降产生了严重的金融风险。全区金融稳定评估总体水平不断下降，只有提高贷款损失准备才能抵御风险，2016年，全区只有28家机构的资本充足率符合监管要求，82家机构资本充足率出现下降，其中有13家为负值。出现金融风险的行业，恰恰是产能过剩的煤炭和钢铁行业，2016年全区煤炭、钢铁行业不良贷款余额分别为104.18亿元和3.17亿元，占全区不良贷款余额的13.8%和0.4%，同比上升22.28个和81.12个百分点，行业不良贷款率分别为7.28%和1.08%。

表 6-8　内蒙古金融机构部分金融风险指标（2011—2016 年）

单位：亿元、%

年份	不良贷款余额	不良贷款率	存贷比	逾期90天以上不良贷款与不良贷款比例	全区金融稳定评估值
2011	184.00	1.90	80.64	46.93	80.46
2012	183.50	1.60	82.87	61.05	85.13
2013	295.10	2.20	85.13	63.58	76.46
2014	498.63	3.26	92.17	70.51	64.64
2015	761.90	4.36	94.82	96.93	54.06
2016	754.50	3.84	91.59	115.60	58.87

资料来源：中国人民银行呼和浩特中心支行。

第三，金融杠杆率高，企业融资困难。钢铁、煤炭等产能过剩行业，普遍存在供过于求，投资收益率下降，资金回收周期增长，债务到期的刚性兑付压力与高杠杆叠加，短期流动性困难造成金融风险凸显。部分企业的短期债务本息兑付出现困难，对后续债务融资产生影响。由于经营困难企业申请债务展期，提升了企业经营的杠杆率，2016 年年末全区非金融企业的杠杆率为 103.7%，比 2011 年年末上升了 33.7 个百分点。在整体经济困难的大环境下，2016 年全区直接融资减少 207.3 亿元，IPO 企业的数量为零，因有 5 家企业债券违约，致使内蒙古企业在债券市场的声誉受到影响，恶化了全区企业的直接融资环境。企业融资难度加大并且融资成本上升，小微企业在市场环境恶化的情况下，要提升金融杠杆率更是难上加难。

第四，金融风险集中，信用生态恶化。由于钢铁、煤炭类企业主要集中在呼—包—鄂地区，全区地方法人银行类金融机构不良贷款呈"机构集中、地区集中"，主要集中在呼—包—鄂地区的钢铁、煤炭企业中。受到羊肉价格下降的影响，农牧区的农村合作金融机构也累积了大量的信用风险，截至 2016 年年末，全区农村金融合作机构不良贷款 213.56 亿元，占全部地方银行业法人不良贷款的 79% 左右，村镇银行逾期 90 天以上不良贷款与不良贷款比例达到 319.60%。不良贷款向地方银行法人集中，2016 年鄂尔多斯市、包头市、乌兰察布市、呼和浩特市和赤峰市的地方银行法人不良贷款余额都超过 30 亿元，五个地方银行法人不良贷款余额合计 201.8 亿元，占全区地方银行法人不良贷款余额的 75.2%。不良贷款率上升影响银行业的运营，2016 年全区地方银行法人亏损数量达到 23 家，比 2015 年增加了 8 家。逾期 90 天以上贷款与不良贷款比例为 146.24%，比上年上升了 34.3 个百分点。信用环境呈现恶化的趋势，不但恶化了全区的企业融资环境，也增加了企业融资的成本。

第三节　金融发展与产业转型升级

供给侧结构性改革和创新驱动战略的实施，不但能激发市场活力催生新的发展动能，还能把发展经济的着力点放在实体经济上，提高金融体系供给质量，将为内蒙古经济发展注入新的活力。通过推进供给侧结构性改革，发挥金融引导资源配置的功能，合理引导资金流向，促进产业转型升级、经济结构调整和增长动力转换，在化解金融风险的同时，促进经济的持续优化发展。

一　金融是内蒙古发展优化促进力量

金融资源是现代经济发展的核心资源，金融市场具有"定价""发现""实现"功能，在优化资源配置和支持实体经济发展，促进政策传导等方面起到推动作用。金融市场通过"定价"功能，甄别实体经济中的过剩产能与无效供给，引导过剩产能的淘汰与产业结构调整；通过发现与实现功能，对新兴产业与特色产业进行挖掘与扶持；通过差异化信贷政策与金融价格机制等手段，引导信贷资源流向创新实现金融资源围绕创新发展配置。内蒙古存在的经济发展问题，是粗放增长模式长期累积的结果，是金融作为现代经济核心功能没有得到体现的反映，要化解当前面临的发展困难，金融业是重要的促进力量。金融发展主要通过以下途径促进内蒙古发展实现优化：

第一，发挥各类金融机构的差异化优势，形成金融服务实体经济发展的协同效应。全国性商业银行要积极发挥网络渠道、业务功能协同等优势，为制造业企业提供综合性金融服务，不断改进和提升中小型制造企业金融服务的质量效率。开发性、政策性金融机构要在重点领域和薄弱环节切实发挥引领作用，在业务范围内以财务可持续为前提，加大对重大项目、重大技术推广和重大装备应用的融资支持。地方法人金融机构可以发挥管理半径短、经营机制灵活等优势，立足当地，服务中小企业的发展，积极开发针对中小型制造业企业的特色化、专业化金融产品和服务。内蒙古应该利用以国有商业银行为主体，以政策性开发银行和地方法人银行为两翼，其他多种金融机构参与的银行类金融服务体系，充分发挥银行类金融机构信贷资金的引导作用，促进发展资源从传统过剩行业向新兴产业转移。

第二，借助产业链金融，服务企业转型升级。新兴产业的培育和企业发展的转型升级，需要金融服务流程的再造，内蒙古传统产业链金融，是以钢铁、煤炭产业为核心的，以服务重化工业为特征。内蒙古要发展战略性新兴产业和新能源产业，需要结合新产业的发展规律与成长周期，重新进行金融服务流程的设计。要发挥金融市场的风向标功能，通过产业链金融流程的重新设计，实现金融服务与产业发展的无缝对接，降低金融服务产业的交易成本。产业转型升级要能找到合适的金融创新服务与产品，新兴产业的培育与发展能低成本、便捷地获得服务，缩短企业的成长周期并降低融资成本，帮助企业迅速发展壮大。

第三，借助金融识别，实现优胜劣汰。银行类金融机构要坚持独立审贷、自主决策、自担风险原则，择优支持有核心竞争力的产业和企业，能从源头把控风险，使存在问题的企业受资金供给的限制，在市场竞争中被淘汰。通过银行业的同业沟通协调，借助联合授信和银团贷款等方式，形成融资的协同效应，避免一哄而上对新兴产业重复支持，防止新的过剩产能形成。银行业的协同与互动，强化企业自身债务杠杆约束，在降低企业杠杆率的同时，避免企业盲目举债发展，能提高企业资源的利用效率，避免粗放模式的重复形成。

第四，借助资本市场，促进企业发展。内蒙古发展的创新驱动不足，与全区创新能力不强有关，新产业和新动能难以依靠间接融资支持。借助资本市场的发展，形成扶持创新创业的政策体系，通过创业投资促进新兴产业发展，不但能增加创新型企业的数量，还能弥补新兴产业发展的融资缺口。通过在内蒙古设立各类创业风险投资基金，加大对种子期、初创期创新型企业的支持力度,支持技术创新向产业创新的飞跃,增加创新主体供给的数量并提高质量。通过建设多层次的资本市场体系,支持不同生命周期的企业寻找差异化的融资支持。为内蒙古培育创新能力强、成长性好、市场空间大的优质企业。

第五,通过信用甄别,有效配置资金。金融机构围绕新兴产业的发展配置资金,强化融资主体的信用意识,以信用为基础服务企业的资金需求,在提升企业信用意识的同时,达到改善金融生态环境的目的。鼓励银行类金融机构改进授信评价机制,创新金融产品和服务,将企业技术创新、人才质量、市场前景、管理能力等"软信息",纳入信贷客户信用评级体系,在发掘企业价值的同时提升信用水平,以科学的增信服务企业融资。金融机构可以在风险可控和发展可持续的前提下,运用信用贷款、知识产权质押贷款、股权质押贷款、应收账款质押贷款等方式,积极满足创新型制造业企业和生产性服务业的资金需求。

二 金融发展促进产业转型升级

金融发展带动内蒙古金融产业的转型升级,可以从以下三个方面来推进:

第一,借助金融杠杆促进传统产业去过剩产能。煤炭行业是内蒙古重要的贷款投向,截至 2017 年 6 月末,全区煤炭行业从金融机构获得融资余额为 1562.16 亿元,其中银行贷款余额 1395.0 亿元,占融资总量的 89.3%(见表 6-9),钢铁行业的融资也主要是通过银行进行(见表 6-10)。银行类机构要在金融资源配置中发挥作用,对于存在过剩产能的钢铁、煤炭、水泥等行业,要在去过剩产能和保留先进生产方式之间做选择,对国家明令禁止的落后技术生产方式,要采取限贷和禁贷的方式,不能增加落后产业的产能并形成金融风险的累积。对于过剩产能行业中相对先进的技术生产方式,在综合考虑市场容量的基础上,可以采取相对宽松的信贷政策,不形成过剩产能是信贷支持的前提和基础。不采取简单的"一刀切"政策,实行有保有弃的政策,优化产业结构提升资金使用效率与质量。

表 6-9　　　　　　内蒙古煤炭行业融资情况　　　　单位：亿元

时间	融资总额	银行贷款	表外融资余额
2015 年	1620.21	1436.94	255.97
2016 年	1611.78	1431.62	180.51
2017 年上半年	1562.16	1395.00	165.66

资料来源：《内蒙古 2016 年经济金融运行报告》。

表 6-10　　　　　　内蒙古钢铁行业融资情况　　　　单位：亿元

时间	融资总额	银行贷款	表外融资
2015 年	324.04	191.63	132.40
2016 年	430.19	292.43	137.75
2017 年上半年	476.92	331.02	145.10

资料来源：中国人民银行呼和浩特中心支行。

第二，集中金融资源培育新兴产业。以煤炭和天然气为代表的化石能源，在内蒙古能源生产消费中占据主导地位，新能源作为绿色清洁可持续使用的能源，内蒙古的发展潜力巨大。内蒙古的风能和太阳能的潜力巨大，新能源开发具有一定的基础，2016 年年底，内蒙古风电装机规模 2658 万千瓦位居全国第一位，光伏太阳能发电装机规模 736 万千瓦位居全国第四位，风电和光电是内蒙古清洁能源的主要组成部分。内蒙古年平均气温为 0℃—8℃，适合服务器自然冷却，PUE（能源使用效率）值可以控制在 1.4 以下，比全国平均水平低 0.8—1.6，内蒙古发展大数据处理和云计算中心条件优越；内蒙古地理区位良好，对内靠近京津，毗邻黑、吉、辽、晋、冀、陕、甘、宁八省区，外接壤俄蒙，是信息数据内外传输和中转的枢纽，具备向国内外提供大数据服务的条件。资本市场的融资渠道不畅，投资退出保障机制不健全，加上发展传统产业的惯性，内蒙古的信息基础设施和互联网建设比较落后，大数据产业发展程度相对滞后（见表 6-11）。围绕新能源产业和大数据产业的发展，借助财政支持对新兴产业发展给予适当的金融支持，围绕新兴产业的发展完善内蒙古多层次资本市场，借助金融支持培育新兴产业优化产业结构。

表 6–11　　　　　　　　国内部分地区大数据发展指数

地区	总指数	政用指数	商用指数	民用指数
广东	82.92	29.87	28.32	24.73
北京	65.54	23.36	17.41	24.77
上海	59.98	24.67	15.9	19.41
浙江	55.1	15.44	18.37	21.29
江苏	47.55	10.9	21.33	15.32
重庆	42.09	25.24	7.68	9.17
贵州	37.46	27.34	4.01	6.11
山东	37.06	9.85	15.63	11.58
福建	35.62	8.68	10.24	16.7
河南	34.04	17.42	11.42	5.2
河北	33.73	16.25	8.86	8.62
天津	32.61	10.97	9.47	12.17
四川	32.03	10.78	11.37	9.88
湖北	29.38	10.22	9.5	9.66
内蒙古	28.03	13.7	3.26	11.07

资料来源：大数据战略重点实验室：《大数据蓝皮书：中国大数据发展报告（2018）》。

第三，倾斜金融资源培育特色产业。内蒙古的沙漠地区较为广泛，有巴丹吉林、腾格里、毛乌素、浑善达克等大型沙漠，利用沙漠推进绿色发展并培育沙生产业，对推动内蒙古经济增长和产业转型升级有重要意义。内蒙古可以发展的沙生产业包括梭梭、白刺、肉苁蓉、锁阳、葡萄、文冠果、蓖麻、白沙蒿、疯草、甘草、苦豆子、沙葱、沙米、沙芥等沙生植物。内蒙古的相关盟市为了促进沙生产业发展，制定了相应沙生产业发展的目标（见表6–12）。发展特色沙生植物产业需要加大资金投入，建立产业发展与完善体系，而沙生植物资源丰富的地区，多是沙漠化的贫困落后地区，经济发展水平落后，农牧民收入不高，缺乏足够资金投入。沙生植物产业投资具有周期长的特征，但沙生植物具有药用和食用保健价值，经济效益对农牧民的脱贫增收具有促进作用，围绕沙生植物等特色产业倾斜金融资源，不但能促进产业结构优化与绿色发展，还能达到增收脱贫的目的。

表 6-12　　　　　　阿拉善 2020 年沙产业总体发展目标

单位：万亩、亿元、万吨、万人

	基地规模	产业产值	加工规模	加工收益	总产值	带动就业
梭梭—肉苁蓉	340	108	20	108	216	4
白刺—锁阳	270	60	10	60	120	2.4
沙地葡萄	10	8	6	8	16	0.6
甘草产业	25	6	5	6	12	0.2
文冠果	22.5	4	5	4	8	0.4
沙葱、沙米、沙芥、苦豆子	100	30	5	30	60	2.2
其他	12.5	10	4	10	20	0.2
合计	780	226	58	226	452	10

资料来源：《阿拉善沙生资源植物研发与产业化总体规划（2015—2020）》。

第四，注入金融资源强化农牧产业。内蒙古是我国重要的农畜产品生产加工基地，是我国的"畜牧业王国"（见表 6-13），支持农牧业发展是金融业履行支持"三农三牧"的主要手段。"十二五"期间，内蒙古牲畜存栏量由 1.08 亿头只增加到 1.26 亿头只，牛奶、羊肉产量居全国首位，农畜产品加工转化率由 51% 提高到 58%，京津地区 50% 以上的优质牛羊肉均来自内蒙古，从畜牧产品的市场需求来看，内蒙古的畜牧产业发展空间巨大。但受传统金融服务方式的影响，农牧民发展畜牧业存在贷款难、贷款周期短、还款压力大的困难。2016 年，锡林郭勒盟银行业的农牧民贷款余额 96 亿元，贷款的农牧民占全盟农牧民户数的 68%，户均银行贷款 9.3 万元，但受牛羊肉价格波动的影响，地方银行结构出现不良贷款 9.65 亿元，对锡林郭勒信用生态环境造成严重影响。需要创新金融支持农牧业发展的途径和手段，在产业发展与金融风险之间寻求平衡。

表 6-13　　　　　内蒙古牲畜存栏量及畜牧产品情况

单位：万吨、万头、万只

年份	猪肉	牛肉	羊肉	猪	牛	羊
2013	73.40	51.80	88.80	1528.50	—	9024.72
2014	73.30	54.50	93.30	1516.30	—	10091.00
2015	70.81	52.89	92.60	1491.00		10736.50
2016	72.08	55.59	99.00	1478.40	1151.10	10730.50
2017	73.50	59.50	104.10	1387.60	1118.40	9873.50

资料来源：根据历年《内蒙古经济社会发展统计公报》整理。

第四节　产业成长与金融发展的协同

民族地区经济增长的根本在于产业，金融发展是培育和扶植产业的重要支撑，科学地选择产业并防范金融风险，是促进产业发展与经济增长的关键。内蒙古作为北方民族地区的代表，金融支持促进了传统产业的发展，也累积了大量的金融风险，化解金融风险和优化产业结构的做法与模式，能为其他民族地区的发展提供借鉴和思路。

一　耦合产业促进金融发展

金融发展的根本目的是服务实体经济，民族地区经济落后且市场主体严重不足，因此，"金融服务实体经济的根本任务是以服务供给侧结构性改革为主线，推动经济发展质量变革、效率变革、动力变革，推动实体经济高质量发展。"[①] 民族地区的金融发展，要以促进实体经济又好又快发展为目标，服务民族地区经济发展和促进社会稳定。要耦合民族地区产业发展，推动金融业的发展与进步。

第一，围绕实体经济配置金融资源。围绕资源开发与产业发展配置金融资源，让金融的活水流向最有发展潜力的领域，促进民族地区资源

---

① 《为实体经济服务是金融的本分》，财经—人民网，http://finance.people.com.cn/n1/2018/0124/c1004-29782881.html。

存量向财富增量转化。结合民族地区的经济发展和供给侧改革，金融业要积极调整资金投向，降低过剩产能行业"僵尸企业"对信贷资源的占用，促进信贷资金从低效率部门向高效率部门流动。针对内蒙古的发展，银行类金融机构应密切关注煤炭、钢铁行业的政策调整、供求状况和价格变化，适时调整信贷策略，合理确定授信对象和期限，既要支持符合贷款条件的企业健康发展，又要坚决淘汰技术落后的过剩产能，对不符合贷款条件的煤炭、钢铁企业，要坚决停止信贷支持。坚持区别对待、有扶有控原则，对有发展潜力、技术设备先进、有市场竞争力的企业和项目按照风险可控、商业可持续原则，继续给予信贷扶持，对于有市场前景的新兴产业要加大资金支持力度。

第二，引导民间资本积极参与投资。内蒙古的民间金融力量比较强，民间金融的发展能为正规金融发展提供补充，为融资主体提供多样化的选择，但民间融资主体的逐利和投机特征，往往是造成非法集资和金融群体性事件的重要风险源，引导民间金融理性发展，对维护民族地区的金融发展秩序有积极意义。要为民间资本寻找投资出路，允许民间资本参与全方位、各行业的金融投资，降低民间资本进入银行业的准入门槛，引导民间资本以控股形式进入地方商业银行、农村合作银行和农村信用社等正规金融机构，鼓励民间资本参与金融机构重组改造，探索设立自担风险的民营银行。要结合民族地区的发展，健全民间金融发展的法律法规，我国现阶段的法律并不能完全满足民间金融的发展。中小企业融资难、融资贵普遍存在，正规金融在产品与服务能力创新方面存在不足，为民间金融的发展和发挥积极作用提供了空间。对民间金融的发展要理性看待，不能因存在金融风险就一味限制发展，也不能因现行法律法规不健全采取放任态度，要通过金融监管创新发挥其积极作用限制消极影响。

第三，平衡金融市场服务地方发展。民族地区的保险业发展水平不高，内蒙古的保险业提供险种少，保险产品以供给城镇居民为主，与农牧民相关的保险品种少，原因是农牧业保险的风险大、成本高，保险公司缺乏产品创新和拓展市场的兴趣；农牧民的保险意识不强，认为参加保险没有实际作用，再加上保险公司的经营网点集中在城镇，广大的农牧区基本上没有购买保险的场所。内蒙古的多层次资本市场建设相对滞后,与民族地区的区域性股权市场建设缓慢有关,由于资本市场相对封闭,对国内如火如荼发展的新三板和科创板并没有足够重视,包括内蒙古在内的民族地区的金融市场发展失衡,与过于重视银行类货币金融市场,对保险市场和证券市场发展关注的力度不够有关。要在保险市场和多层次资本市场建设方面下大力气,补齐金融市场的短板更好地服务地方发展。

第四,完善服务体系优化农村金融服务。要结合民族地区地广人稀的现实,从提高金融服务质量出发,借助服务网点下沉和现代信息手段,提高民族地区金融普惠水平,实现金融包容性发展。一是大力拓宽农村资产质押范围,将质押资产从农村房产和运输工具等传统抵押品,向承包权和宅基地拓展,加快农村的产权市场建设,促进不动产权的交易与流通,解决农牧民贷款过程中抵押难和担保难的问题,促进农村金融的深化与发展。二是建立农村贷款担保体系,动员农牧民依托产业建立的专业合作社,引导并鼓励专业合作社发展信用担保,为加入合作社的农牧民提供增信和担保。三是鼓励金融结构下沉服务网点,结合民族地区的居民分布优化机构布局,特别是要鼓励民族地区银行法人发扬走村串户的优良传统,送金融服务和资源下乡,增加偏远地区农牧民的金融可获得性。四是要充分利用和发挥信息网络的功能,人口相对集中的村屯增加 ATM、POS、智慧银行等服务工具,利用当前的信息化提升金融服务水平,尽量消除金融服务孤岛现象。

二 发展资本市场促进创新创业

发展资本市场对民族地区经济增长有促进作用,主要体现在以下几个方面:

第一,提供直接融资渠道。所谓直接融资,就是不需要金融中介机构,资金供需双方依据市场规则自行进行投融资,资本市场发展为投资者和融资者提供直接融资渠道。直接融资相对于向银行类金融机构的间接融资来说,具有灵活高效、交易成本低、信息公开透明的优点。资本市场的发展使融资渠道出现多样化特征,融资成本的不断下降,在日益发达的资本市场,融资企业通过对繁复多样的融资手段进行比较选择,股票市场、债券市场、金融衍生品市场成为企业融资的重要通道。银行信贷功能在"源"和"流"方面出现弱化,越来越多的企业通过直接融资的渠道获得资金,直接融资在融资结构中的占比不断提高。

第二,能有效防范金融风险。资本市场可以提供股票债券、共同基金、金融衍生品等差异化的投资工具,利用投资工具的多样性实现投资方式多样化,能有效防范、化解金融风险。投资本身是集收益识别和风险防范于一体,高效的资本市场可以防范、化解部分金融风险。以流动性风险为例,流动性风险源于交易媒介置换资产的不确定性,信息不对称和交易成本可能会抑制流动性并加剧流动性风险。流动性强的市场能够迅速、低成本地执行交易,不会造成价格大幅波动,流动性强的资本市场,金融工具交易的成本相对低廉,交易的时效性较强,结算过程往往是高效的,交易信息公开透明。在一个流动性充足的股票市场中,非利好信息冲击使投资者迅速卖掉手中股票以规避个人财富损失,看好股票市场的投资者可以在较短时间内进入市场。投资者可以借助资本市场提供的投资组合手段,利用资本市场的流动性降低投资风险。

第三,提高资本配置的效率。资本市场的跨期投资组合,能使融资者进行多样性的融资组合,从而提高资本的配置效率。资本市场能促进储蓄资产的证券化,使个人、机构甚至企业的暂时闲置的资金得到有效利用。资本市场是资本所有权和使用权统一,不是货币金融市场的所有权与经营权的分离,投资者利用所有权的优势迅速决策和反应,从而能有效地抓住投资机会并防范相应的风险。资本市场的投融资模式是一种契约式规定合约,投资者和融资者都要按照标准合同契约执行,避免重复交易的成本。有些融资企业尽管处在规模报酬递增阶段,但受信息影响没有得到投资者青睐,无法扩大生产获得规模效应。资本市场的出现,可以使融资者借助资本市场融资的影响,能借助融资工具的组合降低投资者风险,投资者能以更多方式投资企业,融资者也会因投资增加而扩大生产规模。因此,资本市场提供了一种撮合机制,让资金流向需要筹措资金的融资者,投融资者可以借助市场实现互利共赢,从而提高了资本的配置效率。

第四,资本市场是创新创业的重要支持。实体经济需要资本市场的支持,以新技术、新产业、新业态、新模式为代表的"四新经济",在创立阶段因风险无法从货币信贷市场获得资金,资本市场是其获得资金支持的重要场所和来源。创新企业的特点是轻资产，固定资产匮乏使创新企业缺少抵押资产，很难从传统金融机构获得信用贷款。创新企业在发展初期，大多需要天使投资和风险投资的支持，特别是受制于企业管理水平、内部控制、盈利能力等，一些创新企业难以达到 IPO 的标准，多层次的资本市场成为其融资的重要来源。私募基金作为支持实体经济的新兴力量，能够承担初创企业不确定性带来的风险，并挖掘出有未来价值的投资目标，基金投资者能基于自身经验和资源，为初创企业提供全程、全周期的服务，协助企业整合人才、市场、管理等生产要素，帮助创新企业做大做强。

第五，帮助企业完善公司治理。资本市场提供了内外两方面的力量，督促企业经营者更好经营公司。资本市场提供的内部监督力量，是资本市场的金融制度权力，督促融资企业不断提升自身价值，更好地维护投资者利益。资本市场提供的外部督促力，要求企业的经营管理者必须更好地经营企业，在维护投资者利益的同时确保自身的合法权益。在内外部压力的作用下，融资企业要想不断获得投资做大做强，必须建立起科学的现代公司治理体制，而公司治理体制的现代化能规范企业经营，使企业能获得更多投资者的投资。投资者作为股东凭借股权直接影响公司管理者，通过提出议案和参加股东大会等形式参与公司治理，达到提高公司业绩和维护资本合法权益的目标。

资本市场的发展对区域创新创业有重要作用，是破解民族地区的市场主体不足和经济落后难题的重要手段。内蒙古是银行业相对发达和居民收入水平比较高的地区，发展多层次资本市场能促进区域经济发展。促进内蒙古的多层次资本市场发展要从以下几个方面入手：一是积极培育地方资本市场。加快产业（股权）投资基金、创业投资基金和中小企业投资基金的组建和运作，引导、筹集社会资金直接进入资本市场。二是加快企业上市步伐。制定一系列优惠政策，有针对性地培育扶植一批优质现代企业，促使其上市融资。对具有上市资格的企业进行分类指导，帮助其提高经营理念和经营能力，促使其尽快上市融资。三是有效利用直接融资工具。提高直接融资的比重，使之与间接融资相互促进、平衡发展，鼓励有实力的企业继续通过使用短期融资券、中期票据、非公开定向债务融资工具、企业债等方式筹集资金。同时政府要充分发挥财政资金的引导作用,通过利用中小企业集合票据、区域绩优企业债务融资、中小企业私募债等融资工具为中小企业拓展融资渠道。四是服务地方实体经济。要依托内蒙古的资源能源产品、特色农牧业产品,加大上市企业的培育,同时要加大内蒙古区域性资本市场建设,通过增加和完善资本市场的层次与结构,为处于不同生命周期的企业寻找最佳的融资方式,促进地方经济的发展与进步。

三 收集项目信息促进金融资金对接

信息不对称是影响金融资源对接产业项目的重要原因,民族地区产业的特殊性和金融业服务的普遍性,造成了金融产品与服务不适合民族地区产业发展的需要,收集信息并促进金融资源对接产业,是促进内蒙古金融发展的重要内容。要充分发挥各级政府金融办的功能,加强金融业与地方发展的联系。要及时准确地收集地方产业发展信息,促进企业与金融资源对接发展。

第一,关注地方经济发展,发布资金需求信息。随着民族地区的创新创业发展,大量的小微企业如雨后春笋般成长,企业出现了多样化的资金需求,银行类金融机构出于统一管理的要求,存在为差异化的企业提供同质金融服务的问题,结果造成了企业需要融资却融不到资金,金融结构又缺少合格的市场融资主体,民族地区的存款资源大量流失到发达地区,影响了银行的存贷比和金融机构与地方的关系。要促进金融服务与地方发展需要对接,地方政府要主动向金融机构提供本地的发展规划,使金融机构了解地方发展的重点产业和资金需求的领域;结合民族地区产业发展,政府的经济信息化委员会等部门,要充分利用自身掌握的企业信息资源,积极向金融机构推荐优秀的融资主体;政府的地方金融工作局要在区域金融需求和金融资源供给方面发挥桥梁作用,通过开展一系列的银企对接促进金融服务地方发展;积极发展多层次资本市场,促进资本市场建设与内蒙古发展的对接,建设进退有序的资本市场体制。促进金融资源与地方发展对接,是系统性工程,需要动员政府、企业和各种社会资源参与,利用现代大数据信息平台,在资金所有者和需求者之间架设桥梁,促进资金的供给与需求对接。

第二,关注金融风险,及时预警防范。要结合内蒙古的产业结构特征，关注企业经营状况及潜在的金融风险，既要防止产能过剩行业存量贷款的风险，又要防范新兴行业的过度授信和贷款向特定行业过度集中。煤炭钢铁行业目前依然是内蒙古金融风险重点防控领域，尤其是在我国经济下行压力加大的时期，要密切关注煤炭和钢铁等大宗商品价格的走势，结合内蒙古相关行业的龙头领军企业的偿债能力，不仅要关注银行信贷市场的风险，还要预防债券市场刚性兑付的还款压力。农牧区的金融风险也是需要重点关注的领域，近年来农牧区产品价格的波动幅度比较大，农业银行、农发行、农商行和农村信用合作社，作为农牧民"三农三牧"贷款的主要承担者，面临的贷款回收的风险巨大，尤其是中国农业银行正在从农牧区撤出经营网点，农牧区的金融风险可能加快中国农业银行撤出步伐，草原牧区的金融服务能力可能出现下降。农牧区的民间借贷和非法集资流行，在经济运行稳定时存贷对接和资金流通相对通畅，在经济下行压力下出现资金链断裂，区域金融风险可能引发系统性金融风险。关注金融风险并进行有效的预警和预防，对内蒙古金融发展具有重要意义。

第三，打击金融犯罪，优化信用环境。内蒙古要在全社会范围内推进学金融、懂金融、用金融的活动，持续加强金融信用守法教育，提高民众的金融素养，提升全社会的信用意识，形成科学的金融发展观。加强金融法律法规教育，树立市场经济是法制经济的意识，金融发展需要法制保驾护航的理念，坚决抵制非法金融活动，自觉维护金融市场秩序，领导干部要通过掌握金融法规和相关知识提高管理金融的能力，自觉处理好政府和市场边界，不干扰金融机构正常活动。严惩金融活动中的败德行为，运用守信激励政策和市场性、行政性、行业性惩戒措施，使守信者处处受益、失信者寸步难行，对于恶意逃废贷款偿还责任，依据失信程度对责任主体执行差异化的金融市场禁入，实行多部门、跨地区、跨行业惩戒联动，并及时披露相关信息形成舆论与行业监督。运用司法手段维护信用环境，对于进行非法金融活动，造成恶劣社会影响和后果的市场主体和贫困户，要依法启动司法程序来维护金融环境的稳定。

第四，促进金融创新，实现供需对应。加大金融创新力度，鼓励金融机构根据区域特色和发展，开发具有个性化的绿色金融产品，为环保型新兴产业发展提供融资便利，利用金融支持发展内蒙古的新材料、新能源和节能环保产业。加快农村金融产品和服务创新，结合产业和农村专业合作社的发展，创新家庭农场贷款、公司＋经销商（农户）产业链贷款、种养大户贷款等新品种，探索农牧业机械设备、运输工具、养殖权、草场收益权、存栏禽畜的贷款抵押担保方式，对农牧业经营主体执行优惠利率，解决新型农牧业经营主体"贷款难、贷款贵"的问题。创新风险化解手段，对还贷困难企业要加以区分，探索贷转债、贷转优先股等方式化解信贷资产不良问题，降低商业银行逆周期行为的冲击。鼓励正规金融机构加大业务创新力度，丰富个人理财产品、开办个人委托贷款业务，在为社会闲散资金提供投资机会的同时，将部分民间资本引入正规金融机构之中。特别是针对当前农牧区的保险产品单一的现实，鼓励保险公司结合农牧业发展，在国家相关政策的支持下创新产品，满足农牧民生产生活的需要。

第七章　南方石漠民族地区金融发展研究

广西位于泛珠江三角洲、西南、东盟三大经济圈的结合部，地处成渝经济区、中部经济区、泛珠江三角经济区、泛北部湾经济区的交会处，是沟通国内西南与华南沿海经济的桥梁，是贯通国内与东盟的枢纽。壮族是我国人口最多的少数民族，广西是南方石漠民族地区的代表，地貌以溶蚀侵蚀残丘、洼地地貌为主，经济发展水平相对落后，广西是南方石漠化民族地区的代表。广西的经济发展存在区域不平衡的问题，贺州属于相对贫困而桂林属于相对富裕的地区，脱贫致富奔小康是当前的主要经济任务，广西内部区域经济发展需要优化整合，经济发展政策的制定需要更加科学有针对性。与其他民族地区类似，金融发展滞后是制约广西区域经济发展的障碍，广西的金融发展水平与特征与其他地区存在差别，制定因地制宜的金融发展促进政策关系到区域经济发展成效。

第一节　区域经济增长中的金融影响

桂林和贺州是广西壮族自治区重要的地级市，是支撑全区经济增长的重要力量，2017年桂林市的GDP占全区GDP总量的10%，贺州市的GDP占全区GDP总量的2.7%，在全区14个地级市中排名第3位和第14位，是广西经济发达和落后地区的代表。桂林和贺州两地的金融发展水平差异比较大，是民族地区内部区域经济金融发展不平衡的表现，也是金融政策需要因地制宜的原因所在。

一 转型发展的桂林经济

桂林作为广西经济发展水平高的地区,近年来经济发展取得一定的成就,正处于工业化发展中后期阶段,产业结构在由第二产业主导向第三产业转型过渡。第二产业在桂林经济中占比下降趋势明显,占比从 2010 年的 45.3% 下降至 2017 年的 38.7%,占比幅度下降了 6.6 个百分点;服务业正在成为推动区域经济增长的动力,第三产业占比从 2010 年的 36.4% 上升到 2017 年的 42.6%,占比幅度上升了 6.2 个百分点(见图 7-1);第一产业在三次产业中的占比基本不变,第二产业下降的幅度与第三产业上升的幅度大体相当,说明了桂林的经济正在从第二产业主导向第三产业引领转型。在看到桂林产业进步的同时,也要清楚地看到经济中存在的问题,主要是第一产业在桂林经济中占比居高不下,2010 年占比为 18.3%,到 2017 年上升到 18.7%,与发达地区第一产业占比逐步下降的趋势不同,说明农业在桂林发展中依然占有重要地位,有大量的人口就业和产业发展与农业发展相关,考虑到桂林地区独特的喀斯特地貌,意味着存在大量与现代市场隔离的自给自足的封闭经济。桂林发展既具有经济现代化的特征,又具有传统经济发展的影响,其金融业的发展也有类似的特点。

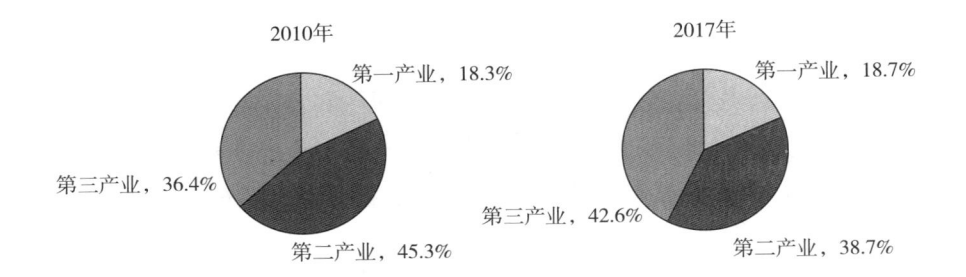

图 7-1　2010 年与 2017 年桂林市地区生产总值结构对比

资料来源:根据桂林市《国民经济和社会发展统计公报》(2010—2017 年)绘制。

产业结构转型促进桂林经济的发展。2017 年 GDP 达到 2045.18 亿元,2005 年全市的 GDP 仅为 180.71 亿元,12 年间名义 GDP 增长了

11.3倍，年均增速为11.61%，快于全国领先广西，是民族地区重要的经济增长极。经济增长带来人均收入的增加，桂林的人均GDP也从2010年的21611元增加至2017年的40632元，增长幅度达到88.02%。经济增长的动力逐步转变，2017年第三产业对经济增长的贡献率为85.0%，第一产业和第二产业对经济增长的贡献有所下降。桂林市的工业增加值增速逐步下降，增速从2006年的17.5%下降到2017年的1.3%，2017年工业增加值占GDP的比重为29.8%。需要指出的是，桂林的高新技术产业具有一定的竞争力，随着我国经济进入新常态和高新技术产业竞争日益激烈，桂林的工业产业竞争力出现下降。2018年桂林的工业经济出现好转，全市33个规模以上企业中有18个大类出现增长，"电力、热力生产和供应业增长15.9%，医药制造业增长16.6%、非金属矿物制品业增长10.9%，橡胶和塑料制品业增长51.1%，四个行业合计拉动规模工业增加值增长4.8个百分点"①，虽然代表高新技术产业的医药及生物制品产业和电子信息产业分别增长了16.6个和16.8个百分点，但因产业规模在工业经济中占比有限，对桂林的高质量增长的促进作用有限。

调结构带来阵痛，经济增长不稳定。第三产业的增加值增长无法完全替代第二产业，第一产业的增加值在国民经济的占比维持稳定，桂林第二产业增加值增长率的下降，引起了桂林经济增长速度的下降（见图7-2），桂林市的GDP在2016年突破2000亿元大关后，到2017年GDP的总量只有2045.18亿元，增长率仅为3.9%，同年广西的GDP增长率为7.1%，原因与桂林工业增加值出现负增长有关，2017年桂林的工业增长率为-1.3%。2018年桂林的经济发展情况好转，GDP总量达到2186.3亿元，增长率为6.9%比全区增长率6.8%高出0.1个百分点，第三产业发展取得进展，在GDP中占比提升6.7个百分点，对经济增长的贡献率为59.6%，但依然低于全区61.5%的贡献率。全市的三次产业结构比为19.6:31.1:49.3，虽第一产业和第三产业占比进一步上升，但与全区14.8:39.7:45.5的产业结构相比，桂林的第一产业

---

① 《2018年桂林市经济发展情况综述》，桂林市人民政府门户网站，http://www.guilin.gov.cn/tjxx/tjfx/201901/t20190130_1090833.htm。

占比偏大，调整经济结构任重道远。

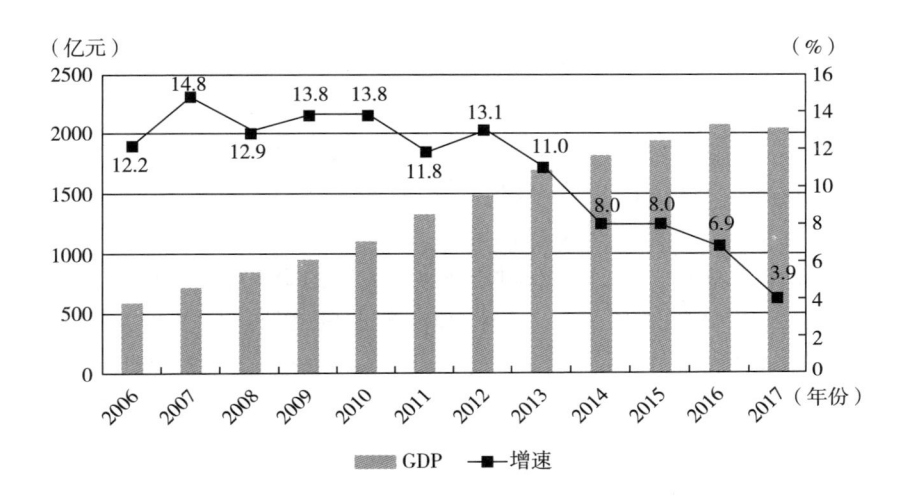

图 7-2　桂林市的 GDP 及增长速度（2006—2017 年）

资料来源：根据桂林市《国民经济和社会发展统计公报》（2010—2017 年）绘制。

桂林作为广西经济相对发达地区，经济发展面临的问题具有典型性，尤其是在桂北和桂中地区具有代表性。随着供给侧改革的深入，结合区域发展进行调结构保增长具有重要意义，如何利用金融发展来实现这个目标，是桂林及整个广西必须面对和解决的现实问题。

二　滞后低迷的贺州经济

贺州地处桂东地区，贺州市成立的时间比较短，2002 年撤地建市，是典型不同民族杂居地区，辖区内有富川瑶族自治县和 5 个民族乡，有瑶族、壮族、苗族、侗族、回族、满族 6 个少数民族，其中瑶族人口 25 万，占总人口的 10%，壮族约 8 万。2002 年贺州建市时的 GDP 为 110.26 亿元，到 2018 年增加到 601 亿元，其间增长了 5.5 倍，而同期广西的 GDP 则从 2523.73 亿元增加到 20352.5 亿元，其间增长了 8.1 倍，贺州的经济增长明显落后于全区经济增长，是典型的经济发展迟缓地区，在广西属于欠发达地区。

贺州建市以来，经济增长波动大，与全区发展平均水平相比差距明显。经济总量从 2002 年的 110.26 亿元增加到 2018 年的 601 亿元。贺州经济增长非常不稳定，经济增速的峰值在 2007 年出现，GDP 的增长率达到 26.69%，经济增速最慢出现在 2015 年，增长率仅为 4.26%，增长速度如同过山车不稳定。从 2010 年到 2015 年 GDP 增速呈现出逐年递减的态势，2016 年增速回升再次呈现出巨幅震荡（见图 7-3）。在 GDP 增速震荡的同时，贺州的人均收入还是呈现出上涨的势头，2004 年全市城镇居民人均可支配收入为 6415 元，到 2017 年达到 28899 元，其间增长了 4.5 倍，2004 年农村居民人均收入为 2090 元，到 2017 年达到 10489 元，其间增长了 5.0 倍；2004 年全区城镇居民可支配收入为 8690 元，农村居民可支配收入为 2305 元，到 2017 年全区城镇居民可支配收入为 30502 元，农村居民可支配收入为 11325 元。城镇居民人均可支配收入和农村居民人均可支配收入，贺州平均水平与全区平均水平相比，2004 年占比分别为 74.23% 和 90.67%，到 2017 年占比分别上升到 94.74% 和 92.39%，但与全区平均水平相比仍然有差距，同经济相对发达的柳州和南宁相比，发展水平和差距更大。

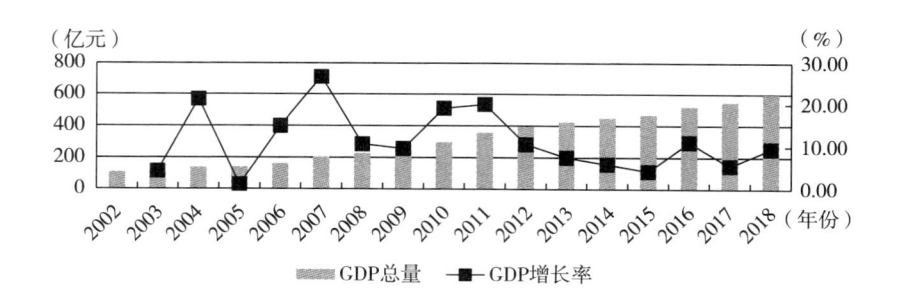

图 7-3　贺州市地区生产总值及增长速度

资料来源：根据历年《广西统计年鉴》整理绘制。

产业结构调整缓慢。近年来，贺州三大产业发展速度都有所加快，发展后劲不断增强，但产业结构与经济现代化发展差距明显。政府加快推进结构调整，重视推动特色产业发展，培育壮大战略性新兴产业；充分发挥贺州的资源优势，大力发展第二产业，结合区域要素禀赋推进第一、第三产业发展，通过建设高标准基本农田，推动富川现代特色果蔬产业示范区建设，试图使贺州市成为国家级出口粮食农产品质量安全示范区。加大市内旅游资源的开发，旅游景点的不断开发推进，旅游收入有所增长。2010—2016 年，贺州的第二产业在三大产业的产值虽有所增加，但在国民经济中占比在逐年下降，第三产业占比逐年上升，产业结构有优化的趋势。在看到贺州产业结构优化的同时，存在的问题也不容忽视，就是贺州的第二产业占比偏大而第三产业偏低、第一产业占比偏高（见表 7-1）。贺州的第二产业多是资源开发型产业，以矿产资源采掘为主，不仅对生态环境有影响，而且受外部市场需求影响不稳定，这也是造成贺州经济增长波动的重要原因。

表 7-1　　2010—2016 年贺州市产业发展与产业结构变化　单位：亿元、%

年份	2010	2011	2012	2013	2014	2015	2016
第一产业产值	31.20	37.99	41.27	44.26	45.58	47.28	50.76
第一产业增长率	12.2	21.8	8.6	7.3	3.0	3.7	7.4
三次产业占比	18.4	19.0	18.8	19.7	19.1	17.7	16.9
第二产业产值	88.43	105.07	115.70	111.30	116.24	115.13	133.18
第二产业增长率	26.8	18.8	10.1	-3.8	4.4	-1.0	15.7
三次产业占比	52.2	52.7	52.6	49.5	48.8	43.2	44.4
第三产业产值	49.69	56.48	63.13	69.10	76.62	104.17	115.92
第三产业增长率	12.9	13.7	11.8	9.5	10.9	36.0	11.3
三次产业占比	29.3	28.3	28.7	30.8	32.1	39.1	38.7

资料来源：根据历年《广西统计年鉴》整理。

受产业结构的影响，贺州市固定资产投资比较集中。固定资产投资以矿产资源、房地产和电子硬件制造行业为主，贺州市拥有桂东电子有限公司、吉光电子科技有限公司、华润等知名度高的大企业，围绕这些大企业有大量的小微企业与之配套服务。贺州的小微企业发展势头良好，2012 年全市小微企业总量 5237 家，到 2015 年增加到近 5 万家，创造的产值达到 44.61 亿元，单个企业创造产值近 10 万元。金融机构从风险防范出发，倾向为大型企业提供融资贷款，不愿意为小微企业提供服务，造成了贺州市的固定资产投资增幅动荡，2013 年全市固定资产投资出现负增长,小微企业得不到足够金融支持而经营困难,2018年八步区明达水泥就因资金困难宣布破产。

三 金融支持影响经济增长

桂林市与贺州市的经济发展存在巨大的差距,不仅与两市的资源要素禀赋、产业发展基础、主导产业选择等方面的影响有关,也与两市的金融支持力度差异有关。

第一,两市的金融业发展基础存在差异。近年来,桂林和贺州的金融业都得到了快速发展,金融发展水平不同影响区域经济发展。两市无论是存款还是贷款的总量都快速增加,但从存款规模上来看,桂林的存款规模要远超过贺州;从贷款规模来看,桂林的贷款规模也比贺州贷款规模大。从绝对差上来,2006年贺州与桂林的存款差距为501亿元,到2015年差距扩大到2054亿元,2006年贺州与桂林的贷款差距是267亿元,到2015年差距拉大到1265亿元。从两市的存贷比来看,在十年时间里桂林的存贷比有八年比贺州高,贺州只有两年的存贷比超过桂林。从银行类金融业支持地方发展来看,桂林的银行业对地方经济发展的支持力度要比贺州强,桂林的经济发展能得到更多的金融支持。

表7-2　　　　桂林与贺州金融发展基础(2006—2015年)　　单位:亿元、%

	年份	2006	2007	2008	2009	2010	2011	2012	2013	2014	2015
桂林	存款	623	698	822	1110	1368	1546	1818	2057	2252	2589
	贷款	317	379	444	653	789	904	1049	1219	1386	1575
	存贷比	50.91	54.32	54.05	58.87	57.72	58.43	57.71	59.27	61.52	60.83
贺州	存款	122	128	154	196	252	299	349	405	460	535
	贷款	50	65	73	111	145	172	205	242	279	310
	存贷比	40.76	50.47	47.25	56.76	57.41	57.64	58.69	59.77	60.67	57.93

资料来源:根据历年《广西统计年鉴》整理核算。

第二,金融支持影响两市的固定资产投资。桂林和贺州两市的金融业发展基础存在差异,同处于民族地区腹地的两地都需要金融资源支持发展,投资对经济增长有重要的影响。桂林的工业基础相对比较好,金融业发展的水平高于贺州,企业能从金融市场获得更多的资金支持,固定资产投资的规模比贺州大,投资增长速度要比贺州高(见表7-3)。固定资产投资的增加,不仅能促进区域资源的开发,还能推动产业转型升级,新动能的释放和新兴产业的培育,都需要固定资产投资。桂林的工业发展具有一定的基础,当前处在工业主导向服务业主导转型的关键时期,旅游观光产业和战略性新兴产业的培育,都需要大量的固定资产投资,随着桂林的固定资产投资增加,可以预见未来桂林的经济发展将更加强劲。贺州作为自然资源密集的地区,处于工业化发展的关键时期,工业经济主导的发展模式更需要固定资产投资,金融业发展基础对两市固定资产投资影响巨大。

表7-3　　　　　桂林与贺州固定资产投资及增速　　　　单位:亿元、%

年份	桂林		贺州	
	固定资产投资	同比增长速度	固定资产投资	同比增长速度
2006	260.87	31.3	47.71	27.0
2007	403.05	54.5	57.42	20.4
2008	485.96	20.6	86.82	51.2
2009	659.35	35.7	138.13	59.1
2010	908.56	37.8	196.37	42.2
2011	1140.2	28.9	225.26	14.7
2012	1462.4	26.2	285.23	26.6
2013	1832.39	25.3	250.71	-12.1
2014	2153.05	17.5	299.64	19.5
2015	2572.9	19.5	366.40	22.3
2016	2984.56	16.0	392.97	7.30

资料来源:根据历年《广西统计年鉴》整理核算。

第三,融资的稳定性影响工业发展。桂林产业结构在向服务业转型,贺州的工业化正在如火如荼地进行,稳定的金融支持有利于工业经济的发展。由于桂林的工业发展能得到稳定的金融支持,工业增加值增长速度相对稳定,贺州由于金融发展相对滞后,工业发展获得的金融支持力度明显不如桂林(见图7-4)。贺州与桂林的工业增加值的差距越拉越大，工业增加值的增速出现大幅度的波动，工业发展的环境明显不如桂林。现代经济是契约经济，金融支持是企业按时完成合同的重要保障，贺州的金融支持力度不如桂林，企业在完成生产订货和按时履行合同方面不如桂林，会对贺州的市场环境产生不良影响。

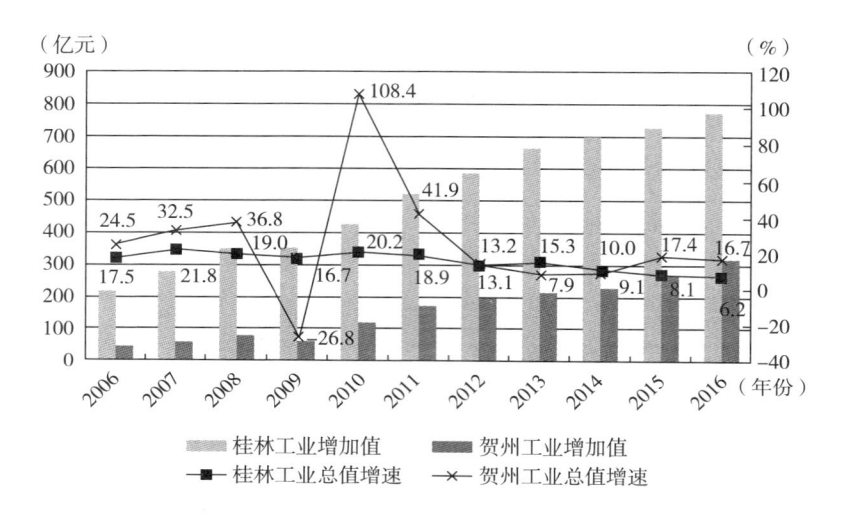

图 7-4　桂林与贺州工业增加值及增长速度（2006—2016 年）

资料来源：根据历年《广西统计年鉴》整理绘制。

第二节　金融发展要耦合区域经济增长

桂林和贺州的经济发展受金融影响较大，在长期的经济发展过程中，两市的金融发展重点与特色不同，在耦合区域经济增长方面存在差异，这不仅是影响区域经济发展的原因，也是金融发展的重要方向。

一　桂林金融发展的特色

桂林作为经济相对发达地区，近代以来一直是广西的增长极。民国时期桂林作为广西的政治中心，金融业得到了比较大的发展并初步形成传统。中华人民共和国成立以后，广西的政治中心虽从桂林转移到南宁，以桂林和柳州为中心的桂东北地区，在广西的国民经济中占有重要地位。受历史传统和现实发展的影响,桂林的金融业发展体系相对完整,服务地方发展的能力比较强,形成了以下特点。

第一,银行业门类齐全、功能基本完善。银行服务体系初步形成,2015 年桂林市共有银行类金融机构 33 家,其中包括监管机构 2 家、国有商业银行 5 家、股份制商业银行 5 家、城市商业银行 2 家、农村合作银行 8 家、农村商业银行 6 家、邮政储蓄银行 1 家、村镇银行 3 家,以及资金互助社和小额贷款公司若干家,基本形成功能齐全的现代银行金融服务体系(见表 7-4)。桂林的银行业从业人员自 2005 年的 4900 人增加至 2016 年的 14047 人,对于地广人稀且交通不便的山区来说,增加银行从业人员就是增强服务能力。传统金融业务稳步推进发展,银行业的综合实力更上一层楼。银行类金融机构努力提升资产总体质量,增强服务能力,到 2017 年年末,桂林银行业资产总额 5434.28 亿元,比 2010 年 2151.77 亿元增加了 3282.51 亿元,增幅达到 152.54%,"十二五"期间,桂林市的银行业新增营业网点 129 个,银行服务地方经济发展的能力显著增强,基本能满足人民群众和企事业单位的日常经济活动的需要。

表 7-4　　　　　桂林市主要金融机构数量　　　　　单位:家

金融机构	截至 2010 年	截至 2015 年	增(+)减(-)
监管机构	2	2	0
国家开发银行和政策银行	1	1	0
国有控股大型商业银行	5	5	0
股份制商业银行	3	5	+2
城市商业银行	1	2	+1
农村合作银行	13	8	-5
农村商业银行	1	6	+5
邮政储蓄银行	1	1	0
村镇银行	2	3	+1
资金互助社	1	1	0
小额贷款公司	5	38	+33

资料来源:根据《桂林市金融业发展"十三五"规划》整理。

第二，保险业发展迅速，能服务地方发展。发展保险业为地方经济保驾护航，喀斯特地区的地理气候特征，对桂林的生产生活造成影响，为了减少意外对经济发展的冲击，发展保险业成为桂林金融的重要特征。大力引进保险公司，保险公司数量从2010年的21家增加至2017年的29家；鼓励保险公司结合桂林的生产生活开发险种，重点培育和发展农业保险、责任保险、商业养老保险及健康保险，积极探索农业保险险种新模式，进一步提高农业保险覆盖率。保险公司的承保额从2007年的4368.47亿元，增加到2017年的16635.37亿元，增幅高达280.81%，保险公司的保费收入从2010年的25.58亿元增至2017年的65.38亿元，增幅高达155.60%。保险公司积极服务地方生产生活，保险公司的赔付额从2010年的5.51亿元增加到2017年的23.61亿元，七年间增长了3.3倍（见表7-5）。一个覆盖城乡，能基本满足经济生活需要的保险服务网络初步形成，应对经济发展意外扰动的能力增强，确保了桂林经济平稳顺利发展，一定程度上解决了重大自然灾害对区域经济发展的冲击。

表7-5 桂林市保险业发展统计（2010—2017年）

单位：亿元、%、元

年份	2010	2011	2012	2013	2014	2015	2016	2017
保费收入	25.58	27.37	30.11	33.34	36.83	44.98	55.85	65.38
其中：财产险收入	6.79	7.79	8.92	10.92	13.67	16.36	18.76	21.32
寿险收入	18.79	19.58	21.18	22.41	23.16	28.62	37.09	44.06
各类赔款及给付	5.51	7.52	9.21	11.51	12.72	15.65	18.77	23.61
其中：财产险赔款	3.0	3.95	4.92	5.85	6.64	7.92	8.58	11.08
寿险赔付	2.51	3.58	4.29	5.65	6.08	7.73	10.19	12.53
保险深度	2.31	2.05	2.02	2.01	2.02	2.31	—	—
保险密度	538.67	571.55	622.1	683.1	751.7	850.4	—	—

资料来源：根据《桂林市金融业发展"十三五"规划》和历年《桂林市国民经济和社会发展统计公报》整理。

第三，资本市场体系发展与服务有地方特色。发展资本市场，增加直接融资是桂林金融业发展的重要特征。证券业通过再融资和发行次级债券补充资本金，提高资产质量，截至 2018 年 3 月 30 日，桂林的证券营业机构已经达到 28 家，能为融资企业提供差异化的资本市场服务，为中小企业提供私募债券承销、转融通、银行间产品利率互换，辅导成长中的企业上市 IPO，协助后备上市企业规范财务和公司治理。多层次资本市场发展取得巨大成就，2017 年年末，在桂林境内上市公司共计 36 家，其中中小板上市 6 家，创业板上市 1 家，上市公司总股份 364.2 亿股，上市公司总市值 3737.53 亿元，登陆国内 A 股市场的桂林上市企业 6 家，"新三板"挂牌企业 6 家，省级以上区域性股权交易所挂牌 26 家，三项指标均居全区前列。① 多层次资本市场的发展，不仅能为处于不同发展阶段的企业提供差异化的融资渠道，还借助资本市场的信息披露机制向国内外投资者推介了桂林的企业，扩大了企业的知名度和市场影响力。

二 贺州金融业发展有特点

贺州从 2002 年建市以来，金融业得到了发展，主要表现为银行类金融业资产负债表的扩张。2006 年贺州的银行业存款余额为 121.82 亿元，到 2017 年增加到 725.31 亿元，存款规模扩大了 5.95 倍，贷款余额从 49.66 亿元增加到 454.68 亿元，贷款规模扩大了 9.15 倍（见表 7-6）。尽管贺州的银行业存贷规模都在增加，但存在的问题依然突出，主要表现在银行的存贷比偏低，尽管近年来银行的存贷比有所上升，但贺州依旧是金融资源外流地区。

表 7-6　贺州市金融机构存贷款及其增长速度（2006—2016 年）

单位：亿元、%

年份	存款	存款增长	贷款	贷款增长	存贷比
2006	121.82	—	49.66	—	40.77
2007	127.89	4.98	64.55	29.98	50.47
2008	153.71	20.19	72.62	12.51	47.25
2009	195.55	27.22	110.99	52.84	56.76
2010	251.71	28.72	144.51	30.20	57.41
2011	298.90	18.75	172.28	19.22	57.64

① 数据来源：广西证券局。

续表

年份	存款	存款增长	贷款	贷款增长	存贷比
2012	348.76	16.68	204.69	18.81	58.69
2013	404.84	16.08	241.98	18.22	59.77
2014	459.85	13.59	279.00	15.30	60.67
2015	535.32	16.41	310.13	11.16	57.93
2016	615.68	15.01	370.36	19.42	60.15
2017	725.31	17.81	454.68	22.77	62.69

资料来源：根据历年《广西统计年鉴》和《贺州市经济社会发展报告》整理核算。

银行资产增加迅速，但发展不均衡。贺州的银行机构主要包括中国银行、中国农业银行、中国工商银行、中国建设银行、桂东农村合作银行等，这五家银行是服务贺州的主要银行，银行资产占贺州银行资产总量的85%。五家银行拥有的经营网点从2010年的81个增加到2017年的96个，承担了贺州银行服务的主要职责，在这五家银行服务网点中，农业银行的服务网点没有增加，只有中国银行、中国建设银行的服务网点有所增加，贺州桂东农村合作银行的网点最多，长期维持在40个左右，是服务地方发展的主力。股份制商业银行以及城市商业银行在贺州还没有经营网点，国家开发银行和政策性银行也没有开展经营服务。贺州的银行经营网点少并且主要集中在八步区，广大的农村金融机构很少，银行业发展存在机构、网点和服务范围的不均衡，对地方经济的发展影响巨大。

资本市场发展处于起步阶段。贺州资本市场发展缓慢，上市公司只有1家，缺乏成功上市案例的借鉴与激励。贺州唯一的上市公司是广西桂东电力股份有限公司，上市的时间是2001年，当时贺州属于梧州并没有单独建市，迄今有且只有这1家，公司上市时并非贺州所为。贺州的资本市场不发达，原因是多方面的，企业偏小达不到上市的规模，经营业绩一般和利润不高，缺乏运用资本市场的经营理念，企业家普遍存在小富即安的心理，再加上区域性资本市场不发达，多层次的资本市场体系建设滞后。服务企业上市融资的中介机构缺少，债券发行规模小、应用范围窄，服务资本市场的法律和会计人才短缺，造成了资本市场发展的滞后。

保险业发展缓慢。尽管自治区政府鼓励各地市发展保险业，为经济的持续稳定发展保驾护航，但贺州的保险业发展依然缓慢。贺州保费收入从 2010 年的 5.12 亿元上升到 2017 年的 15.56 亿元，与全区和全国的保险业发展速度相比，贺州的发展差距明显。尽管近年来贺州的保险深度和密度有所提高，但上升的幅度并不稳定，2012 年的保险密度甚至出现下降，2014 年全市的保险密度为 387 元/人，保险深度为 1.9%，对比全区的保险密度和保险深度，贺州市的水平低于全区平均水平。贺州保险业发展缓慢，与居民保险业意识不强和收入不高有关，部分民众缺乏买保险维持持续生产的意识，出现重大自然灾害习惯性依赖政府救助，另外保险机构经营网点数量不多，全市的保险分支机构数量在 2010 年为 52 家，到 2017 年才增加到 69 家，经营网点下沉不够，主要集中在市区和县城，居民要购买保险要么需要走很远的路，要么保险公司无法提供居民需要的保险。

贺州金融发展的主要特点是缓慢落后，导致实体经济发展缺乏金融支持，本地金融资源严重外流，其特点在民族地区具有普遍性。贺州东临湖南而南靠广东，周边地区的经济发展水平相对比较高，不能采取有效措施将造成区域发展的空洞化，推行与其他地区相同的发展策略，会造成金融发展水平差距的拉大。

三　耦合程度差异金融发展绩效

金融发展要耦合区域经济发展需要，从收集信息的角度看，金融资源提供者收集融资者信息便捷，区域内的投资者能节约信息收集成本，能尽量避免信息不对称造成的交易成本。金融发展耦合区域经济发展，不但能降低资金提供者的风险与成本，还能节约融资者搜寻与谈判成本，这也是金融中心与经济中心合和共生的重要原因，桂林与贺州金融发展在耦合区域经济发展方面存在差异，导致两市的金融与经济发展水平差异。

金融业耦合区域经济发展能提升发展绩效。桂林的金融业发展不仅有历史经验的积淀，更耦合了地方经济转型发展的特征，结合地方经济发展的需要提供金融服务，实现金融发展与地方发展的互利共赢，2015

年桂林市金融业增加值达到 103.61 亿元,占 GDP 和服务业的比重分别为 5.3% 和 14.7%,分别比 2010 年提高了 1.2 个和 3.6 个百分点,金融业对经济增长的贡献达 8.7%,对服务业增长贡献达 23.3%,成为桂林的支柱性产业。2015 年贺州的金融业增加值达到 20.63 亿元,占 GDP 和服务业的比重分别为 4.4% 和 11.7%,贺州的金融发展水平差距明显,原因是贺州的经济以工业为主,需要金融机构为固定资产投资提供支持,融资主体多为服务型小微企业,金融机构对企业的融资风险存在顾虑,支持意愿不强造成金融资源外流,与本地实体经济联系不紧密导致失去金融服务增值机会(见表 7-7)。

表 7-7　　　　　金融业在桂林与贺州经济的地位　　　　单位:万元、%

年份	2005	2006	2007	2008	2009	2010	2011
桂林金融业总值	65363	105719	101701	140309	238608	261340	273938
桂林第三产业总值	999591	1144567	1316480	1511713	1818857	2026949	2261351
金融业在第三产业的比重	6.54	9.24	7.73	9.28	13.12	12.89	12.11
贺州金融业总值	5766	7542	8086	29779	34587	41522	47215
贺州第三产业总值	231577	238480	281425	331918	440286	496916	564802
金融业在第三产业的比重	2.49	3.16	2.87	8.97	7.86	8.36	8.36

资料来源:根据历年《广西统计年鉴》整理核算。

资本市场要围绕创新创业进行。桂林的产业发展与经济增长,需要科技创新和体制创新机制相互协调,需要资本市场持续发力,推动产业结构优化与发展绩效提升。桂林的金融业主体,围绕科技创新和产业发展的方向和重点,形成资本市场联合信贷的金融体制。一是通过调整信贷结构,以构建新兴产业体系为目标,加大现代产业发展的金融支持,金融业依托桂林建设国家"两化融合"①试验区的契机,增加优势产业和战略新兴产业的信贷投入。二是资本市场跟随发力,实现融资的外源化,利用多层次的资本市场体系,对获得信贷支持有发展潜力的新兴产业企业,引入资本市场进行股权融资,通过资本市场的辅导培育促进企

---

① 国家工信部于 2011 年批准同意通过国家级信息化和工业化融合试验区(简称"两化融合")的通知。

业的治理模式现代化，为企业在更高层次金融市场的融资创造机会。三是产业升级回报资本市场。桂林市通过引导资本市场创新投资方式，加大健康养生、民俗文化等新兴旅游业态投资，精心打造精品旅游路线，提升上市旅游企业的投资回报率，通过业绩和盈利回馈投资者，增强桂林融资项目的市场吸引力，从而推动经济的发展。反观贺州，在资本市场建设方面没有什么动作，企业也因资本市场支持不力而发展缓慢。资本市场的发展不是简单地增加股票交易的开户数，必须促进资本市场的发展与地方需要相结合。

民族地区的经济发展阶段与金融发展水平千差万别，但金融发展绩效提升的根本，是要结合区域经济发展提供金融产品和服务，金融发展与实体经济发展必须耦合不能是两张皮。金融机构必须有扎根民族地区发展的自觉，将市场的开拓与业绩的提升和特定地区的发展结合起来，只有如此合作才能实现发展共赢。

第三节 制约金融与区域经济结合的因素

金融发展必须结合区域经济发展的需要，南方石漠化民族地区的金融发展，与自身发展进行纵向对比成就巨大，与全国不同地区进行横向对比差距明显，周边的湖南与广东的经济发展水平高于广西，受金融资源全国网络的影响，区域金融资源有外流的风险，加强区域内的金融发展与经济结合，是提升广西金融发展的重要方向。南方石漠化民族地区包括广西、云南和贵州，与其毗邻的周边地区包括广东、湖南、湖北、重庆、四川等省的经济发展水平相对比较高，对石漠化地区的金融资源吸引力巨大，促进金融资源与本地经济结合，是提升金融发展水平的重要途径，而厘清制约金融与区域经济结合因素，是解决问题的前提和基础。

一 市场载体影响金融资源依附

金融资源需要有高质量的市场主体作为依附，能否为金融资源提供高质量的市场载体，直接影响金融资源的依附。广西不同地区的要素禀赋条件、经济发展基础、产业选择方向、市场需求环境存在差异，不同的地市之间的市场主体存量与质量不一样,为金融资源提供市场载体的能力不一样,影响区域金融资源与本地经济的结合。

改革开放和体制创新是增加广西市场主体的重要途径,改革开放是我国市场主体增加最快的时期,"40年来,我国市场主体数量从改革开放初期的49万户,增长到2018年11月底的1.09亿户,增长了222倍。其中,实有企业达到3434.64万户。日均新设市场主体5.8万户,日均新设企业1.8万户。千人企业数量达24.7户,较商事制度改革前的2013年11.36户增长了117%。"① 广西市场主体数量增加迅速,与管理体制改革创新有密切关系,自2013年广西实施商事制度改革以来,广西的市场主体比前五年增长了53.52%,新增市场主体187万户,2018年第一季度全区市场新增主体9.88万户②。

桂林金融与地方经济结合相对紧密,与桂林的市场主体快速增加有关。"截至2018年12月31日,桂林市累计市场主体28.74万户,同比增长13.54%,注册资本(金)4362.8亿元,同比增长15.03%;企业7.9万户,同比增长12.49%,注册资本(金)4124.98亿元,同比增长14.48%;个体工商户20.17万户,同比增长14%,资金数额154.7亿元,同比增长29.87%;农民专业合作社6660户,同比增长12.33%,出资总额83.13亿元,同比增长18.3%。"③ 桂林市场主体的增加促进金融资源的留驻,2018年桂林金融机构为本地提供贷款2485.14亿元,同比增长了15.8%,固定资产投资增长了14.6%,更多的金融资源服务本地发展。

与桂林不同的是贺州,由于经济转型升级缓慢,受产业结构的影响,钢材、水泥、建材,出现产能过剩和需求不旺,企业投资热情减弱,2016年第一季度,全市投资完成53.73亿元同比下降8.0%。受市场需求环境影响,2017年贺州投资出现下滑,"第一产业投资67.05亿

---

① 《改革开放40年我国市场主体数量增长222倍》,滚动新闻,中国政府网,http://www.gov.cn/xinwen/2018-12/26/content_5352263.htm。
② 《一季度广西新增市场主体近10万户》,广西壮族自治区人民政府门户网站,www.gxzf.gov.cn,http://www.gxzf.gov.cn/sytt/20180514-694331.shtml。
③ 《2018年桂林市市场主体快速增长》,广西频道—人民网,http://gx.people.com.cn/n2/2019/0108/c229260-32503823.html。

元,比上年下降 4.3%;第二产业投资 243.47 亿元,下降 15.0%,其中工业投资 237.68 亿元,下降 13.8%。"① 由于缺乏项目支撑,投资动力不足。2016 年第一季度,贺州全市投资项目 1050 个,同比下降 6.8%,5000 万元及以上项目 100 个,同比减少 190 个,完成投资下降 53.4%。以小微企业为主的传统资源密集型产业,难以形成现代市场竞争力,贺州的工业增加值增长率逐年下滑(见图 7-5),随着我国经济进入创新驱动的发展阶段,贺州的发展要素不断外流,2008—2016 年,广西 GDP 年均增长率为 10.1%,贺州 GDP 的年均增长率只有 8.5%,低于全区平均水平 1.6 个百分点,GDP 的全区占比由 2010 年的 3.1% 下降到 2015 年的 2.9%,还有进一步下降的风险。

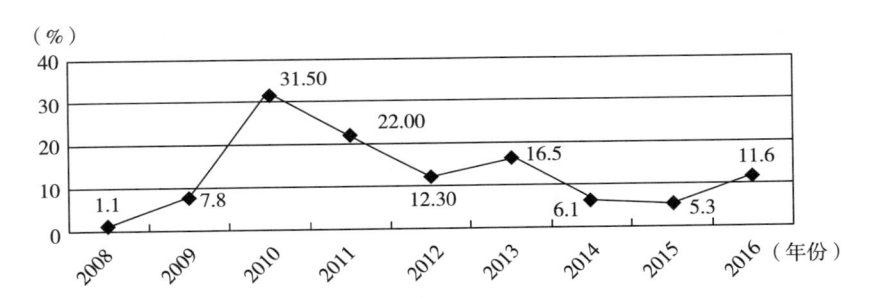

图 7-5 2008—2016 年贺州规模以上工业增加值的增长率

资料来源:根据历年《贺州市国民经济和社会发展统计公报》整理绘制。

广西作为经济欠发达地区,金融扶贫的压力比较大,但贫困地区的合格市场主体不多,扎根农村、立足农业、服务"三农"的金融市场主体更少,金融资源供给总体上跟不上需求,农村普遍存在缺资金、缺担保、缺信用、缺抵押、缺产品、缺服务等,小微企业和涉农企业的"融资难,融资贵"没有从根本上得到缓解。产业扶贫、基础设施建设等所需资金较大,自治区下拨扶贫专项资金需兼顾小额信贷风险补偿基金、财政贴息和保费补贴等方面,各市及所辖各县(市、区)虽按要求增列扶贫专项预算,但受到地方财政实力的影响,存在基数小资金有

---

① 《2017 年贺州市国民经济和社会发展统计公报》,统计信息—数据发布—政务信息—贺州市人民政府门户网站,http://www.gxhz.gov.cn/E_ReadNews.asp?NewsId=57563。

限的问题。贫困地区金融业发展滞后,金融机构和金融业态少、体系不健全,金融服务水平和能力较低,除了柳州、桂林、南宁等经济相对发达地区,其他地区与贺州的情况相似,普遍存在实体经济发展缺乏金融支持的问题。

二 服务网络影响金融资源配置

经过多年的发展,广西的金融体系建设取得一定成绩,但金融服务网络疏密影响了金融资源配置。近年来,广西加大了金融服务网络建设力度,针对偏远农村金融服务能力不足,加大了农村金融体系改革的力度,试图打通惠农金融服务的"最后一公里",提升贫困人口的金融获取水平。针对广西经济发展的转型升级,充分发挥资本市场的融资功能,增强金融服务实体经济的能力,经过多年建设服务地方发展的银行体系,仍然与地方经济发展的需要存在不小差距。广西银行类的金融服务机构数量,从2008年的4349个增加到2017年的6296个(见表7-8),在看到金融服务体系建设进步的同时,也要正视金融网络存在的疏密差别,区域之间的金融资源配置与获取并不均衡。

表7-8 广西银行业金融服务机构数量 单位:个

年份	2008	2009	2010	2011	2012	2013	2014	2015	2016	2017
大型商业银行	1749	1848	1947	1951	1995	2018	2015	2020	1992	1982
国开和政策银行	63	61	64	64	64	64	64	65	65	66
股份制商业银行	20	121	47	53	69	86	124	177	198	206
城市商业银行	128	137	147	158	168	173	240	333	388	437
小型农村金融机构	2163	2263	2266	2277	2293	2312	2351	2367	2383	2392
财务公司	0	0	0	1	1	2	2	2	2	2
信托公司	0	0	0	0	0	0	0	0	0	0
邮政储蓄	225	921	923	943	995	1002	1002	994	979	969
外资银行	1	2	2	2	2	3	3	4	4	4
新型农村金融机构	0	31	18	28	75	132	182	211	594	238
合计	4349	5384	5414	5477	5662	5792	5983	6173	6605	6296

资料来源:根据历年《中国区域金融运行报告》整理核算。

偏远农村和贫困地区的金融服务能力不足,"三农"金融服务的短板没有根本改变。广西的金融服务体系建设偏重城镇,农村金融服务体系在结构、类别和功能上存在不足,无法满足"三农"的金融需要,农民"贷款难"问题比较突出。大型国有商业银行对"三农"信贷投放水平贡献度偏低,农村储蓄外流现象严重。银行机构虽然在农村设立了大量的网点,但是并没有很好地将当地储蓄转化为当地投资。商业银行和农信社等金融机构由于政策制度的原因,向村镇银行等新型农村金融机构输出资金十分有限,导致村镇银行发展较慢,实力不强,对农村金融服务的补充作用没有充分体现。商业银行结合农村发展的金融创新能力不足,多样化、差异化的农村金融需求与单一的农村金融产品供给不适应。农村支付结算体系建设滞后,支付结算品种单一,农村金融部门的非现金支付结算工具以银行卡和汇兑为主,有融资功能的银行汇票、银行承兑汇票几乎没有推广和运用,自助银行、网上银行等新兴支付工具在农村地区还未得到普及;乡镇金融机构网点的电子化水平普遍较低,特别是乡镇的农村信用社,其电子化设备、网络设施缺乏,难以适应支付结算电子化快速发展的需要。

服务水平失衡造成金融资源外流。金融服务网络比较发达的地区,能促进金融资源与本地实体经济结合,地均存款和地均贷款的水平比较高,广西的金融服务网络建设不均衡,影响区域金融资源与实体经济的结合,进而影响了金融资源的驻留。受到政策和金融网络的影响,广西大量金融资源主要集中在南宁、柳州、桂林等地,而贺州等欠发达地区金融资源少,在广西内部出现经济发展的极化和资金漏斗(见表7-9)。贺州由于经济金融发展水平比较低,金融机构的存贷比低于全省同期平均水平,尽管贺州金融机构的资金吸附能力逐年增强,但金融机构的经营原则和贺州企业自身原因,导致企业的贷款满足率低,企业"融资难"依然存在。贺州在广西的情况与广西在全国经济中的情况类似,金融服务网络与能力的不足造成贺州的金融资源外流,同样广西的金融资源也从自治区向全国其他地区外流,金融资源是落后民族地区宝贵的发展资源,金融资源外流对落后地区发展就是釜底抽薪,而经济相对发达地区能获得落后地区的发展资源,对经济增长有火上浇油的效果,进一步拉大民族地区与全国发展差距。

表 7-9　　　　　　　广西全区与贺州市主要金融数据对比

单位：亿元、%、万元/人

	年份	2010	2011	2012	2013	2014
地区生产总值	广西	9569.85	11720.87	13035.10	14449.90	15672.89
	贺州	296.87	356.40	394.21	423.85	448.97
	贺州占比	3.10	3.04	3.02	2.93	2.86
本外币存贷比	广西	0.76	0.79	0.77	0.77	0.79
	贺州	0.57	—	—	0.60	0.61
人民币存贷比	广西	0.75	0.77	0.75	0.75	0.78
	贺州	0.57	0.58	0.59	0.60	0.61
人均存款	广西平均	25667.65	29123.72	34102.95	38992.31	42697.81
	贺州	12895.96	15175.35	17611.84	20271.53	22857.85
人均贷款	广西平均	19510.37	22920.19	26390.43	29838.98	33805.12
	贺州	7395.22	—	—	12101.21	13888.94

注：人均存（贷）款＝金融机构本外币存（贷）款/常住人口；

地均存（贷）款＝金融机构本外币存（贷）款/行政区域面积。

资料来源：根据历年《广西统计年鉴》整理核算。

三　产业落后制约了金融创新

创新是金融业提升服务地方实体经济能力的重要途径，但金融业的创新必须围绕产业发展进行。中国经济已经进入高质量发展的新阶段，产业结构和竞争力的提升都依赖于企业创新，只有企业具有强大的创新能力，才能形成新的生产模式并催生新的资金需求，新业态的出现要求金融机构创新服务。金融机构从占领新兴市场和提升业绩的角度出发，围绕新兴产业的发展开发新产品和服务，不仅能获得市场占有的优势，还能获得高的收益。不同的金融业态和金融机构之间竞争非常激烈，金融机构创新产品和服务必须考虑市场需求，核算创新的成本与收益才会采取行动，产业落后且结构固化会影响金融机构创新的积极性，金融机构只愿意提供传统产品和服务，就不能留住更多金融资源服务本地发展。

近年来广西的经济发展取得巨大进步，但产业相对落后而且结构固化，影响了资本市场的发展，资产证券化程度低。自 2010 年，广西的第一产业在三次产业中所占比维持在15%左右,虽第三产业占比有所提升,主要依靠旅游业的拉动,在新动能和新兴产业的培育方面并没有太多进展。产业结构固化和新兴产业发展迟缓,影响新兴金融业态在广西的发展,以服务创新创业为目标的新三板挂牌市场就是明显的例子,截至2018年12月31日,全国新三板挂牌企业有10691家,广西在新三板挂牌的企业只有76家,占比仅为0.71%。区域性股权市场发展缓慢,广西北部湾股权交易中心和南宁股权交易中心是广西两家区域性股权市场,但股权交易市场对推进企业改制、培育、提供融资服务投入精力不够。至2016年9月末,在两家市场挂牌的企业有2707家,迄今仅3家企业在新三板挂牌成功。两家股权交易市场存在治理结构不健全、风险管理和内控制度不完善、运营制度不符合新法规要求、挂牌审核过于宽松、投资者适当性管理不严、中介会员机构管理不规范、利益冲突防范机制不健全等问题。资本市场发展迟缓的根本原因,是广西产业结构滞后和新兴产业的企业不多,资本市场难以发掘优秀题材加以培育,形成了外部资本不愿来、内部企业走不出的尴尬与被动。2016年,广西经济证券化率为20.62%,比全国平均水平低47.68个百分点;上市公司营业收入占GDP的7.2%,远落后于全国43.88%的水平。

  金融服务不足又影响产业提档升级。以广西内部为例,柳州、桂林、贺州代表了产业机构和金融发展水平两端。柳州是工业城市,桂林与贺州地理位置相近,柳州和桂林发展领先于贺州,源于产业结构和金融发展基础优势。柳州工业兴旺,是中国西南工业名城,广西工业的摇篮,早在明清时期,纺织业远近闻名;民国时期,以李宗仁、白崇禧为代表的桂系,确定柳州作为广西的工业中心,通过发展新式工业振兴经济;改革开放使柳州声名鹊起,一度成为华南地区仅次于广州的第二大工业城市,成为民族地区中工业产值首个突破百亿元的城市。桂林在经济和金融方面的发展则得益于高新技术产业和旅游业,1997年成立的桂林高新区是国家级高新区,在电子信息、生物制药等高技术产业方面优势明显,集聚广西电子信息产业的2/3,近年的旅游业拓展到大健康和养老产业,产业的集聚效应与持续升级强化区域竞争力,为金融业的发展提供了实体经济的基础。而贺州市作为欠发达的落后地区,既缺少大型平台企业作为发展的支柱,又缺乏技术创新能力无法提升产业水平，传统的自然资源开发产业导致粗放增长，其发展模式和成长的企业缺乏市场竞争力，金融机构基于融资企业的市场前景决定支持与否，金融业因缺少实体经济支撑基础，只愿意为贺州提供生活类的金融服务，造成了贺州与柳州和桂林的经济金融发展差距（见表7-10）。民族地区与全国发展的平均水平存在差距，发展要素面临流失和被其他地区吸附的风险，提升民族地区的经济发展水平，是留住金融资源的根本。

表 7 - 10　　　　　贺州、柳州、桂林三市的发展比较

单位：亿元、%、万元/人

	年份	2010	2011	2012	2013	2014
GDP	柳州	1315.31	1579.72	1820.61	2010.05	2208.51
	桂林	1103.56	1327.57	1485.02	1657.90	1826.27
	贺州	296.87	356.40	394.21	423.85	448.97
存贷比	柳州	0.71	0.77	0.71	0.69	0.69
	桂林	0.57	0.58	0.58	0.59	0.62
	贺州	0.57	0.58	0.59	0.60	0.61
人均存款	柳州	39508.34	42146.6	50289.45	61050.05	66014.92
	桂林	29001.68	32475.67	37814.61	42352.42	46141.77
	贺州	12895.96	15175.35	17611.84	20271.53	22857.85
人均贷款	柳州	28136.86	32561.22	36740.75	42439.83	45973.76
	桂林	16624.72	18946.79	21761.93	25115.66	28248.05
	贺州	7395.22	—	—	12101.21	13888.94

资料来源：根据历年《广西统计年鉴》整理核算。

第四节　重点突破与南方民族地区金融发展

南方民族地区虽受到石漠化地理环境的影响，但区位优越并且发展基础相对比较好。经过多年的发展，积累了丰富的金融发展经验，随着我国对外开放战略的升级和产业结构的优化，南方民族地区经济金融发展的机遇良好。要在厘清发展挑战的基础上，突破南方石漠化民族地区金融发展的短板与弱项，借助金融发展促进区域经济增长和民生福祉改善。

一 广西金融业发展的机遇

广西地处沿海是我国南方民族地区的代表,但金融经济发展水平与沿海地区相比差距明显。随着我国经济发展战略的调整,广西面临难得的发展机遇,把握机遇并提升自身的发展水平,广西将成为民族地区经济发展的增长极。广西金融经济的发展机遇主要包括以下几点:

第一,国家发展战略的调整。广西位于南方沿海地区,地理区位优越,国家重大发展战略的调整,凸显了广西在国民经济中的地位。国家推进"一带一路"建设,促进了广西与周边国家和地区在基础设施、经济产业和人文领域的交流与合作,成为"一带一路"建设的枢纽与前沿;中国与东盟国家打造自贸区的升级版,中国与东盟的贸易和金融关系将进一步提升,作为与东盟开放合作的前沿地带,广西的沿边地区将迎来新的发展机会;2015 年《国务院关于支持沿边重点地区开发开放的若干政策措施的意见》发布,国家明确了要在兴边富民、体制机制改革、贸易结构调整、基础设施建设、财税支持和金融创新方面给予支持,允许沿边重点口岸、边境城市、经济合作区在人员往来、加工物流、旅游方面实行特殊的方式和政策。广西的对外开放进入新时代,为提高金融对外开放的程度,吸收借鉴国际先进金融理念,促进经济又好又快发展创造机会。近年"一带一路"倡议和东盟经济带的经济合作,加强广西与全球经济的联系。2000—2016 年,全区新签外商直接投资项目累计 4128 个,桂林市新签外商直接投资项目累计 537 个,比贺州市新签外商直接投资项目累计多 392 个;全区新签项目合同外资额累计 3041403 万美元,桂林市新签项目合同外资额累计 340636 万美元,全区以及各地市的对外开放加速提档(见表 7-11)。

表 7-11 主要年份新签外商直接投资项目和金额(2000—2016 年)

单位:个、万美元

指标 年份	新签项目数个数			新签项目合同外资金额		
	全区	桂林市	贺州市	全区	桂林市	贺州市
2000	246	45	7	71549	6550	559
2001	274	60	10	58707	8389	5898

续表

指标 年份	新签项目数个数			新签项目合同外资金额		
	全区	桂林市	贺州市	全区	桂林市	贺州市
2002	271	47	13	73758	10797	2414
2003	693	57	25	1429	7335	2496
2004	353	62	15	110007	10768	1065
2005	351	49	19	110182	15437	1331
2006	286	49	11	117601	14997	3526
2007	287	41	15	234460	24571	6309
2008	206	12	3	153306	11182	4888
2009	165	20	2	103533	19308	3604
2010	190	18	3	209523	1543	26348
2011	169	13	3	1031165	61	1612
2012	109	11	6	91192	3244	6976
2013	109	9	2	215771	17335	4368
2014	138	18	5	191691	38399	3878
2015	142	15	4	35668	89319	11623
2016	139	11	2	231861	61401	725
累计	4128	537	145	3041403	340636	87620

资料来源：根据历年《广西统计年鉴》整理核算。

第二，国家区域发展战略的调整。北部湾城市群在2017年上升为国家级城市群，地域范围包括广西的南宁、北海市、防城港、玉林市、崇左市等地，北部湾城市群的建设，就是要发挥地缘优势，建设面向东盟服务"三南"（西南、中南、华南）的海湾城市群。城市群的建设就是要强化南宁的核心辐射带动功能，形成以南宁为核心的"一核两极"城市集群。自改革开放以来，广东作为改革开放的桥头堡和前沿，其经济发展和辐射带动能力远在广西之上，在区域经济发展战略上都是广东引领广西的发展，在2014年国家制订的《珠江—西江经济带发展规划》中，就提出"要求广东成为发展中国特色的社会主义排头兵，广西成为我国西南中南地区开放发展的新战略支点，以珠江—西江主干流区域为轴带，以广州和南宁为经济带的双核进行组团发展。"国家发改委和住房城乡建设部，2017年联合制订了《北部湾城市群发展规划》，明确了南宁作为北部湾城市群的核心，提出要增强南宁的城市集聚和辐射效应，要以北部湾城市群为基础构建运输大通道，打造与东盟国家的国际大通道，促进内陆省份与东盟的交流合作，向东对接粤港澳大湾区，向北连接我国的中西部地区。广西首次主导承担国家发展的重大战略使命，将获得难得的发展机会。

第三，区域的互联互通加强。为了改变十万大山带来的交通阻隔，广西在交通建设方面投入巨大精力，努力建设"一中心一枢纽五通道五网络"，一中心即北部湾区域性国际航运中心，一枢纽即南宁国际区域性综合交通枢纽，五通道包括海上东盟通道、陆上东盟通道、南北陆路国际新通道、西南中南方向通道、粤港澳方向通道，五网络为铁路、公路、水运、航空、交通信息网。① 持续努力不断改善广西的交通面貌，2017年广西建成梧州至柳州等23条高速公路，高速和一级公路总里程达5600公里，全区89%的县通高速公路，高出全国4个百分点；2018年广西建成河池至百色等5条高速公路，新增里程304公里，县县通高速率达91%，高铁、电气化铁路和客运专线的发展使铁路旅客发送量突破1亿人次。根据2016年国家公布的中长期铁路网规划，建设呼和浩特到南宁的高铁将成为国家八纵八横铁路网中的纵向铁路，呼南高铁建设正在有条不紊地展开，随着交通的改善广西经济发展将迎来高速发展的新时期，金融业也会获得难得的发展机遇。

第四，沿边金融改革稳步推进。2013年11月21日，经国务院批准同意，中国人民银行等11个部委印发了《云南、广西壮族自治区建设沿边金融综合改革试验区总体方案》，成为党的十八大以后我国第一个沿边金融改革试验区。广西利用国家赋予的沿边金融综合改革机遇，以实施沿边金融综合改革试验区为契机先行先试，通过深化金融体制机制改革，以沿边金融和跨境金融创新为主线，探索实现人民币资本项目可兑换的多种途径，提高贸易投资便利化程度。紧紧抓住金融服务实体经济的重点领域和关键环节，不断完善金融组织体系，大力实施"引

---

① 《广西综合交通运输发展"十三五"规划亮点解读》，广西壮族自治区人民政府门户网站，www.gxzf.gov.cn，http://www.gxzf.gov.cn/sytt/20170224-580890.shtml。

金入桂"战略，培育和发展多层次资本市场，支持企业上市挂牌融资，发展区域性股权交易市场和各类要素交易市场，推进保险市场发展，引进保险资金参与重大项目建设，保险支农、支小、支外能力全面提升。集中精力打造全国农村金融改革试验品牌，在百色田东县开展农村金融改革试点，构建起多层次、广覆盖、广受益的农村金融服务体系，探索总结出农村金融改革的"田东模式"。构建农村金融组织体系、农村信用体系、农村支付体系、农业保险体系、农村抵押担保体系、村级金融服务体系"六大体系"。广西的沿边金融改革取得了成功并积累了丰富的经验，形成了可推广、可复制的十大改革亮点，并承担建设面向东盟的金融开放门户的使命。积累的丰富经验将为广西的金融业发展提供强大的动力和支撑。

二 区域金融发展的制约与挑战

广西的金融业发展虽有良好的发展机遇，但面临着严峻的挑战和制约因素。广西金融所遇到的发展难题，在南方民族地区比较普遍，需要高度重视并采取措施加以克服。广西金融发展制约主要包括以下几点：

第一，金融业发展的基础并不稳固。主要体现在广西的金融资源供给有限，到2017年年底，广西拥有开发银行1家，政策性银行2家，大型国有商业银行7家，外资银行4家，邮政储蓄银行1家，财务公司1家，资产管理公司及分支机构4家，证券公司和基金管理公司各1家，保险公司42家。从机构数量看，广西的金融业发展具有一定的基础，但要服务4768万人和23.67万平方公里的土地，还是力不从心，银行业的从业人员在2014年突破9万人，到2016年达到96914人，但2017年从业人员比2016年减少4826人，这与银行服务需求的增加不相适应。广西银行业的总资产，在2012年突破2万亿元大关，到2017年银行业的资产总量达到35891亿元，但与广西快速发展的经济社会发展需要相比还是存在不足。扎根农村、立足农业、服务"三农"的金融市场主体总体不多，金融资源总体上供不应求，缺资金、缺担保、缺信用、缺抵押、缺产品、缺服务等依然存在，"融资难，融资贵"问题没有从根本上缓解。

第二，金融资源的有效需求不足。广西属于经济欠发达地区，由于存在自然条件相对恶劣、基础设施落后、可利用资源较少、信息获取不对称等多方面因素，金融资源介入地方发展难度比较大。农业生产主要以小农经济为主，规模化生产少，农产品深加工不足，农业产业化程度较低，农村经济发展基础较弱、金融需求结构分散、需求主体信贷承载能力有限，导致金融资源有效需求不足。优势行业如制糖、有色、冶金、电力、旅游等产业集中度不高，资源分散缺乏竞争力，企业以小微企业为主，加上企业生产经营困难和害怕债务压力，企业融资积极性不高。发展直接融资是缓解资金约束的重要手段，但企业资本市场知识欠缺、对资本市场了解不够，对进入资本市场在认识上存在误区，企业对上市融资存在畏难情绪，企业担心上市后须履行披露义务露了家底，宁愿小富即安不愿意到资本市场融资。上市企业业绩普遍不高或存在亏损，影响投资者对广西企业投资的积极性，2016年广西36家上市公司中盈利27家，亏损9家，亏损公司占比25%，高于全国平均6.92%的亏损面，69家新三板挂牌公司盈利59家，亏损10家，扣除非经常性损益后盈利51家，亏损18家。行业经营性波动对企业融资影响巨大，2018年糖的价格下降，广西制糖企业普遍亏损，企业融资需求急剧下降。

第三，政府重视程度不够高。地方金融管理体系尚未健全，地方政府推动金融改革工作缺乏"抓手"，作为负责推进金融改革工作牵头部门的市、县两级金融办编制少，人员配备不足，市金融办仅靠抽调外单位人员协助工作，流动性大，部分县（市）处在"无人员管、无人员抓"的状态，影响工作的推进。政府的金融政策承诺无法兑现，截至2017年年底，全区14个设区市均成立了市级小微企业融资担保公司，注册资本合计约31.184亿元，广西扶贫任务重大，需要地方政府担保的资金负担比较重，广西县域经济总量偏小，整体实力薄弱，大多属于典型的"吃饭"财政，靠转移支付维持运作，财政资金的缺口造成风险敞口。地方政府负债经营能力不强，各级地方政府在发展资金的筹集上，主要依赖上级政策的财政转移支付，缺乏利用现代金融工具进行融资投资的能力。政府虽然在全区积极推动信用户、信用村、信用乡镇、信用县的农村信用"四级联创"工作，但农村整体信用水平不高，尤其是金融扶贫中部分贫困户缺乏信用意识，出现了恶性拖欠扶贫贷款的现象，政府需要提升在金融扶贫中运用信用评级结果的能力和手段。

第四，金融风险隐患大。广西金融发展存在"脱实向虚"倾向，小微企业和初创型企业融资难、融资贵问题突出。影响区域信用环境的重大恶性案件不断出现，2016年12月21日，广西同城人人贷前程互联网金融有限公司老板跑路事件，2018年出现"学信贷"P2P网络借贷平台老板跑路事件，引发部分投资者聚集和上访事件，自治区金融办在对147家疑似互联网金融机构和793家含"金融"字样企业的摸底排查中，只有40家是互联网金融机构，其中P2P网络借贷信息中介机构36家，众多平台实际从事非法集资的活动。在对非法集资进行清理整顿中，查出存在集资风险企业4家，涉及金额7392.37万元，涉及人员1233人；排查各种机构3798家，发现问题机构134家，涉及人员近7000人，涉及金额逾23亿元。广西多家上市公司因涉嫌违反证券行业法律法规被证券监管部门立案调查，2011年以来，广西上市公司及相关主体因证券违规问题被中国证监会和广西证监局作出行政处罚20家次，实施市场禁入4人次，被广西证监局采取行政监管措施26家次，特别是国海证券已离职员工张扬等人伪造公司印章私签债券交易协议事件引起媒体广泛关注，南宁大宗商品交易中心、广西银河商品交易中心、南宁（中国—东盟）商品交易所等交易场所涉嫌非法经营引发投资者不断投诉，严重损害了广西资本市场的形象。

三　促进南方民族地区金融发展

围绕金融服务实体经济发展，动员更多的金融资源服务广西经济的发展，通过持续的金融改革创新，提升金融机构的服务能力和水平。政府要维护良好的金融生态环境，提升金融管理能力和水平，促进金融业和实体经济合作的互利共赢，为金融业和实体经济发展创造良好的环境。

第一，建立增信平台，增加中小企业的资金获得机遇。广西以农业和小工商业为主的欠发达地区，企业也主要以小微企业为主，金融机构以银行类传统金融机构为主，开展抵押类的银行信贷是主要融资方式。由于企业自身实力不强，缺少有效抵押物，在营运中资产负债率比较高，融资风险大且信用等级不高，要从银行获得贷款的难度较大。结合民族地区发展经济的现实必要性和紧迫性，可考虑将部分财政资金集中投入国有资产公司的模式，做大广西国资委旗下的国有投资公司，利用国资公司担保和提供过桥贷款等形式，拓宽中小企业的融资渠道，促进小微企业的"融资难"问题的解决。

第二，鼓励银行服务本土实体经济。提升银行服务质量，增强金融业服务实体经济的能力，促进信贷资金向重点产业园区、先进制造业、战略性新兴产业倾斜，大力发展"绿色信贷"，支持银行信贷资金对绿色经济、循环经济、低碳经济领域的投入。加强中国人民银行、银监分局、金融办等部门的政策协调，促进金融机构主动顺应市场需求，创新金融服务的产品与方式，为小微企业提供能满足其发展的信贷资金。积极引导各类金融机构、民间借贷公司将信贷资金注入实体经济，缓解企业面临的融资难、融资贵等问题。

第三，借鉴贵州证券市场的经验，积极扶持和培育龙头企业上市融资。上市融资是许多企业获取资金的高效途径，尤其是企业挂牌上市后能提高知名度，促进企业运作模式的现代化，还能开展股权质押类的融资。广西的中小企业比较多，在新兴电子制造业发展方面有一定基础，同时地理位置处在北部湾地区，是未来发展的重要区域；广西特色矿产资源丰富，如果能以新兴电子制造和新材料产业作为突破口，加大资本市场的宣传和利用力度，积极参与区域股权市场建设，能推进广西企业的直接融资和股权融资，培育更多的优质上市后备企业，推动企业融资由间接融资向直接融资转变。

第四，完善广西金融监管机制，加大金融扶持力度。广西金融功能不足的一个重要原因是广西金融监管不力。要强化广西金融服务地方发展的能力，必须改进广西的金融监管机制，提高广西金融运行的效率。由于广西金融发展基础比较薄弱，自身发展水平低，存在的困难和问题比较多，所以在加强监管的同时，必须考虑到广西金融发展的实际情况，应当在财政和税收等方面给予一定的扶持。要不断完善金融机构内部风险监测管理机制，制定科学合理的评级制度，要使风险评价做到更科学、更全面、更系统和更完善。继续推行对金融机构发放的工业贷款实行税率优惠政策，鼓励金融机构加大支农贷款投放力度，对鼓励发展的部分工业项目实施贴息政策。降低金融业市场准入门槛，提高金融市场竞争程度，促进金融服务创新。广西也要充分利用其战略机遇，利用地理位置上的优势，加强与周边地区的经济金融交流联系，力争利用更多的外部金融资源服务本地发展。

第五，建立良好的金融生态环境。从现实情况看，地区的金融生态环境是金融机构资产质量和经营效益最重要的决定因素，广西应该努力改善金融生态环境。一是优化经济金融环境。金融机构应开发与培育同地方政府经济发展方向吻合的金融信贷群体，通过政府的力量培育壮大优势企业，银政合作形成合力共同促进企业做大做强，减少企业信贷风险，维护地区金融稳定。二是优化金融信用环境。充分发挥政府部门的作用，利用各种手段整肃社会信用环境，形成人人恪守信用的社会道德规范，建立完善的失信惩戒制度，提高失信违约成本，对于违约失信行为给予适当的制裁。广西应继续大力推广"信用县""信用乡镇""信用社区""信用村""信用企业""信用家庭"的建设，对于诚实守信企业和家庭要给予奖励表彰，发挥模范带头作用做好示范引领。三是优化金融政策环境。努力实现金融政策和地方经济政策的有机整合，实现金融政策执行效果的最大化。

第八章　中部连片民族地区的金融发展研究

　　武陵山区是中部民族集聚地区，是我国 14 个连片贫困地区，武陵山区东临两湖（湖南、湖北），西通巴属（重庆、四川），北连关中（陕西），南达两广（广东、广西）。区域内的少数民族包括土家族、苗族、瑶族、侗族等。武陵山区尽管山高路陡经济相对落后，但受武汉、重庆、长沙、贵阳等金融经济相对发达的城市辐射带动，具有发展金融促进经济发展的先天条件，经过多年的摸索与发展，武陵山区某些地市州的金融发展取得了一定的进步。尽管与周边发达地区相比，武陵山区的金融业处于不发达阶段，但探索出来的发展金融业思路与经验，不仅对于促进武陵山区金融发展，而且对促进整个民族地区金融发展，都具有很强的借鉴意义。

　　湖北省在武陵山区拥有一个州和十一个县市行政单位。其中恩施土家族苗族自治州下辖恩施市、利川市、建始县、宣恩县、鹤峰县、来凤县、咸丰县、巴东县。宜昌市下辖长阳土家族自治县、五峰土家族自治县、秭归县。恩施州作为湖北唯一的少数民族自治州，在探索区域经济金融发展上有自己的探索，而长阳作为宜昌市的少数民族自治县，促进经济金融发展的模式和做法，应该是武陵山区县域金融发展的缩影。本书将以湖北的恩施州和宜昌的长阳县为代表，分析武陵山区的金融发展特点，结合整个武陵山区资本市场的发展，寻找促进区域金融发展的着力点。

第一节　金融体系建设引领区域发展

整个武陵山区土地面积有 11 万多平方公里，总人口在 2300 万左右，地域跨湖南、湖北、贵州、重庆三个省 1 个直辖市，是我国内陆跨省交界面积最大、人口最多的少数民族集聚区。尽管各省市在武陵山区所辖面积有大小、人口有多少，但面临的经济金融发展条件基本相同，总体经济发展水平低，城镇化空间分散，企业规模小、效益不高。近年来在国家系列政策的支持下，武陵山区各地市州经济增长迅速，金融发展速度加快，贫困落后的面貌有所改善。武陵山区的地方政府，借助毗邻经济发达地区的地缘优势，学习先进的金融发展理念与模式，探索出具有地方特色的金融发展道路。不同于传统的经济水平决定金融发展的理论，武陵山区的金融发展水平与经济发展相比相对领先超前，不同于民族地区其他地方金融发展滞后于经济社会发展需要，武陵山区的金融发展基本上与经济发展同步，甚至领先区域经济发展水平，成为支撑区域经济增长的重要力量。

一　银行服务体系不断完善

由于经济不发达，武陵山区长期是金融资源贫瘠的地区，金融机构和资源集聚在周边毗邻的经济发达地区。恩施州作为湖北省最年轻的地市州单位，1983 年才由国务院批准撤销恩施地区行政公署，成立鄂西土家族苗族自治州，1993 年更名为恩施土家族苗族自治州。由于地处武陵山的北面又紧靠秦巴山，经济发展水平在湖北省处于摆尾的位置，与毗邻的宜昌市相比存在巨大差异。与恩施州相邻的长阳土家族自治县，虽属于宜昌市管辖，但与恩施州一样是老少边穷的县，1984 年由国务院批准成立长阳土家族自治县，2007 年总人口 41 万，境内有土家族、苗族、满族、侗族、壮族等 22 个少数民族，土家族人口占全县人口的 65%。长阳县在宜昌的地理位置与恩施州在湖北省的情况相似，与长阳县隔长江相望的是富庶的江汉平原，长阳县在宜昌市属于经济相对不发达的地区。

在国家扶持政策的支持下，武陵山区的民族自治地方勇敢地学习周边发达地区的经验，促进经济金融业发展。2018 年恩施州克服经济困难，实现 GDP 增长 6.2%，总量达到 870.95 亿元，城镇人口从 2014 年的 127.33 万增加到 2018 年的 151.54 万，城镇化率从 38.38% 提高到 44.86%，经济进步明显。产业结构逐步发生变化，第一产业在国民经济中的占比，从 2014 年的 22.5% 下降到 2018 年的 19.1%，第三产业的占比则从 41.3% 上升到 46.9%，第二产业占比从 36.2% 下降到 34%，经济的发展促进了恩施州的金融业发展与进步。

全州的银行业资产总量增加迅速，截至 2018 年年末，全州银行业资产总量超过 2000 亿元，比 2010 年增加 735.87 亿元，增长了 2.72 倍。全州的银行存贷款规模快速增加（见图 8-1），2018 年年末，全州银行类金融机构本外币存款余额达到 1460.82 亿元，比 2010 年的 582.49 亿元增长了 2.51 倍；全州贷款余额 1030.91 亿元，比 2010 年的 408.46 亿元增长了 2.52 倍，2018 年全州银行存贷比 2010 年提高了 16.89 个百分点。银行支持实体经济能力不断提升，2010 年到 2018 年，小微企业贷款从 40.10 亿元增加到 190 亿元，累计增长了 4.7 倍，涉农贷款由 122.09 亿元增加到 597.1 亿元，八年增长了 4.89 倍；银行业经济、社会效益持续上升，2018 年年末上缴营业税和所得税 82090 万元，增幅均高于恩施州其他行业，正在成长为支柱产业。

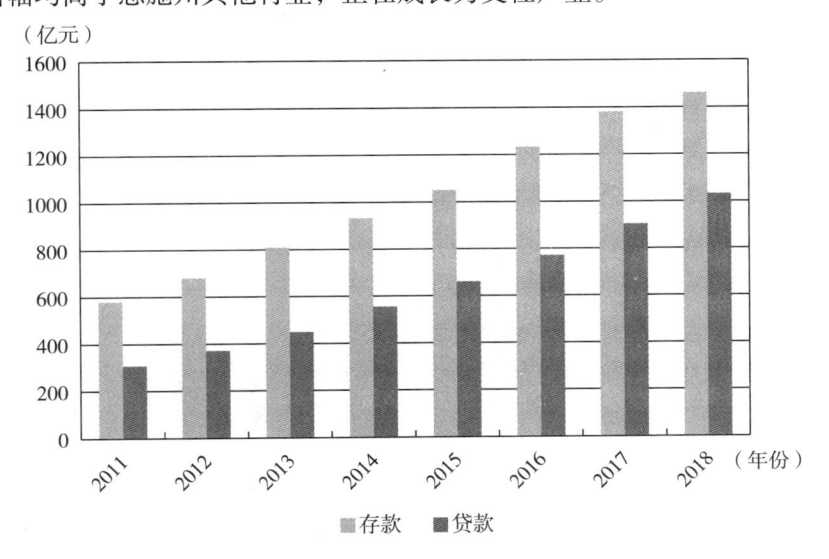

图 8-1　2011—2018 年恩施州的村贷款情况

资料来源：根据恩施州金融办提供相关数据绘制。

持续创新,增强银行服务能力。恩施州按照湖北省农村信用合作社的指导和要求,推动全州 8 县市完成农商行(农合行)改制挂牌工作,建立八家县市级农村商业银行,并在此基础上成立恩施州农村商业银行。推动并筹建全国第三家、湖北省第一家地市级总分行制的常农商村镇银行,现在更名为幸福村镇银行。为了补充银行金融服务,先后引进湖北银行、汉口银行等分支机构,到 2018 年年末,恩施州共有 10 家银行机构,其中国有商业银行 4 家、地方性股份制银行 2 家、政策性银行、农村商业银行、邮储银行、村镇银行各 1 家。全州银行物理经营网点 361 个,ATM 机 1381 台,POS 机 23158 台,转账电话 28851 部,通过 ATM 机、POS 机和国库横向联网系统实现金融服务乡镇全覆盖。充分发挥现代信息技术功能,让"数据多跑路,群众少跑腿",有效延伸了金融机构服务半径,构建以信息网络为基础的金融服务体系(见图 8-2),银行服务能力持续提高,2000 年以 ATM 机、POS 机和转账电话为载体的金融信息服务载体总计 479 台,到 2018 年增加到 53390 台,18 年间增加 111.5 倍。恩施州的银行类金融服务已经实现了乡镇全覆盖,为了弥补少数规模比较大的村缺乏物理网点的不足,恩施州农业商业银行创新服务手段,利用有一定经济实力和社会信用的能人大户,开设便民金融服务点为农民提供小额现金存取服务,极大方便了农村居民的金融服务。

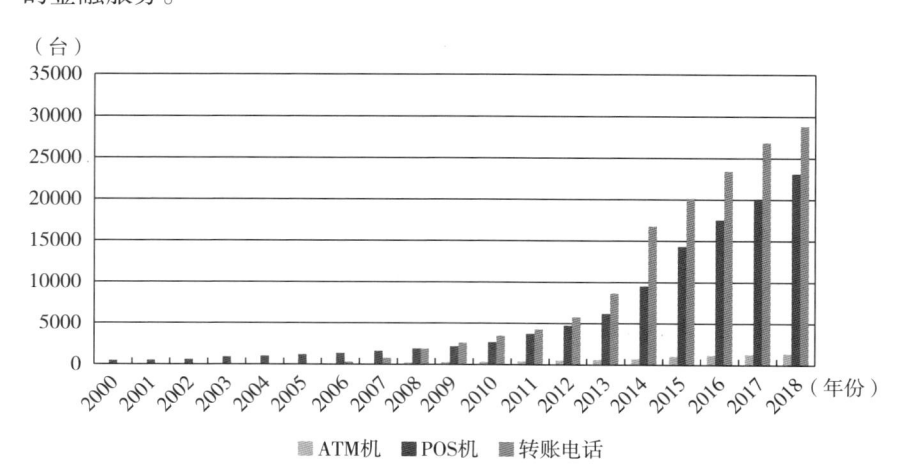

图 8-2　2000—2018 年恩施州银行电子信息服务载体统计

资料来源:根据恩施州金融办提供相关数据绘制。

长阳县的银行类金融业发展也取得了不错的成绩，2014年全县银行业各项存款余额达到999364万元，比2005年增加802189万元，增长幅度为407%；各项贷款余额达到591938万元，比2005年增长515146万元，增长幅度为670.8%，贷存比在2014年达到59.23%，比2005年提高了20.29个百分点。到2017年长阳县的金融机构各项存款余额1559463万元，金融机构各项贷款余额1242381万元，存贷比达到79.68%，比2014年提高了20.43个百分点。并逐步形成了以正规金融机构为主导，以农村商业银行为核心的金融服务体系，到2018年年末，长阳县已有的金融机构包括四家国有商业银行（中国银行、中国建设银行、中国工商银行、中国农业银行）、两家政策性银行（中国农业发展银行和中国进出口银行）、一家地方法人银行（长阳县农村商业银行）和一家城市商业银行（湖北银行），邮政储蓄银行也在长阳开展业务。从金融网点布局看，全县共有银行类金融机构服务网点23个，其中邮政储蓄银行有11个，农业银行4个，中国工商银行和中国建设银行各2个，中国银行、湖北银行和两个政策性银行各1个。与其他民族地区的县（市）相比，长阳县的银行类金融结构的网点布局比较好，服务能力相对比较强。

二　保险业正稳步向前发展

注重银行业发展的同时，结合地方经济社会发展的需要，积极引导保险公司进入恩施州。政府引导保险业把服务经济社会发展、保障民生和维护保险消费者利益，作为加快转变保险业发展方式的出发点和落脚点。立足恩施的特色产业，发挥保险的独特功能作用，积极主动服务于烟草、茶叶、畜牧、清洁能源、生态旅游、信息"六大"产业链建设。与民族地区其他地方一样，恩施州群众的保险意识不强，本土保险机构发展缓慢，为了促进地方保险业发展，引进保险机构是其重要的工作内容。2015年，进入恩施州的保险公司已有28家，到2018年增加到33家。其中财产险19家、人寿险14家。在33家公司中，2011年以来新增机构18家，占比为54.5%。财产保险公司增加10家，增长幅度为55.5%；人寿保险公司新增8家，增长幅度为45.55%。2018年年末，各保险公司在8个县（市）城共设立支公司、营业部、营销服务部117

个，比 2011 年增加了 76 个，增长率达 185.4%，2018 年年末在乡镇设立的营销部达 141 个，村（社区）服务网点 487 个，为了适应"三农"保险政策的需要，各乡镇还设有"三农"保险办公室。

保险业的发展使恩施的保费收入增长迅猛，2018 年恩施州的保费收入 50.28 亿元，2008 年全州的保费收入才 2.52 亿元，十一年增长 19.6 倍（见图 8-3）；财产险的保费收入从 2001 年的 0.64 亿元增加到 2018 年的 16.18 亿元，其间增长了 25.3 倍，人身保险的保费收入从 2008 年的 0.5 亿元增加到 2018 年的 36.62 亿元，其间增长了 73.2 倍。保险覆盖面持续扩大，2015 年全州保险深度达到 5.54%，比 2010 年提高了 2.48 个百分点，高于全国水平 3.24 个百分点，2018 年保险密度上升到 5.71%，保险密度（人均保费）稳步提升，2015 年保险密度为 912.53 元，比 2010 年增加 622.67 元，增幅高达 214.8%，2018 年的保险密度 1313.3 元，比 2015 年增加 400.77 元，增幅度达到 43.92%。

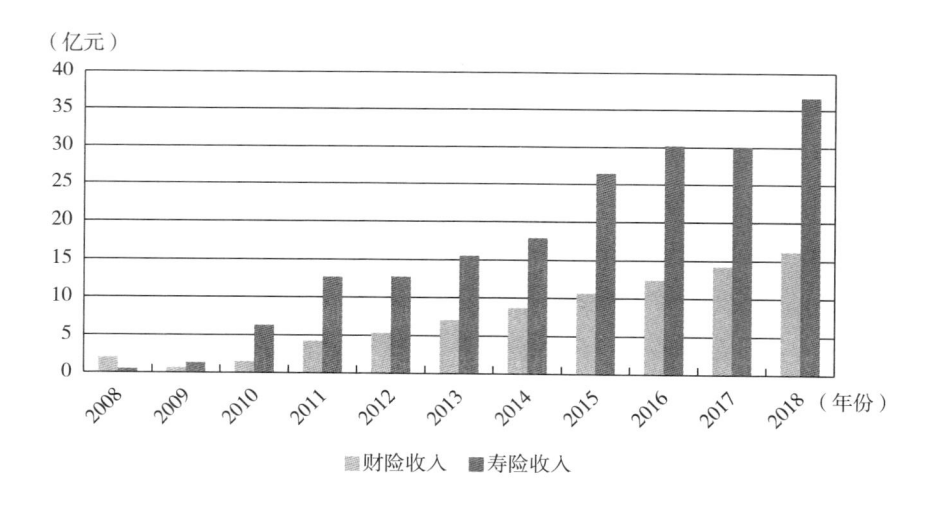

图 8-3　2008—2018 年恩施州的保费收入

资料来源：根据恩施州保险协会提供相关数据绘制。

保险产品稳步推进，先后推出了能繁母猪保险、水稻保险、"两属两户"农房保险、山地母黄牛保险、城乡居民大病保险、农村小额人身保险等"三农"政策性惠民保险系列新产品，保险产品进入"只有想不到，没有买不到"的时代。保险社会稳定功能得到体现，2018年全州保险赔付总额达到13.61亿元，比2010年增加9.51亿元，保险损失理赔的"雪中送炭"功能得到体现，有助于社会稳定和矛盾化解。保险业的就业创造和税收效应明显，2015年全行业提供就业岗位15000个，上缴营业税和个人所得税0.87亿元（见图8-4），保险业的发展不仅起到维护社会稳定的目的，还成为解决就业和创造税收的工具。

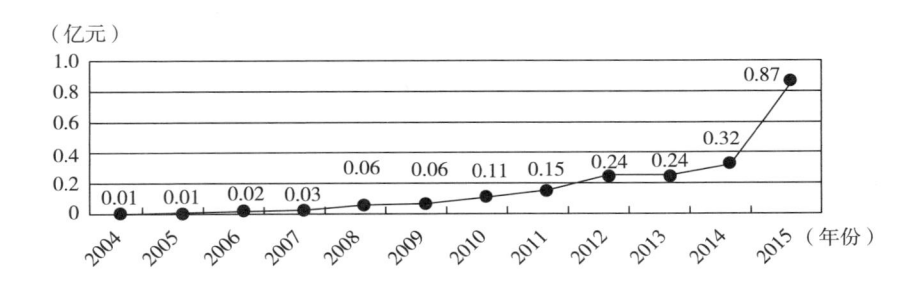

图8-4　2004—2015年恩施州保险业创造的税收

资料来源：根据恩施州保险协会提供相关数据绘制。

武陵山区的保险业蓬勃发展，但广大群众的保险意识不强，保险公司经营存在重营销轻服务，在保险意识教育和赔付方面存在不足，影响区域保险业的发展。

三　企业融资环境持续改善

武陵山区普遍存在市场融资主体小的问题，银行类金融机构在给中小企业融资时，受到融资对象的抵押资产和信用资质的影响，不愿意为其提供信贷服务，融资难和融资贵是武陵山区中小企业发展面临的主要困难。根据恩施州工商行政管理局提供的相关数据，2018年恩施州的市场主体有258628户，其中个体工商户总数达到194796户，占市场主体总量的75.3%，个体工商户户均注册资金为12.2万元。恩施州的市场主体总体质量不高，缺乏大的有影响力的龙头企业，个体工商户受到经营环境影响，经营业绩不稳定容易产生信用问题。剔除个体工商户和农业专业社，剩余企业类市场主体大约有5000多家，银行业金融机构从抵押资产和财务规范方面进行考察,合格的融资市场主体就更少。从社会发展环境来看,2018年恩施州尽管有21.08万人脱贫,但全州的贫困发生率依然达到5.8%,贫困制约了消费和购买力,经济发展程度不高影响企业经营环境和社会信用水平。

为了解决恩施州小微企业和"三农"企业融资难题,从2004年开始尝试投资担保企业来增信企业融资,到2018年年末,全州有融资性担保公司12家,其中国有控股或者国有独资8家,州、县两级政府出资11.26亿元,带动社会资本超过18亿元,国有股占全州注册资本的38.7%,担保业务占全州的85.6%,全州的每个县市都有1家融资担保公司,恩施州融资担保公司注册资本29.1亿元,融资担保能力达到291亿元。融资担保公司为小微企业和"三农"企业融资开展担保,目前开展集合债券担保、集合票据担保、供应链融资担保、林权地权股权担保等质押担保业务,累计为1075家企业和2007个个人提供133.5亿元的融资担保,签约资金的放大倍数达5.8倍,创造税收708万元;州、县(市)政府共同出资4100万元,设立政府风险补偿金,为小微企业、个体工商户、合作社、种植养殖户提供融资担保支持。推动县(市)政府与建设银行等银行机构合作,按照存1贷10的比例,为县、市政府推荐的中、小微企业发放"助保贷"等流动资金贷款,放大融资担保的效能和作用。借助融资担保体制为企业贷款过桥帮助,2018年全州筹集资金13.2亿元,为中、小微企业提供过桥资金,对解决小微企业的融资难题和实现现金流动的可持续有重要作用。

规范小贷公司的发展,引导资金服务地方发展。恩施州小贷公司发展迅速,2018年年末,全州共有27家小贷公司,总注册资本15.1亿元,贷款余额16.7亿元,累计放贷120亿元,累计为企业放贷超过4600笔,为客户提供贷款超过53.42亿元,为328家小微企业放贷73800万元,户均放贷225万元,帮助部分企业渡过资金难关,小额贷款公司的发展有效弥补了正规金融服务不足形成的空当。2015年8月成立的,由民间资本主导的恩施州龙华民间资本管理股份公司,在全州范围内对实体经济开展股权投资、债权投资、资本投资咨询、短期性财务投资及受托资产管理等业务。发挥恩施州民间资本的力量,引导民间资本参与成立股权投资机构,参与恩施州的各类产业项目投资。

创新农户信用评级，改善地方金融生态。2013年以来，中国人民银行恩施州宣恩县支行利用财政扶贫资金，创建分级扶贫增信平台，破解融资担保难题，着力构建"三社并举、分贴结合、四精准、三步走"的金融扶贫新模式。恩施市龙凤镇推行专业合作社扶贫互助联合社和村级扶贫互助社，吸纳小额贷款公司和小额担保公司参与，通过创新农民信用评级模式，基于信用评级差异为农民办理不同上限额度的信用卡，在一定时间期限内实现一次评级多次借贷，通过信贷额度管理实现信用评价价值，引导农民珍惜信用并形成现代金融理念。同时深化农村信用工程创建，将农村信用工程创建与金融扶贫工作相结合，创新金融产品，给予利率、授信额度等优惠，积极利用各种政策促进脱贫致富能力建设。积极鼓励县市参与全省的信用评级，在2018年度"湖北省金融信用市州县"考评中，恩施州连续11年获评"湖北省金融信用市州"；宣恩县和利川市获评全省2018年度"最佳金融信用县（市、区）"；恩施市、鹤峰县、咸丰县、建始县、巴东县获评全省2018年度"金融信用县（市、区）"，实现了全州"金融信用县（市）"全覆盖。

第二节 资本市场的发展支撑能力提升

金融是现代经济的核心，制定科学的金融发展战略，关乎区域经济发展的效果，也是地方政府治理能力现代化的体现。武陵山区亟须流入外部金融资源补充发展要素的不足，但由于与周边地区经济发展存在差距，在银行执行一体化的经营标准和管理模式下，民族地区宝贵金融资源通过银行的管网渠道外流，是对本地经济发展的釜底抽薪。利用资本市场拓展融资渠道，实现外部资金汇聚与对本地发展的支撑，不但能促进武陵山区的经济发展进步，还能丰富民族地区发展战略内涵。尽管与沿海和发达地区的资本市场相比存在差距，但与民族地区其他地方相比，武陵山区的资本市场建设初步形成了模式与思路，尽管还存在发展的不足与制约，但只要找准突破口采取科学措施，未来资本市场发展大有可为。武陵山区的资本市场发展与货币金融银行市场的发展不同，在银行类金融市场的建设方面，恩施州的经验可以作为武陵山区的代表，在资本市场建设方面，湖南省的湘西州武陵山辖区则走在了前头，下面结合湖北的恩施州和湖南的湘西州及怀化地区进行分析。

一 资本市场增加资金供给

尽管恩施州的银行类金融市场建设取得成就，金融体系的服务能力和金融资源的供给水平有很大的提高，但发展资金供给不足仍是制约恩施经济发展的难题，这与发展资金供给主要依靠银行为主的间接融资有很大关系。在恩施州从事金融服务的国有商业银行和股份制商业银行，按照中国人民银行和银监会制定的监管规则，在总行制定的融资贷款条件约束下，依据融资主体的产业属性、企业规模、抵押资产、经营模式提供贷款融资，而在恩施州从事具体业务的分支机构，虽然熟悉当地情况可以开展关系贷款业务，但受到贷款审批层级权限和审慎经营原则的影响，并不能自主地为本地企业提供充足的金融支持。由于经济发展水平落后，恩施州的企业普遍比较小，治理结构不规范，抵押资产比较少，信贷主体普遍质量不高，从银行获得贷款的制约条件多，再加上经济欠发达造成客观违约，合格的贷款融资者数量有限。商业银行根据信用环境和贷款主体的质量，动态调整区域贷款授信额度，银行发放信贷的意愿普遍不高。按照银行放贷条件和提供信贷的标准，只有为数不多的企业能获得贷款，银行"榜大户大款"与小微企业"融资难融资贵"并存。金融机构以银行为主，融资依赖信贷造成了"系统性负投资"①，银行等金融机构从恩施州的居民手中获得储蓄，并没有以相应的比例向该地区融资主体贷款，造成本地金融资源的外流。虽然恩施州的小微企业贷款从2010年的40.1亿元增加到2015年的176.4亿元，但全州的存贷差则从2010年的273亿元扩大到2015年的390亿元，剔除法定存款准备金提取的影响，2011—2015年，通过银行管网渠道外流的资金达到969.5亿元，平均每年外流资金近200亿元。

恩施州存在的情况并非个别现象，在整个武陵山区其他地方都存在，要解决武陵山区的金融资源外流与企业融资难，不能简单要求银行降低风险标准来增加资金供给。在市场经济条件下，银行作为自主经营和自负盈亏的独立法人，不但要承担对存款者的负债信用，股份制银行

---

① 王曙光：《金融发展理论》，中国发展出版社2010年版，第320页。

还要对股东的资金安全和价值增值负责,银行信贷资金的所有权和使用权分离,要求银行在资金供给方面要谨慎并防范风险,市场选择制约了银行类金融机构在民族地区融资中的作用。国家的"十三五规划纲要"明确提出,要"深化创业板、新三板改革,完善多层次股权融资市场……形成包括场外、场内市场的分层有序、品种齐全、功能互补、规则统一的多层次资本市场体系"①,目的是要为经济发展创造环境,疏通金融资源进入实体经济的渠道,改变过度依赖银行信贷造成的困境。发展资本市场推动股权融资,就是要发挥股权资本的所有权和使用权统一,投资决策层级少、反应快的特征,突破传统信贷融资风险约束机制形成的桎梏,为融资主体提供长周期的多样性资金支持,通过与融资主体建立互利共赢的关系,使金融资源能不断流向实体经济。若能在恩施州逐步建成多层次的资本市场体系,能为区域内不同发展阶段的企业获得外源性资金开辟通道,改变融资渠道单一的弊端与不足,为企业发展增加金融资源供给。

经过多年的发展,我国资本市场逐步完善,初步形成了多层次资本市场。从融资角度看,我国的资本市场是包含主板、中小板、创业板以及区域股权交易场所的多层次融资体系;从投资对象划分,我国的资本市场分为公募资本市场和私募资本市场。结合我国资本市场的机构和层次,民族地区只要善于利用资本市场是能找到外源融资的突破口的。恩施州是湖北省的资本市场发展相对滞后地区,自从恩施州与武汉光谷股权交易所签订合作协议,在武汉股权交易托管交易中心为企业挂牌提供服务,支持企业进入多层次资本市场直接融资,积极建设恩施企业股权挂牌交易板块,形成具有地方和产业特色的"恩施州富硒产业板块""恩施市'中国硒谷'生态农业板块""鹤峰县富硒茶叶板块""鹤峰现代农业板块""贡水之滨宣恩新经济板块""利川市绿色生态产业板块"和"壮美三峡·秘境巴东板块"7个县域产业板块。截至2018年年末,累计托管登记企业211家,托管总股本42.07亿股,其中181家挂牌企业中,累计成交量0.36亿股,成交总额0.40亿元,为14家恩

---

① 《"十三五"规划纲要》,http://www.sh.xinhuanet.com/2016-03/18/c_135200400_2.htm。

施四板企业完成股权融资268笔，融资总额达到3.82亿元。湖南怀化的洪盛源在2017年成功实现新三板挂牌，到2018年9月，湖南在新三板挂牌企业共计266家，来自武陵山区的企业近20家，贵州的同仁市也利用贵州发展多层次资本市场的机会，积极鼓励企业到资本市场融资，多层次资本市场有力支持恩施州乃至整个武陵山区企业的发展。

二　上市企业培育资本市场

引导企业上市在资本市场融资，不仅是为了获得资金，更重要的是利用资本市场培育现代资本市场意识。现代企业是经济价值创造的主体，是实现经济增长的主要力量，是融资和集聚社会资本的主要平台，培育现代企业就是提升区域经济增长能力。借助资本市场和现代企业治理要求，民族地区企业可以提高经济运作的透明度，增强公司信息披露的准确性、真实性。资本市场能客观准确评估企业价值，引导各种发展资源合理流动，使具备发展潜力的企业发展壮大。民族地区资本市场日益融入全国市场，使民族地区企业有机会获得全国资本的青睐，增强民族地区企业对全国资本的吸引力，提升民族地区经济增长包容性和开放度。民族地区的企业和民众在企业上市融资过程中，了解资本市场的要求和运作特征，增强运用资本市场的能力，形成现代资本市场意识。武陵山区的资本市场建设起步比较早，资本市场运作和市场意识为地区发展提供了支持。

武陵山区利用资本市场筹集资金，始于1996年张家界旅游集团股份有限公司在深圳证券交易所上市，武陵源核心景区的旅游资源与资本市场力量集合，使公司得到了快速发展，总资产已从1996年的22340.33万元增加到2016年的204416.5万元，主营业务收入从9208.76万元增加到59218.3万元[①]，公司成为民族地区旅游企业的标杆和中国旅游板块第一股。1997年在深圳证券交易所上市的湘西州酒鬼酒股份有限公司，是武陵山企业利用独特民族酿酒技艺结合资本市场，变传统技艺资源存量为财富增量的成功案例，2016年公司营业收

---

① 《张家界2016年年度报告》，http：//quotes.money.163.com/f10/ggmx_000430_3282235.html。

入达到 65485 万元，总资产达到 236079.8 万元，在全国白酒类上市公司中名列第 12 位，成为民族地区食品类企业的旗帜。2006 年成立于湖南怀化并成功 IPO 的湖南金鑫黄金集团有限责任公司，以武陵山区丰富的矿产资源为依托，发展成为拥有 10 家子公司的企业集团，公司资产从 6.6 亿元增加到 64.9 亿元，十年间增长了 10 倍。2010 年上市的怀化企业大康牧业，以武陵山区独特的畜牧资源为基础，发展成为国内知名的农业产业现代化公司。武陵山区四家 IPO 企业，利用公募渠道汇聚国内资金于武陵山区，借助外埠资金开发本地资源带动区域经济增长的案例，说明若能利用资本市场从外部筹集更多资金，恩施州经济发展的速度能更快，但目前恩施州还没有 IPO 企业。

四家企业 IPO 的成功和榜样示范作用，对武陵山区资本市场发展起了推动作用。由于武陵山区多数企业不具备公募资格，开展私募股权融资成为选择，政府建立各类引导基金成为重要促进举措。为了增加投资基金对本地企业的投资，武陵山区政府引导基金发展尤为迅速，2016 年新增政府引导基金 4 只，目前共有各类政府引导基金 6 只，贵州省和湖南省各有 3 只，贵州的 3 只政府引导基金完成筹资目标的 99.76%。在政府引导基金的带动下，吸引社会资本参与成立投资基金，对本地相关企业开展股权投资。目前，注册于武陵山区的投资基金已经达到 18 只，对武陵山区的 27 家企业进行了 60 次的投资（见表 8-1），投资总额达到 290.7 百万美元。在这些投资案例中，A 轮①融资 32 起平均投资 4.64 百万美元，B 轮融资 16 起平均投资 2.7 百万美元，对企业渡过"死亡之谷"并快速成长意义重大。在武陵山 IPO 的四家企业中，大康牧业和湖南黄金在没有 IPO 前就得到了投资基金的融资，在武陵山区新三板挂牌企业中也有 3 家得到投资基金的支持。发展区域资本市场为企业拓展融资渠道，推动企业在四板挂牌成为工作重点，更重要的是在全社会范围内普及资本市场知识，提升利用资本市场促进区域发展的意

---

① 融资轮次：A 轮融资是公司度过种子期进入初创阶段，已经拥有成型产品可以进行销售；B 轮融资是公司的产品定型成熟，形成了相对清晰的商业模式；C 轮融资是公司经过前几轮融资，产品和商业模式成熟定型，市场前景清晰并有良好的未来，公司可以考虑 IPO 上市进行公募融资。融资轮次是以企业发展阶段为基础，依据机构投资者对风险的容忍度分析企业融资的可获得性，轮次越靠后从资本市场获得资金的规模和次数都会增加。

识，改变民族地区发展的内源性自我融资习惯。

表 8-1　　武陵山区资本市场发展整体情况

投资时间	投资案例（起）	投资案例/全部案例（％）	投资总额（百万美元）	投资总额/全部投资额（％）	案例平均投资（百万美元）	案例平均投资/全部平均投资（％）
2004 年以前	1	1.67	0	0	—	0
2005 年	2	3.33	7.06	2.43	3.53	60.74
2008 年	8	13.33	15.27	5.25	2.54	43.76
2009 年	3	5.00	11.19	3.85	3.73	64.18
2010 年	2	3.33	18.01	6.19	9.00	154.85
2011 年	14	23.33	61.79	21.26	5.15	88.57
2012 年	9	15.00	29.78	10.24	4.25	73.17
2013 年	10	16.67	29.19	10.04	3.65	62.76
2014 年	1	1.67	0.16	0.06	0.16	2.80
2015 年	4	6.67	10.19	3.51	3.40	58.43
2016 年	4	6.67	105.14	36.17	26.28	452.09
2017 年	2	3.33	2.91	1.00	1.46	25.06

资料来源：根据清科私募通数据库数据整理。

三　建设市场提升资本意识

民族地区受传统发展模式的影响，企业和民众的资本市场意识淡薄。企业主普遍存在"小富即安"和不愿露富的心理，尤其是担心企业融资会影响企业的控制权，企业发展缺乏资金倾向找银行贷款或亲戚朋友拆借，不愿意寻找直接融资渠道。社会公众缺少资产收益意识，收入主要以银行存款或者房子不动产的形式持有，不愿意接受股权和债券类的资产，民族地区民众的资产与产业需要形式之间存在错位，金融资源配置效率不高。为了改变武陵山区存在的资本市场意识淡薄问题，当地政府应利用全国资本市场发展的形势与武陵山区企业成功上市的案例，在全社会范围内推动多层次资本市场建设，提升全社会的资本意识。

近年来恩施州经济发展迅速，随着国家脱贫攻坚战略的推进，支撑金融发展的经济基础将不断强化，企业在资本市场进行各类融资活动也更加频繁，融资结构发生改变是必然的，发展以资本市场为主的直接融资①，是符合经济规律的市场选择，也是金融发展的着力点。恩施州在2013年成立服务小微企业股权托管登记、股权交易、股权融资和企业上市的武汉股权托管交易中心恩施分中心，并积极开展债券融资、私募股权融资，股权托管企业融资等直接融资方式。经过多年的培育，恩施州的资本市场正在形成，民众投资热情持续高涨，证券投资踊跃，交易开户数量持续增加，到2015年年末，证券交易开户数达到4.8万户，证券交易总量达到323.98亿元，分别比2010年增长65%和174.56%，到2018年年末，证券交易开户数达9.16万户交易额405.09亿元，分别比2015年增长91.25%和20%。

资本市场的发展和群众现代资本意识的兴起，引导民间资本进入资本市场。民间股权投资基金逐步发展，2014年成立永安信（恩施）股权投资基金并成功募集资金460万元；众筹金融发展已经起步，2015年组织100多家企业赴贵阳调研学习，主动对接众筹金融，企业家资本市场直接融资的意识得到进一步加强。在资本市场进行股权融资的多数是中小企业，按照银行经营原则难以获得信贷资金，在没有IPO之前获得私募股权融资支持，一方面增加企业的金融资源供给，为企业快速成长并扩大规模创造条件，另一方面减轻债权融资给企业带来的还款压力，使企业集中精力进行生产经营活动，能促进企业的治理结构现代化，增强企业的市场生存与竞争能力，为未来的IPO创造了条件。

发展资本市场成为政策共识。湖南省提出，"十三五"期间要"重点推进大湘西武陵山片区普惠金融增长极，明确娄底市境内外上市公司要实现零的突破，湘西州要在境内外上市公司3家，新三板上市企业10家；直接融资规模达100亿元"②。针对湖南省的要求，湘西州明确提出："健全多层次资本市场体系，支持企业上市和到'新三板'、区

---

① 林毅夫、孙希芳、姜烨：《经济发展中的最优金融结构理论初探》，《经济研究》2009年第8期。

② 湖南省地方金融监督管理局：《湖南省"十三五"金融业发展规划》，http：//dfjrjgj.hunan.gov.cn/xxgk_71626/ghjh/201701/t20170113_3895130.html。

域性股权交易市场挂牌融资,推进上市公司再融资和兼并重组,充分利用债券市场,提高直接融资比重。"① 为了促进恩施州的资本市场发展,恩施州委、州政府先后出台了《关于加快多层次资本市场建设发展的意见》《关于促进金融业加快发展的意见》等专门文件,并在《恩施州金融十三五规划》中提出,"要实现主板上市零的突破,挂牌上市企业总量超过333家,新三板挂牌企业超过30家的战略目标"②,在政策的引导下,恩施州的金融市场取得巨大进步,恩施长友现代农业公司纳入湖北省重点上市后备企业名单,大峡谷旅游和圣峰药业成为省上市办重点培育企业。

第三节　因地制宜与区域金融发展

武陵山区地处湖北、湖南、贵州、重庆四省市交界地区,受到自然条件和历史原因的影响,经济发展水平不高,金融业发展相对落后。近年来,金融业快速发展,促进了当地经济社会的发展,金融发展水平高于经济发展水平,实现了金融领先于经济发展水平。作为金融经济欠发达地区,金融的发展离不开精心策划和周密安排,金融部门做了大量基础性工作,克服"市场失灵"带来的影响,为金融业发展创造良好的环境。武陵山区的金融业发展,关键在于因地制宜制定政策,利用毗邻经济发达地区的优势,引入先进的金融思想和理念,科学制定政策促进金融发展。尽管武陵山区的金融发展与发达地区有差距,但同自身相比则取得了前所未有的成就,金融资源和服务支撑地方发展的能力大大提高。

一　依据环境确立可行发展目标

21世纪以来,国家的西部大开发、连片贫困地区脱贫和脱贫攻坚战略的推进,武陵山区作为经济欠发达的少数民族地区,一直是国家重

---

① 《湘西州国民经济和社会发展第十三个五年规划纲要》,http://fgw.xxz.gov.cn/jjfz/201707/t20170713_733779.html。
② 《恩施州人民政府关于印发恩施州金融业发展"十三五"规划的通知》,http://www.enshi.gov.cn/2016/1209/296407.shtml。

大政策的受惠区域。尤其是党中央在推进脱贫攻坚工作中明确提出，在脱贫攻坚进程中，必须"一个民族、一个家庭、一个人都不能少"，要实现民族地区与全国同步共同实现小康，这是国家促进民族地区发展的决心体现，也是民族地区经济社会发展千载难逢的机遇，更是民族地区提升自生能力促进金融发展的有利契机。武陵山区的金融发展在党的十八大以后取得巨大进展，与把握国家总体宏观政策机遇有重要关系。

武陵山片区在各省市发展中的战略地位提升。湖北省为了促进经济高质量发展，制定了"一芯驱动、两带支撑、三区协同"的区域发展战略，湖北武陵山片区将承担绿色发展的示范区责任，以文化旅游、生态农业、清洁能源等产业为发展方向，打造特色产业增长极。湖南省确定开放崛起战略，明确了要以张家界和怀化市为中心，促进湘西地区开发开放。贵州按照区域协调发展战略，要求"以铜仁市中心城区为核心，江口、松桃、玉屏等县城区为支撑打造城市增长极"。重庆的武陵山片区融入全市的创新驱动发展战略，积极参与对外开放的建设。武陵山片区各地政府把握省市政策定位，协调自身发展与之对接。

湖北省发展从"两圈两带"战略向"一芯驱动、两带支撑、三区协同"战略转化，恩施在湖北经济版图中的重要性进一步提升，湖北建设"一红一绿"两区，支持恩施建设全国先进自治州，推进武陵山少数民族地区经济社会发展，使不同层级的重大发展政策实现叠加。湖南省的大湘西开放战略，使武陵山片区由发展的末梢向前沿转化，提升经济开发水平促进了发展要素的集聚。铜仁市结合贵州的定位，注重发展旅游业和高新技术产业，推动产业结构的转型升级，地方政府的主动作为和应对，促进了区域经济的发展，为金融业发展创造了机会和条件。

武陵山区各地金融主管部门积极作为，促进了区域金融的发展。恩施州地方政府和金融主管部门，围绕促进金融发展服务地方经济发展的大局，打破金融发展思路常规，跳出经济水平决定金融发展的惯常思维，宣扬金融发展先行的理念，从思想入手培育科学的金融发展观，在全社会凝聚金融发展的共识；结合恩施州的实际情况，把建设金融生态与聚集金融资源放在同等重要地位，实现金融发展与金融生态改善同步。湖南湘西州各地政府重视金融发展，把金融发展放在经济工作的重要位置，实现金融与经济的融合发展。

近年来，武陵山区金融市场发展，重要的经验就是把握国家政策机遇，遵循"明晰市场边界、强化约束机制、增强服务功能、国家适当支持、地方政府负责"改革创新精神，通过找准金融发展的着力点进行政策优化设计，始终坚持金融发展服务实体经济和民生，妥善处理金融发展中突发事件并维持稳定，结合地方发展的需要确定金融发展的目标。区域金融发展政策的制定要因地制宜，切合区域经济发展的特点和基础，注重金融创新与金融知识与意识的培育，提升区域金融发展的生态环境。金融政策的制定，要能落实并可操作执行，注重金融人才队伍建设，也是武陵山区金融发展的重要经验。

二　培育市场主体吸附金融资源

金融发展不仅要重视金融资源和服务能力的建设，更重要的是要有高质量的市场主体，市场主体是承载金融资源的基础，只有培育高质量的市场主体，才能源源不断地为金融资源提供载体。培育市场主体吸附金融资源，也是金融发展的重要内容，否则金融资源也会因缺少需求而流失，武陵山区各地政府在培育市场主体方面下了很大的功夫，用市场主体的数量与质量提升吸引金融资源。拥有一定数量的市场主体，供金融机构挑选的服务对象就比较多，政府组织银企对接和金融服务的早春行动，才能取得更好的效果。

武陵山区各地政府，为了促进市场主体的发展，重视改革创新促进市场主体发展。政府的制度改革，以解决事关"小微企业"和"三农企业"长远发展和龙头企业做大做强的重大目标为导向，以建设市场秩序和促进要素有序流通为抓手，通过体制机制创新为市场发挥作用创造机会和条件，激活包括金融资源在内的各种发展要素，服务武陵山区的经济社会发展。为了激活金融资源的市场需求，金融主管部门深入调查县域和产业发展的需求，在做好金融普惠和服务均等化的基础上，结合发展的需要建立增信机制，让更多合格市场主体都能获得金融服务。将市场服务需求转化为金融业发展的动力，积极引导金融企业结合武陵山区的需要，进行各种类型的金融产品与服务创新，尽量促进金融供需的对接与结合。同时根据金融体系建设需要，持续引进各种类型的金融机构，为了建设服务多层次资本市场的需要，注重不同层次产权交易平台的建设，以系统思维解决金融发展的问题。2016年，恩施州通过《恩施州人民政府关于深入推进大众创业万众创新的实施意见》，通过制度创新建设"基础扎实、环境宽松、政策有效、制度牢靠的工作体系"，通过推动创新创业活动增加市场主体，2018年出台《恩施州工商局关于支持"四大产业集群"发展助力建成全省特色产业增长极的意见》，以"建设高效、规范统一、宽进严管"的原则，营造公平竞争的环境。2018年，恩施州的市场主体比上年同期增长14.2%，企业类市场主体增长30.9%。

善于发挥财政资金的撬动作用，通过促进市场主体发展，促进金融服务市场的扩张。利用市场对政府信用的信心，动员州、市县两级政府加大财政资金的投入，做大担保企业的财政资金池，持续提升担保能力和水平，增强为资金需求主体的担保能力，包括恩施州在内武陵山区各地，担保公司实现了县（市）的全覆盖，通过为企业提供融资担保和过桥贷款，使金融资源能不断流向实体经济。创新"公司+农户""公司+基地+农户""农民专业合作社+农户"等多种担保方式，为农户、农业经济提供资金支持，发挥生产发展基金的杠杆作用，实现"三降一扩"（降低成本、降低门槛、降低风险、扩大贷款规模）和"两免一补"（免担保、免抵押、补利率）目标，为恩施州小微企业提供融资担保服务，促进新兴产业的发展，增加小微企业的资金可获得性并降低融资成本。结合扶贫创新，依托龙凤镇的金融扶贫试点，利用农村综合产权服务平台，联合专业合作社、扶贫互助联合社和村级扶贫互助社，解决农村贫困户金融信贷支持问题，创新农村新型主体的金融支持模式。经过政府的扶植，恩施州的农村专业合作社不断增加，2018年全州的农民专业合作社1.25万户。农民专业合作社数量不断增加，恩施州进一步创新扶贫贷款发放的政策与做法，农民专业合作社通过承担帮助贫困户脱贫的责任，可获得相应信贷资金支持，让更多资金服务实体经济和"三农"发展。

三 促进资源服务下沉推动金融普惠

武陵山区交通不便造成金融服务成本高，促进金融普惠是金融发展始终坚持的方向，尤其是为偏远农村和山区居民提供金融服务，是金融发展政策重要的发力点。加强金融服务网点的建设，增加偏远农村的金融资源和服务供给，关注贫困弱势群体的金融服务需求，是武陵山区金融主管部门关注的焦点。

湖南省在武陵山片区促进县域金融的发展，推动"一县两行"体系建设，在武陵山片区的每个县（市）建设一家农村商业银行和村镇银行，通过发挥农村商业银行和村镇银行本土法人的优势，增加县域金融服务的力度和强度。引导基层金融机构改进金融服务内容和方式，促进金融超市在县域层面的普及，创新金融产品丰富金融服务层次。将基层金融普惠与精准扶贫结合在一起，推动贫困村的金融扶贫工作站建设，全省8000个贫困村都建设了金融扶贫服务站，金融扶贫服务站增强武陵山片区的金融服务力度，有助于引导资金进入民族地区。湖北省也以县域金融发展为抓手，促进武陵山片区的金融发展，"以提升县域贷存比为核心，以推动企业进行股份制改造、到多层次资本市场融资为突破口，增加县域金融供给，提高县域金融的可获得性。充分利用银行贷款、资本市场、保险资金，有效满足县域中小企业和农户融资需求"①，同时利用精准扶贫的机会，推进农村金融扶贫工作站的建设，促进金融资源和服务向偏远山区和贫困户流动。为了增加金融服务的可获得性，鼓励金融机构采取多种措施加强服务网点建设，采用实体经营网点和网络虚拟经营网点相结合的方法，发掘已有金融网点的服务功能，借助村社和能人大户的作用，延伸实体机构服务的范围空间；依托互联网的发展，采用自助银行、智慧银行、电话银行等形式，建设多样化的经营网点，实现网上和网下同步发展，借助网络信息实现金融服务的拓展。

结合武陵山区的产业发展特征，创新金融产品和金融服务供给，提高金融服务供需对接。恩施州结合六大产业链的发展，针对茶叶和旅游的发展，激励金融机构结合地方实际进行产品创新，推出更多符合恩施地方需要的接地气的金融产品。开发出一批独具特色的地方性金融产

---

① 《省人民政府关于印发湖北省金融业发展"十三五"规划的通知》，http://www.hubei.gov.cn/govfile/ezf/201608/t20160805_1032854.shtml。

品,中国农业银行恩施州分行围绕茶叶产业链提供金融服务的做法,引起社会的广泛关注;中国工商银行恩施州分行推出的小微企业集群贷、小微企业旅游贷、银政集合贷等产品引起社会巨大反响。保险公司结合恩施州区域产业发展,创新推出能繁母猪、育肥生猪、水稻等政策保险,并采取相应措施将茶叶、药材、魔芋、山地黄牛、黑猪养殖等产业纳入政策性保险范围,扩大农业保险覆盖面。针对武陵山区的正规金融资源不足的现实,引进民间金融加以合理利用,通过发展小贷公司、典当行、投资基金的模式,对正规金融服务不足进行补充。武陵山区金融发展的重要特点就是金融资源服务实体和县域经济,防止脱离实体经济造成的空转。

第四节　资本市场发展滞后与发展需要

尽管武陵山区的金融发展取得很大成就,资本市场进步明显,但与周边发达地区相比仍然落后,资金供给能力仍难以满足发展的需要。还是以恩施州为例子,全州虽有三板挂牌企业 3 家,但主板和创业板上市企业尚未突破,企业利用资本市场直接融资的积极性不高,上市后备企业数量不多、质量不高。2018 年年末,湖北全省在境内上市企业 102 家,新三板挂牌企业 360 家,四板市场企业总数 4978 家。对比湖北省的资本市场发展,恩施州资本市场与全省水平相距遥远。资本市场是金融发展的高级阶段,需要市场与政府政策协同互动,培育并促进资本市场发展是一个渐进过程,由于恩施州资本市场发展处于起步的阶段,发展还存在不少的困难和制约。

一　经济基础制约资本市场发展

虽然武陵山区的经济发展取得巨大成就,但基础依然脆弱不稳固。以湖南湘西州为例,"十二五"期间全州 GDP 年均增长 8.7%,而同期湖南全省 GDP 的增长率为 10.5%,2010 年湘西州 GDP 占湖南全省的 1.89%,2016 年占比下降到 1.69%,2010 年全州人均可支配收入与全省水平相比差距为 4451 元,到 2016 年差距拉大到 5024 元,2015 年湘西州的城镇化率为 41.9%,而湖南省和全国的平均水平分别为 56.1%

和 50.89%。恩施州情况也类似，"十二五"期间湖北省 GDP 总量年均增长 11.4%，而恩施州 GDP 总量年均增长率只有 10.7%，2015 年全省人均 GDP 为 20191 元，只有全国平均水平的 40.9% 和湖北省平均水平的 39.9%，全州人均可支配收入比全国水平低 3453 元，比湖北平均水平少 3875 元，全州城镇化率为 39.98%，比全国和湖北省的平均水平低 16.12% 和 16.62%。尽管脱贫攻坚取得阶段性胜利，但经济的自我发展能力依然薄弱，以利川市为例，到 2016 年年末，全市仍有贫困人口 14.2553 万人，贫困发生率为 14.53%，部分脱贫群众也可能因病因灾返贫，2018 年恩施州的贫困发生率仍为 5.8%。经济基础脆弱造成恩施州企业小，投资回收期长而回报率低，投资者对恩施州企业投资的积极性不高。

截至 2017 年 5 月，全国各类投资机构对 38549 家企业进行 84903 次投资，投资总额 920509.53 万美元，其中对武陵山区的 27 家企业进行了 60 次投资，其中与恩施州有关的只有 10 起，另外 47 起发生在湘西州和张家界市；投资总额为 290.70 百万美元，在整个资本市场中微不足道，而投入恩施州的资金只占总量的 5.37%，仅为 15.6 百万美元。目前在武陵山区进行股权投资的投资基金共 29 只，其中在湘、鄂、黔、渝注册的基金 14 只，在其他省市区注册的基金 15 只，而四省市注册的投资基金共 968 只，全国的投资基金有 74039 只，就投资基金的来源看，其他地区的投资基金很少投资恩施州，四省市的投资基金投资意愿也很低。从投资能力和力度来看，四省市参与投资的基金，与北京和广东等外部基金差距明显（见表 8-2）。经济基础脆弱，使武陵山区企业对投资基金的吸引力不强，实力强的外部投资者不愿来，愿意投资的本土投资者实力又不够，资本市场供给的资金难以支撑企业快速成长壮大。

表 8-2　　　　　　　　武陵山区投资基金发展的基本情况

单位：只、%、百万美元

注册地	数量	总量占比	已筹资金总量	已筹资金/目标规模	单只基金平均规模	单只基金平均规模/目标规模
湖南	8	27.58	117.69	9.91	19.62	42.95
湖北	3	10.34	66.82	5.63	22.27	48.76

续表

注册地	数量	总量占比	已筹资金总量	已筹资金/目标规模	单只基金平均规模	单只基金平均规模/目标规模
贵州	2	6.90	32.17	2.71	16.09	35.22
重庆	1	3.45	218.36	18.39	218.36	478.07
广东	6	20.68	494.85	41.67	82.47	180.57
新疆	2	6.90	5.74	0.48	5.74	12.56
天津	2	6.90	124.32	10.47	62.16	136.09
北京	1	3.45	105.86	8.91	105.86	231.78
福建	1	3.45	16.28	1.37	16.28	35.65
江苏	1	3.45	1.97	0.17	1.97	4.30
上海	1	3.45	0.29	0.02	0.29	0.64
浙江	1	3.45	3.2	0.27	3.2	7.01

资料来源：根据清科私募通数据库数据整理。

二 资本市场与产业匹配失衡

资本市场选择投资对象，偏好从融资主体所在行业出发，通过分析产品的市场空间来判断企业成长潜力。对于传统产业来说，拥有生产规模和市场占有率的融资者，经营相对稳健而容易获得投资者青睐；对于新兴产业来说，拥有创新技术的融资者，因市场空间巨大有爆发式增长的可能，投资者有获得远期投资收益的可能，供给资本的意愿也比较强烈。恩施州的企业多以茶叶、干果、水果、药材等传统产业为主，发展规划又多是以县或乡镇为主，生产有随意性而经营有分散性，产品生产供给难以稳定对形成品牌有困难，企业几乎没有商标类无形资产，缺少轻质资产使企业的市场价值不高。以恩施州为例，全州的茶叶基地虽有130万亩但经营企业却有1000多家，南方特色土豆种植有200多万亩但分散于1万多家农户；硒资源丰富但全州硒产业市场主体多达160家，经营范围几乎全部集中在富硒的农副产品；受技术创新能力和科技支撑体系的制约，硒资源并不能向高新技术产业发展，无法把硒资源发展成类似稀土一样的产业，导致资源的市场价值大打折扣。

恩施州的企业以区域资源为基础发展特色产业没有错，但投资者是按照行业发展前景和融资者经营战略来判断投资价值,融资主体与投资主体无法找到共同点导致对接耦合失败,使恩施州企业得不到资本市场的强力支持。国内资本市场青睐的行业是互联网和 IT 技术,与二者有关的融资案例合计占比达到 34.14%,武陵山融资主体集中在农/林/牧/渔和能源及矿产行业,占全部融资案例的 36.66%,再加生物技术/医疗健康、化工原料及加工和食品饮料行业,资源类行业占融资案例的 73.32%,武陵山区融资主体的产业选择与资产市场的偏好明显错位(见表 8-3)。资本市场青睐 IT 和互联网产业,对有规模的传统产业有投资偏好,恩施州企业选择资源类传统产业,IT 和互联网产业没有起步,从事传统产业的企业规模又小,企业从资本市场获得投资的机会少、额度小,全国资本市场平均投资额是 13.56 百万美元/起,武陵山区企业获得的平均投资额只有 5.81 万美元/起,而恩施州企业获得的平均投资额只有 2.23 百万美元/起,不到全国平均水平的 16.4% 和武陵山区平均水平的 38.4%,恩施州资本市场供给能力不但低于全国平均水平,也低于武陵山区平均水平。

表 8-3　　　　　　　武陵山区融资行业结构与全国的比较

排名	全国		武陵山区	
	行业	占比(%)	行业	占比(%)
1	互联网	20.41	农/林/牧/渔	18.33
2	IT	13.73	能源及矿产	18.33
3	生物技术/医疗健康	7.95	生物技术/医疗健康	15
4	电信及增值业务	7.51	化工原料及加工	13.33
5	金融	5.93	建筑/工程	11.67
6	其他	5.61	食品和饮料	8.33
7	娱乐传媒	5.21	电子及光电设备	8.33
8	机械制造	5.15	其他	5
9	电子及光电设备	3.94	互联网	1.67
10	清洁技术	3.27	清洁技术	1.67

资料来源:根据清科私募通数据库数据整理。

三 政策引导与发展协同不够

从国内资本市场发展经验来看，政府根据发展需要设立产业引导基金，吸引社会资本参与放大基金规模，对本地具有发展潜力的企业进行投资，帮助企业快速做大做强，是区域资本市场发展的重要途径。政府引导基金的类型和规模，对本地区资本市场发展至关重要，目前武陵山区的政府引导基金总共6只，2016年成立的基金有4只，基础设施引导基金3只，主要服务交通设施和城市建设融资，而服务于企业成长的产业基金才2只，对产业发展的引导力明显不足。湖北省和重庆市各拥有政府引导基金33只和21只，但在武陵山区注册的却是空白，政府引导基金偏好发达地区的产业和企业，忽略武陵山区的发展需要，恶化了企业的生存竞争环境。资本市场落后和政府引导不力，使武陵山区的资本市场处于自生自长的状态，面对江苏等发达地区都成立县级政府引导基金的现实，武陵山区资本市场发展滞后缓慢，是情理之中的必然，恩施州的资本市场落后于湖南片区，也是意料之中的事情。

政府引导与资本市场发展协同错位，放大了资本市场发展与外部的差距。推动新三板企业挂牌，成立新三板发展投资基金，促进企业的股权质押与并购重组，是资本市场的重要功能与发展方向，但恩施州还没有针对新三板市场发展制定引导政策，以新三板挂牌企业为投资对象的基金也为零，直接后果是新三板挂牌企业数量差距的巨大鸿沟，2017年全国新三板挂牌企业总数11283家，而武陵山区仅有16家，恩施州一共才两家，数量不足难以选拔质量强者参与IPO竞争，押宝两家企业IPO是很难成功的。转板上市是恩施州资本市场发展的重要思路，推动新三板挂牌企业IPO成为重要战略[①]，但没有针对可能转板企业制定倾斜性政策，从全国新三板挂牌企业转板上市的总体来看，恩施州挂牌企业所在行业还没有成功先例（见表8-4），引导挂牌企业契合资本市场调整发展任重道远。发展四板市场并促进挂牌企业并购重组是工作的重点，但恩施州既没有相应的政策又没有引导基金，四板挂牌企业的数量

---

① 《恩施州人民政府关于印发恩施州金融业发展"十三五"规划的通知》，http://www.enshi.gov.cn/2016/1209/296407.shtml。

很大，但在融资和并购方面并没有实质效果，缺乏成功榜样的示范和引领，企业挂牌和运用资本市场融资的积极性不高。引导政策注重对企业挂牌上市后的奖励，对推动创新创业和培植产业没有针对性政策，上市奖励是治标不治本的事后措施，而培植大量有发展潜力的市场主体，发展天使投资和创业投资是资本市场发展的夯基工程，但没有纳入资本市场发展战略。政府引导与市场需要协同偏差，整个武陵山区资本市场发展还很粗放，市场主体不多不大不优秀，企业明显缺乏IPO竞争能力。

表8-4　　　　　新三板挂牌企业转板上市成功企业一览

公司名称	挂牌日期	IPO日期	行业
久其软件	2006年9月6日	2009年8月11日	信息技术
北陆药业	2006年8月23日	2009年10月30日	医疗保健
世纪瑞尔	2006年1月18日	2010年12月22日	信息技术
佳讯飞鸿	2007年10月23日	2011年5月5日	信息技术
紫光华宇	2006年8月25日	2011年10月26日	信息技术
博晖创新	2007年2月12日	2010年12月22日	医疗保健
东士科技	2009年2月10日	2012年9月27日	信息科技
安控科技	2009年8月13日	2014年1月23日	信息技术
双杰电气	2009年2月13日	2015年4月23日	工业制造
康斯特	2008年12月22日	2015年4月24日	信息技术
合纵科技	2007年9月13日	2015年6月10日	工业制造
中旗股份	2014年10月17日	2016年12月5日	工业制造

资料来源：Wind资讯，http://www.wind.com.cn/。

恩施州资本市场发展所面临的困难与制约，既有发展基础等历史累积因素，又有促进政策与市场发展协同不够的现实原因，还包括对金融发展规律认识的偏差。恩施州资本市场发展面临的难题和困境，并非自身独有而是整个武陵山区普遍存在的问题，也是当前民族地区金融发展的最大短板与不足，是急需突破的难点。因此，需要结合区域发展和国家政策，对武陵山区的资本市场发展政策进行优化设计，使其更加符合区域发展的需要。

四 准确实策与资本市场的发展

发展资本市场推动直接融资,对缓解武陵山区和恩施州企业的融资难有重要意义。武陵山区面积较大,各地要素禀赋不同,企业类型多、数量大,融资需求不尽相同,资本需求是一个多变量的连续需求函数。武陵山区的金融资源存量有限,投资者基于风险偏好和回报率选择投资模式与规模,资本供给是变量少的断续性函数。资本市场要提供链式金融服务,为企业提供种子期到成熟期的全程服务,资本市场要求具有多层次性①,在不同层级资本市场之间要形成稳定有序的进退通道,才能为投资者和融资者提供差异化的选择。培育和发展资本市场一项系统性工程,需要多种力量的配合协同,不是依靠某一种力量单独作用的结果。要推动武陵山区资本市场发展,需要从以下几个方面努力:

第一,提升全社会的资本市场意识。受特定文化习俗与传统习惯影响,包括恩施州在内的武陵山区居民储蓄倾向比较高,相信"细水长流日子甜"的理念,受长期形成的"富贵险中求"观念影响,对资本市场的风险充满了恐惧,对股权和债券类的直接投资,在心理上排斥而不愿参与,再加上我国资本市场不成熟,市场存在涨跌幅度过大而收益不稳定的问题,富余的社会资金多进入货币市场,不愿意进入资本市场投资。市场融资主体,害怕股权融资影响对企业的控制权,再加上小富即安的心理和资本市场知识缺乏,对利用资本市场融资存在偏见,融资依赖信贷甚至借用高利贷,不利于区域资本市场的培育。区域金融政策主要围绕存贷展开,防范金融风险耗费过多政策资源,挤占对资本市场发展的政策关注力度,国家的金融监管和金融经营原则,使地方政府金融政策空间狭小而前瞻性不足,资本市场发展面临市场和政策的双重失灵。意识观念是制约武陵山区资本市场发展的重要原因。要促进恩施州资本市场发展,要提升全社会的资本市场意识,增加居民资本市场知识并提升投资理财意识,使富余资金转化为投资资本;强化企业运用资本市场融资的意识与能力,树立利用资本致大富的意识,注重企业治理结构的现代化,推动信息披露制度化、透明化,不断提升企业的知名度和

---

① 周小川:《资本市场的多层次特性》,《金融市场研究》2013 年第 8 期。

资本市场的吸引力；提升各级政府的经济治理能力水平，把握资本市场发展的规律，科学制定引导政策，为资本与企业对接搭建平台，并保障投资者的合法权益，优化区域投资环境。形成全民学习资本市场知识和参与资本市场建设的氛围，为资本市场的发展创造条件。

第二，拓展资本市场的层次性。产业选择和发展基础不同，同类企业的生命周期有差别，资本市场的多层次性至关重要，金融发展要走产业集群模式[①]，为不同投资者提供差异化的投资选择，而资本市场的层次少和层级衔接不畅，不同偏好的投资资本不能有序进退，是制约资本市场发展的重要因素。要引导企业"先在底层资本市场中筹措创业资本，在企业成长壮大后才能迈进更高一层的市场，甚至申请在全国市场挂牌"[②]，要补齐种子期的资本市场短板（见表8-5），拉长成熟期与扩张期资本市场长板，使融资者能在市场找到资金而投资者能找到机会，并随着企业成长动态调整。脱贫攻坚的胜利与全民创新创业高潮的叠加，恩施州将催生大批新生企业，要引导资本市场由服务成熟扩张期向种子期延伸，大力发展天使投资和创业投资；同时大力发展债券市场，有条件的企业要敢于进行债券融资和票据融资，鼓励中小型企业联合发行企业集合债，增强企业融资能力；运用国家政策引导发展联投贷，为商业银行参与资本市场拓展空间和渠道，实现股权和债权之间有序转换；要在不同层级资本市场之间建立通道，为各种资本的投资进退和收益变现创造条件。通过发展战略的优化，补齐资本供给链的断层防止服务体系片段化，形成服务企业成长的全程链式资本服务体系，为投资者和融资者建立互利共赢的关系创造条件。

第三，增强引导政策的有效性。发挥政府产业基金的引导功能，吸引社会资本投资特色企业，加速企业成长乃至上市，是发达地区促进资本市场发展成功做法。武陵山区政府投资基金不但数量少而且规模也小，目前全国共有政府引导基金1610只，平均每只规模为52.69亿元，而湖南武陵山片区的3只政府引导基金平均规模1.52亿元，恩施州还

---

① 段世德：《湖北省金融产业集群的发展路径选择研究》，《湖北行政学院学报》2012年第5期。

② 邢天才：《我国多层次资本市场体系的构建与发展思路》，《财经问题研究》2003年第3期。

没有成立政府引导基金。受到武陵山区四家 IPO 企业的影响，武陵山区的政府引导基金偏好投资农、林、牧、副和矿产资源等，受区域产权交易市场滞后和产业成长周期的影响，引导基金的周转速度和效率都不高，增强引导政策的针对性和有效性非常重要。要做多做强政府引导基金，将恩施纳入长江产业基金覆盖范围，尽快设立富硒产业引导基金，尽快填补恩施州政府引导基金的空白；注重金融政策与产业政策的结合，促进植物资源转化为生物制药，富硒资源向战略性新兴产业发展，自然环境向大健康产业集聚，资本市场向培育新兴市场主体倾斜；尽快设立天使投资引导基金，弥补新三板投资基金的空白，吸引社会资本参与成立并购基金，引导资本向四板挂牌企业流动；优化政策设计，吸引资本市场金融中介在恩施州发展，优化资本市场发展的环境；争取国家政策支持，把资本市场系统纳入精准扶贫范围，为恩施州企业获得资本服务创造条件。

表 8 - 5　　武陵山区不同生命周期的企业的融资情况

阶段	数量	与总数量比（%）	金额（百万美元）	与总金额比（%）	平均金额（百万美元）
扩张期	27	45	78.76	27.09	3.75
成熟期	21	35	173.25	59.60	9.63
初创期	9	15	18.1	6.23	2.26
其他	2	3.33	19.84	6.82	9.92
种子期	1	1.67	0.75	0.26	0.75

资料来源：根据清科私募通数据库数据整理。

第四，引导资金转换形态与空间。初步统计，"十三五"期间恩施州投资总需求至少需要 5000 亿元，整个资本市场迄今累计提供资金不到 1 亿元，增强资本的有效供给刻不容缓，而转化资金形态与空间则是解决问题的重点。逐步减少居民的货币存款占比而提高资产比重，发挥居民存储与股权投资的桥梁作用，引导民间资金转化为资本进入实体经济，为资本市场提供资本来源补充；引导有发展基础的企业向平台公司发展，依托企业信用和实力成立财务公司，对产业链上下游企业投资，推动企业向集团化方向发展，为 IPO 创造条件和机会。加强武陵山与外部资本市场联系，为已经 IPO 企业的发展创造环境和效益，通过业绩提升给投资者带来回报，在资本市场形成武陵山投资效应，让更多的投资者了解武陵山区并投资武陵山区，让外部资金源源不断地流入武陵山区。同时要重视资本市场发展信用环境，防止扰乱资本市场秩序的恶性事件发生，让市场环境成为资金形态和空间转换的推动力。

第五节　优化武陵山区金融发展的战略

尽管武陵山区的金融发展，初步形成了以银行、证券、保险为主体，民间金融为辅助，其他金融业态为补充的金融结构体系，基本建成了体系相对完善、功能健全、结构合理的金融服务产业体系，实现了金融规模与经济总量同步增长，服务质量与经济效益同步提高，金融业对国民经济的贡献度不断上升，正在成长为战略性支柱产业。但与武陵山区的打赢脱贫攻坚战，和全国同步建成小康社会战略目标要求相比，武陵山区的金融发展存在明显的不足。金融资源的最大特征是流动性和趋利性，武陵山毗邻地区的经济金融发展水平比较高，如果不能持续优化武陵山区发展环境，金融资源流失的可能性比较大，优化武陵山区的经济金融发展战略，具有重要的现实意义。优化武陵山区的金融发展战略，要求武陵山区各地政府结合自身发展实际，为金融业发展需要创造有利的环境，引导金融机构结合地方发展需要创新产品服务，与区域发展形成互利共赢和良性互动。

一　突出短板精准发力

武陵山片区金融发展的最大短板就是资本市场发展滞后。资本市场发展基础薄弱，意识落后和市场机制建设不健全，缺少高质量的市场融资主体，与之相关的资本市场中介发育不足，缺乏专业高端金融人才是问题产生的重要原因。受到传统认识的影响，武陵山区的地方政府认为区域条件差，离资本市场的要求很遥远，发展资本市场短期难见到成效。要发展武陵山区的资本市场，需要武陵山区的政府和民众提高资本市场意识，充分认识到资本市场在区域经济发展中的作用，政府继续支持武陵山区优势特色产业发展,适当加大上市企业的政策扶植力度,出台并兑现扶持企业上市的相关奖励政策,调动特色优势企业的上市积极性;加大民众资本市场知识和意识的教育,最大限度地维护资本市场秩序和投资者的合法权益,用资本的回报引导更多金融资源进入资本市场;同时采取各种积极措施促进多层次资本市场建设,让不同性质的资本都能获得进退通道与投资收益的机会。

进一步促进银行保险服务的发展。武陵山区的货币金融市场发育迟缓,银行类金融机构主要从事传统的存贷业务,票据融资业务刚起步,金融机构同业拆借业务尚未展开,并购和银行团贷款等业务还没有开始,金融机构以传统的存贷业务为主,中间和表外业务发展水平偏低,这与发达地区银行利润主要来自中间表外业务的现实大相径庭,也影响了银行创新产品和服务的积极性,要鼓励银行类金融机构创新产品与服务,同时培育本土银行类金融法人并引进其他银行机构,通过银行之间的竞争提高服务水平和质量。要提高银行从业人员的素质和质量,2017年恩施州银行业从业人员4255人,拥有研究生以上学历仅66人占比为1.55%,大专及以下学历的从业人员为2559人占比为60.14%,与金融业的知识密集特征严重不符;年龄在30岁以下从业人员1064人占比达到25%,而处于事业高峰期的30—40岁的从业人员只有587人占比仅为13.8%,受到州外其他金融机构的相关待遇吸引而存在流失的风险。恩施州的保险行业从业人员素质不高和稳定性不强,大专以下的从业人员占到了70%,近1/5的从业人员没有保险从业资格(见表8-6),人力资源队伍水平不高对恩施州金融发展的制约相当明显。

表8-6　　　　　恩施州保险业从业人员情况统计　　　　　单位:人

年份	2010	2011	2012	2013	2014	2015
保险从业人员总量	4709	2593	2930	3851	5332	7298
其中:全职保险业从业人员	3340	2280	2478	3362	4242	6120
兼职保险业从业人员	1369	313	452	489	1090	1178
21—30岁	688	660	704	745	1264	2029
31—40岁	1191	938	992	1322	1960	2805

续表

年份	2010	2011	2012	2013	2014	2015
41—50 岁	1890	1141	1023	1496	1777	2287
51—60 岁	768	345	332	408	462	455
大专以下学历	4140	2250	2291	2744	3654	5088
大专学历	334	629	527	855	1189	1529
大学本科学历	67	202	214	312	398	534
研究生学历	6	9	12	13	15	19

资料来源：根据恩施州保险协会提供数据整理。

二 金融资源聚焦实体和县域

武陵山区产业基础薄弱，农业产业化程度较低，工业企业技术含量不高、产品附加值偏低，企业规模不大，布局较为分散，关联产业发展滞后，产业链条延伸度低，缺乏有特色、有较强竞争力的大企业、大基地。金融业经营以安全性、效益性和流动性为原则，没有优质企业和项目作为载体，金融机构跟进提供金融服务的意愿比较低。2018 年，恩施全州共有企业 258628 家，其中个体工商户达到 194796 家，农民专业合作社 12524 家，个体工商户占比 75.32%；从行业分布来看，农、林、牧、副、渔业占总户数的 26.43%，批发零售占总户数的 16.73%，建筑行业占 9.92%，从产业分布来看，第一产业占 26.43%，第二产业占 18.03%，第三产业占 55.54%，市场主体要么集中在以餐饮为主的服务业，要么集中在农业种植为主的第一产业，缺乏龙头企业带动全州产业发展，导致市场主体分散和规模小，经营风险大存在信用违约的可能。市场主体机构的发育迟缓导致金融资源载体不足，有限的金融资源集中在主要的几家大企业，出现金融机构"傍大款"跟大企业，企业融资分配出现了"渴得渴死"和"涝得涝死"，金融机构抱怨找不到合格的市场载体惜贷，邮储银行的存贷比甚至不足 30%，而市场融资主体指责金融机构不承担社会责任，存在严重惜贷少贷不贷现象。虽然建立了融资担保和增信机制，但担保公司规模偏小影响了增信效果，支持小微企业的金融风险影响了金融资源的投入，尽管政策要求每个县

(市)必须建立一家担保公司,虽然国有资本能坚守保本微利的经营原则,但国有资本投入有限影响在担保公司中的话语权,社会资本的投入是有盈利要求的,为小微企业和"三农"企业提供担保服务的费用依然昂贵。农村产权交易平台建设不健全和辐射范围有限,特别是农村产权交易市场的产权流转和价值实现机制尚没有完全建立,金融扶贫模式的推广不足,涉农贷款回收成本和风险依然存在,涉农企业和个人成为合格融资者依然存在困难。要让金融资源服务武陵山区的实体经济和民生需求,还要做大量的具体工作才能实现,要真正做到金融普惠,还有很长的路要走。

武陵山区的金融资源集中于市州首府,县(市)域和乡镇金融资源供给不足,国有商业银行尚未完成武陵山片区的县域全覆盖,股份制银行只选择经济发展水平高的县(市)设点,经济发展落后的县(市)完全被忽视,造成了片区内的金融资源分布失衡。在银行服务网点的地域分布上,2015年恩施州银行业机构的经营网点349个,其中州县城经营网点172个占比49.28%;乡镇网点177个占比为50.72%,城乡布局不均衡(见表8-7)。需要金融机构围绕县域经济发展进行金融产品创新,改变服务农业产业化和旅游资源的金融创新产品不多,金融产品供给与需求脱节的现实问题。信用制度建设和使用实际存在一定的脱节,导致县域金融资源外流和信贷规模萎缩,资金越来越集中市州首府,县城和乡镇投入的资金占比越来越低,造成"缺资金—贫困—越缺资金—发展滞后"的恶性循环。保险产品与县域经济发展结合不紧,产品的同质化现象严重导致恶性竞争,各县市间的保险密度和深度不平衡,保险的社会和谐稳定功能发挥不够。武陵山区的本土银行法人发展不快,虽然农村商业银行改制基本完成,初步实现了县域的全覆盖,但村镇银行受到政策制约发展缓慢,恩施州迄今只有一家村镇银行,村镇银行的后续发展迟迟没有进展。引进片区外银行的工作迟缓,辖区银行的数量有限导致竞争不充分,造成金融服务供给不足和价格偏高,开发迟缓影响资本市场发育,多层次资本市场建设难以取得突破性进展,资本市场中介引进不足,整个恩施州有2家证券公司但都缺乏市场影响力,难以承担推荐企业上市直接融资的重任,影响州内企业上市的步伐,而注册会计师事务所和律师事务所的缺乏,企业融资难以获得足够的服务支持。因此,武陵山区的金融发展要聚焦实体经济和县域,为区域发展提供有效的支持。

表8-7　　　　　恩施州银行业网点分布情况一览　　　　单位:个、台

年份	2009	2010	2011	2012	2013	2014	2015
银行经营网点总量	312	316	319	329	332	341	349
其中州城经营网点	49	49	49	54	53	55	57
县城经营网点	95	96	99	106	107	112	115
乡镇经营网点	168	171	171	169	172	174	177
ATM机	267	333	399	510	622	725	839
POS机	2184	2709	3729	4725	6183	9533	12444
转帐电话	2628	3492	4271	5766	8651	16784	20027

资料来源:根据恩施州金融办提供数据整理。

三　金融生态需要优化提升

经济发展水平滞后,是部分融资主体失信的客观原因,诚信意识欠缺和逃废金融债务的思想是信用缺失的主观表现,2018年年末恩施州银行业不良贷款率2.4%,是"十三五"时期以来的历史最低值,但仍高于1.84%的全国平均水平;以江坪河水电站债务问题为代表的历史遗留问题,区域金融胜诉案件执行办结率不高,金融机构清收不良信贷资产有难度,影响了区域金融生态环境的改善;随着利率市场化和互联网金融的兴起,资金流动渠道增加和流速加快,部分民众金融安全意识不强,在高利息的诱惑下,局部地区金融风险时有发生,并极易蔓延成为群体性事件,造成金融风险的放大效应;银行和保险机构的部分员工素质不高,营销金融产品技能低劣,以虚假高利息引诱民众购买金融产品,部分群众的现代金融意识缺失,受高利贷的引诱参与非法集资的事情时有发生,互联网金融诈骗的事件屡禁不止,成为影响金融生态环境的重要因素。

第九章　民族地区金融发展的对策建议

民族地区的金融发展有自身的规律，结合区域经济社会发展进行因地制宜的政策设计是关键，找准民族地区金融发展的突破口是解决问题的前提。结合我国民族地区金融发展水平的差异，从提高金融普惠水平，优化金融扶贫政策设计，促进资本市场发展，稳住金融人才队伍，建立预警应急机制来进行突破。坚持按照金融发展规律办事，借助改革创新推动稳中求进的发展，固守服务民生与实体的原则防止金融风险，通过金融发展强化民族地区与全国市场的联通与对接，铸牢中华民族共同体意识，促进经济社会发展成果的共享。依据民族地区金融发展的目标，推进促进金融发展的"八大工程"，依据民族地区的差异进行操作，金融发展促进政策落地生根，对地方经济金融发展起到实实在在的作用。

第一节　民族地区金融发展突破口的选择

金融发展滞后，是影响民族地区经济发展的障碍。提升金融发展水平，关系到民族地区经济增长，也关系到全国市场体系建设的完整性，是提升民族地区经济发展能力的重要环节。要破解民族地区的金融发展难题，必须认识金融发展的客观规律，在尊重金融发展规律的基础上，找准突破口进行有的放矢的政策设计，切忌胡子眉毛一把抓，分清轻重缓急和层次有序推进。民族地区金融发展的突破口主要表现在以下几个方面：

一 注重普惠提高服务能力

民族地区地域辽阔而且城镇化率偏低，金融机构从提供服务的规模效益出发，金融资源和服务主要集中城镇，偏远农村和牧区的金融服务严重不足，不断提高金融普惠水平是民族地区金融发展需要面对的现实问题。

恩施州是中部民族地区的典型代表，金融普惠水平比较高，但依然存在金融服务薄弱点，集中体现在乡镇及广大农村金融服务供给严重不足。2017 年，恩施全州 88 个乡镇有 70 个乡镇只有农商行 1 个乡镇支行，农村银行网点服务半径均在 30 公里以上，难以满足金融扶贫工作及农村经济发展的需要。虽然建立起金融网格化工作站、金融精准扶贫工作站，但其服务功能仅限于简单的存款取款，涉及办理贷款等相对复杂的业务，还是需要到乡镇物理网点办理。银行信贷人员不足，全州共有行政村 2358 个，但乡镇金融信贷服务员只有 390 人，平均 5—6 个村才有一名信贷人员。金融扶贫参与银行服务能力不足，幸福村镇银行作为恩施州金融扶贫的重要参与银行，全行员工才 369 人，在乡镇网点从事信贷工作的员工只有 218 人，平均每名信贷工作人员要服务 10 个以上村，这几乎是不可能完成的任务。

高寒藏区的农牧民居住在偏远的乡村和牧场，金融普惠面临严峻挑战，主要表现在：金融服务网点主要集中于城镇，偏远农村和牧区缺乏服务网点，甘孜州的商业银行物理网点主要集中在康东的泸定、康定、丹巴等县，康北、康西地区网点少，而在石渠、德格、甘孜等地网点仅集中县城，乡镇的金融服务几乎空白。金融服务手段单一，在银行和保险等金融服务机构的主导下，金融机构采取坐地行商的模式缺乏主动的上门服务意识，而偏远农牧区居民受到自然排斥，受到电力通信的基础条件的制约，农牧区尚没有建立起由智慧银行、POS 机、转账电话等构成的互联网金融服务体系。保险服务能力偏弱，保险机构数量和人员总数太少且集中城镇，业务重政策性保险而轻商业保险，缺乏针对高寒藏区扶贫特色产业的金融保险产品开发，普遍存在照搬其他地区金融产品的模式。金融机构服务创新意识不强，业务围绕传统的存贷业务展开，对于目前迅猛发展直接融资业务缺乏关注，再加上区域要素市场发展缓慢，建设区域资本市场和发展直接融资的业务尚未开展；金融从业人员素质不高，金融从业人员以本地人员为主，文化程度偏低且知识老化，中介机构发育缓慢导致支撑金融发展力量不足，与金融业的智力密集和资金密集的特征不相符合。有限的金融服务和资源主要集中在县城和经济发达的乡镇，僻远的农牧区长期存在金融服务空白，受交通、电力、通信和文化习俗的影响，建立在互联网基础上的虚拟金融服务覆盖率低，部分群众长期游离在现代金融服务体系外，不但影响生产生活还割裂了与外部市场的联系通道。

金融市场的功能不仅在于动员积累形成储蓄并转化为投资，解决发展中的资金投入不足问题，还能利用金融联系的网络渠道，实现区域市场与外部市场的联系，实现物化资源的资本价值。民族地区借助金融功能激活地区的资源存量向财富增量转变。民族地区的金融普惠水平低是市场选择的结果，在市场经济条件下，商业金融机构主体作为自主经营和自负盈亏的独立法人，经营活动要遵循利益导向，而民族地区金融业务缺乏业绩和市场规模，出于对经营风险的防范而存在金融排斥，成为商业性金融机构的正常选择。政府和相关职能部门，不能在金融发展基础不具备的条件下，强行以承担社会责任的名义要求商业金融机构增加民族地区金融资源和服务供给，因此要提高民族地区的金融普惠水平，要在尊重金融市场规律的基础上，依靠市场机制来解决问题。

民族地区的金融普惠发展的重点在于培育本土银行类金融法人。民族地区虽然逐步形成以国有商业银行主导的金融服务体系，但民族地区地方政府受到行政级别和职能的制约，并不能对国有商业银行的信贷资源配置产生实质影响，全国性股份制商业银行在民族地区更多的是吸纳存款。在贷款发放方面，国有商业银行和股份制银行都有"傍大款"的趋势，倾向为国有企业和大型项目提供资金支持，对关系民族地区发展的小微企业和"三农"企业兴趣不大，对促进农村和牧区的金融普惠并没有积极行动，在民族地区国有商业银行的服务网点还没有实现县城全覆盖。地方金融法人发展长期扎根民族地区，熟悉市场环境和服务需求，有文化习俗和信息上的优势，但存在实力不强和支持不力的问题。大力培育民族地区的本土金融法人，将支持政策与提升金融普惠结合，才能有效地提升民族地区的金融普惠水平。

考虑到高寒藏区的金融普惠水平特征,要建立具有藏区特色的金融特惠体系,结合藏区的实际争取中国人民银行、银监会、证监会的支持,制定差异化的金融支持政策。尤其在2016年中国人民银行、证监会、保监会公布的《关于金融支持西藏经济社会发展的意见》中,提出在"十三五"时期金融支持西藏的24项政策意见,从货币政策、信贷政策、金融扶贫开发政策、外汇管理政策等方面给予差异化的政策优惠,核心思想是通过金融特惠提高普惠水平,推动西藏地方经济和社会发展,应当争取西藏金融发展的优惠政策能实施于四省藏区,促进整个藏区的金融发展和普惠水平提高。结合内蒙古沙漠边缘地区的特殊情况和金融服务,针对特定地区采取金融特惠政策,提升民族地区金融服务的可获得性。

二 聚焦扶贫优化政策设计

金融扶贫是通过市场的调节作用机制,让有一定劳动能力和脱贫目标,却缺乏启动资金的农户获得金融支持,通过改善金融资源配置方式提高配置效率,运用金融手段识别民族地区的企业家资源存量,借助市场激活其发展能力,实现社会财富的增加,达到提升民族地区经济发展水平的目的。民族地区的金融扶贫取得了很大的成绩,但与脱贫攻坚和促进发展致富需要有差距,在资金运作和偿还过程中存在潜在风险。

金融扶贫促进民族地区金融发展取得成效。广西的金融扶贫为贫困户进入金融市场提供通道,截至2017年3月,全区累计发放扶贫小额信贷43.29万贫困户,发放贷款17.09亿元,与上年同期相比,发放户数增长9倍、发放金额增长11.6倍。对贫困户进行投保,解决贫困户"易返贫"难题,广西引导保险参与扶贫攻坚,积极开发涉农保险品种。将糖料蔗、烟叶、葡萄、柑橘、香蕉、对虾、大蚝等地方特色农产品纳入保障范围,2016年,玉林市农业险保费收入1.66亿元,同比增长30.55%,为玉林市广大农户提供农业风险保障支付赔款0.75亿元。2017年1—3月,农业险保费收入1.18亿元,同比增长70.08%,赔款支出0.25亿元。这些兜底的保障,最大限度地减轻了农产品因遭受天灾、疫情等原因减产,让农民、养殖户避免因此返贫致贫。注重金融扶贫对贫困村贫困户特惠的同时,积极推动金融普惠提升农村金融服务水平，为提升金融扶贫绩效提升创造条件。积极推进金融服务网格化和金融普惠的融合发展，到 2017 年 6 月，恩施州 2360 个村已经建立村级惠农金融服务站 1631 个，建立信贷档案 35.78 万份，发放贷款 42.58 亿元，大大提升包括贫困村在内的农村金融服务水平，全州的普惠金融服务网格覆盖率高达 89.4%，基本能满足群众生产生活的需要。

金融扶贫促进金融发展作用日益凸显，但存在的问题不容忽视，需要进一步完善政策设计。一是金融扶贫覆盖面的扩大问题。扶贫金融资源供给满足不了贫困户需要，根据调查，2017 年广西来宾有贫困人口 27.3 万，其中需要异易地搬迁 5.8 万人，初步估计需要 80 亿元以上的资金，由于贫困地区金融业发展滞后，金融机构和金融业态少，扶贫资金无法到位。2017 年，恩施全州有 33.7 万户贫困户，脱贫发展面临资金约束的有 5.4 万户占比为 16%，需要借助金融扶助提升发展能力的 7.1 万户占比 21%，符合金融支持条件的贫困户为 12.5 万户占比 37.1%，结合新型农业经营主体 + 建档立卡贫困户模式带动发展的 3.37 万贫困户，全州获得金融扶贫支持的贫困共计 4.6 万户，满足金融支持条件并能获得扶贫贷款的贫困户占比为 37%，还有 63% 的贫困户不能得到扶贫贷款支持。二是风险补偿与担保需要有差距。尽管民族地区按照国家的政策规定建立相应扶贫资金风险担保池，但在实际执行中难以全额筹措，截至 2017 年 5 月，恩施州 8 县（市）共设立扶贫小额信贷风险补偿金 1.72 亿元，执行的标准是 2015 年《湖北省创新扶贫小额贷款工作的实施意见》中规定，即每个贫困县统筹不少于 2000 万元扶贫小额信贷风险补偿金执行。但按照湖北省扶贫办在 2017 年 8 月颁布的《关于推进扶贫小额信贷健康发展的意见》规定，"各合作银行机构按照不低于风险补偿金 1∶7 的比例进行放贷……银行与政府风险分担比例应在 3∶7—1∶9"的规定，恩施州要完成小额扶贫贷款发放 30 亿元的目标，全州的小额信贷风险补偿金的下限规模是 4.3 亿元，政府需要向风险担保资金池注入资金的下限为 3 亿元，财政承担的风险补偿金缺口为 1.28 亿元，如果按照上限的标准来测算，政府需要向风险担保池注入的财政资金为 3.9 亿元，财政承担的风险补偿金缺口高达 2.18 亿元，政府风险补偿金不到需要的一半。

银行贷款发放缺乏激励促进，存在风险敞口。扶贫贷款经营原则是

"保本微利",扶贫贷款发放过多存在风险敞口,银行内部并没有制定小额扶贫贷款发放的激励措施,考虑到扶贫贷款的风险,过多发放扶贫贷款会影响银行经营网点的收益,银行类金融机构对发放扶贫贷款的积极性不高。从恩施州小额扶贫信贷发放现实来看(见表9-1),剔除政策性的农发行,商业银行中农商行发放贷款最多,扶贫贷款占商业银行扶贫贷款的84.5%,村镇银行的占比为7.59%,若考虑到存款余额,村镇银行是对恩施州金融扶贫贡献最大的金融机构,目前并没有对发放扶贫贷款多的银行提供有效激励,村镇银行还受到资质影响不能吸纳财政资金存款,降低了扶贫小额贷款的放贷力度。而吸收存款比较多的邮储银行和享受政策优惠的汉口银行,在发放扶贫贷款方面明显力度不够,恩施政府没有制定激励商业银行参与金融扶贫的措施,导致商业银行参与金融扶贫主要靠自觉,在服务脱贫攻坚方面是"雷声大、雨点小"。考虑到小额扶贫信贷的金融风险,放贷银行在未来可能面临资金风险,必须从制度设计上予以激励。风险补偿金不足导致小额扶贫信贷的风险敞口,严重影响银行类金融机构放贷的积极性和主动性。2017年恩施全州有1.72亿元风险补偿金,按照2015年《湖北省创新扶贫小额贷款工作的实施意见》规定,银行金融机构"按照不低于1∶5的比例放大贷款规模",银行在不损失任何自有资金的基础上执行上述规定,银行发放小额信贷的最大规模是8.6亿元;按照最新的《关于推进扶贫小额信贷健康发展的意见》,银行发放小额信贷的最大规模是12.04亿元,银行发放小额扶贫信贷只动用财政资金补偿,而不需要动用自有资金弥补风险,这是12119户建档立卡贫困户的贷款余额只有7.11亿元重要原因。随着小额扶贫贷款信用风险的上升,在现有的风险补偿金规模和结构条件下,银行继续增加扶贫信贷发放,意味着风险敞口扩大可能需要动用自有资金弥补不良贷款,银行存在断贷的可能。

客观评价扶贫贷款效益进行政策优化再设计。发展产业是金融扶贫的根本,产业选择与扶贫贷款效益发挥关系密切,贫困户参与专业合作社选择发展产业,结合当地主导产业确定发展方向是提高效益的重要途径,由于缺乏对农业专业合作社取得扶贫贷款使用的事后监督,扶贫贷款的效益没有完全发挥。一些专业合作社利用国家扶贫政策取得贷款,至于贷款后产业怎么发展、如何帮助贫困户脱贫,没有认真细致的谋划。巴东县溪丘湾乡溪丘湾村的陈梅，2016年7月登记为个体工商户，通过与4户贫困户签订帮扶协议后向农商行溪丘湾分行贷款20万元，但并没有实现销售规模的扩大，带动贫困户脱贫效果为零。东瀼口镇白泉寺邱技，以在他公司做工的名义与贫困户签订帮扶协议，向农商行东瀼口分行贷款40万元种植竹荪菌，因为市场波动2016年种植竹荪菌亏损，贫困户依靠在公司打工摆脱贫困的希望渺茫。农村新型经营主体利用扶贫贷款带动贫困户脱贫，目前没有建立有效的监控与评估体制，扶贫部门只能核实贫困户信息的真伪，不能监控扶贫贷款给贫困户带来的效益，不能根据扶贫绩效调整贷款投放的领域和对象。

表9-1　截至2017年6月的恩施州小额扶贫信贷情况统计　　单位：万元

银行	贫困户 业务开展情况			新型农业经营主体 业务开展情况			
	贷款余额	贷款累计投放额	贷款户数	贷款余额	贷款累计投放额	贷款户数	带动贫困户
农业银行	175	175	35	0	0	0	0
邮储银行	103	149	34	11625	14114	405	4928
农商行	65916	73937	12075	67525	86621	2732	28136
村镇银行	12225	12461	1277	1331	2000	83	517
建设银行	1016	936	127	130	130	3	130
合计	79435	87658	13548	80611	102865	3223	33711

资料来源：恩施州人民银行提供数据。

三　促进资本市场整体发展

资本市场是民族地区金融发展的短板，要推进民族地区经济体制改革，培育有竞争力的市场主体，强化民族地区资本市场建设的基础条件，健全资本市场的层次和体系。要突破民族地区的资本市场发展，需要做好以下几个方面的工作：

首先，强化国家政策的激励与引导。证监会要继续执行对包括5个自治区在内的符合条件的西部企业公开上市发行实施优先审核制度，支持民族地区利用资本市场发展经济。中国证监会要继续在内蒙古、广西、西藏、宁夏、新疆5个自治区分别设立了资本市场培训基金，强化民族地区证券期货行业人才培养和项目培训。积极支持民族地区符合条件的企业在沪深交易所上市或在新三板挂牌融资，支持符合条件的民族地区上市、挂牌公司通过并购重组做优做强，促进民族地区上市、挂牌公司健康发展。继续暂免征收西藏、新疆、内蒙古、宁夏、广西等自治区新三板挂牌公司的挂牌费用，实行专人对接、专人审核制度，做到即报即审、即审即挂。支持民族地区企业通过发行公司债、企业债、非金融企业债等融资工具和资产支持证券等方式进行融资。利用私募基金、产业基金、区域性股权市场和期货市场，支持民族地区经济发展。

其次，民族地区要努力对接国家政策，积极发展资本市场融资。民族地区的省区要不断强化发展资本市场发展基础条件。证券机构的数量少，市场发育不成熟，债券市场发展滞后，是制约民族地区资本市场发展的因素，民族地区要整合资源配置，促进证券市场和债券市场的发展。提高投资者对证券业及基金业的认识，建立和完善投资中介服务和信息体系，鼓励和吸引内地证券期货经营机构在民族设立分支机构。加大宣传力度，尽管近年来民族地区资本市场有了很大发展，但投资者对民族地区资本市场缺乏必要了解，要加大对民族地区上市公司的宣传，打造专属民族地区的上市公司板块。政府继续支持民族地区优势特色产业发展，适当加大政策扶植力度，出台政府扶持企业上市发展的相关激励政策，调动特色产业及优势企业融资的积极性；要总结近年来西藏在推进企业改制上市过程中的经验，并向各地推广加以复制。

再次，优化民族地区的产业结构。资本市场能够为民族地区产业发展提供资金支持，提高产业发展水平优化产业结构。资本市场具有融资功能，可以高效地将社会闲散资金聚集起来，并转化为产业投资所需资本；资本市场运作降低信息不对称所带来高筹资成本，使民族地区企业的筹资更快捷、高效、低成本，提升整个社会经济运行的效率。资本市场"独具慧眼"能够挖掘出民族地区具有增长潜力的技术产品和创意，通过各种融资工具组合为新兴产业发展提供资金支持；筹集到资金的企业不但可以扩大产业发展规模，为产业发展注入技术、设备、人力资本等的生产要素，还能提升区域产业结构水平。资本市场既能够为民族地区发展提供资金扶持和培育新兴产业,又能解受资金掣肘企业的燃眉之急帮助企业做大做强。资本市场能够提高资本的配置效率,使产业结构更加合理。资本市场的发展能够培育专业投资者,机构投资者利用强大的信息收集和数据处理能力和先进的投资理念,挖掘出具有较强增长潜力和投资价值的朝阳产业,筛选出发展日渐式微的夕阳产业。促进生产要素从夕阳产业转移到朝阳产业,迫使夕阳产业逐步退出市场,推动产业结构的优化。

最后,培育民族地区的现代企业。现代企业是经济中最基本、最重要的经济组织,现代企业是经济体价值创造的主体,是实现经济增长的主要力量,也是融资和集聚社会资本的主要平台,培育现代企业就是培育区域生产力,就是提升区域经济增长能力。借助资本市场的发展和现代企业治理要求,民族地区的企业可以提高经济运作的透明度,增强公司信息披露准确性、真实性。为资本市场客观准确评估企业价值创造条件,引导各种发展资源合理流动,使具备发展潜力的企业借助市场力量发展壮大。随着民族地区资本市场日益融入全国市场,中国资本市场与国际资本市场对接日益频繁,资本市场的发展使民族地区企业有机会获得国际资本青睐,增强民族地区企业对全国和国际资本的吸引力,进而提升民族地区经济增长的包容性和开放度。所以,培育资本市场并提升民族地区公司治理,不仅能够培育市场信用和提升市场经济的透明度,还能获得资金支持维护市场稳定,促进民族地区经济更强劲持久地增长。

四 吸引稳定优质金融人才

民族地区山高路陡地广人稀是其基本特征。金融的服务对象多为远离村镇的偏远农村,交通不便环境恶劣,对民族地区的贫困群众和"三农"事业没有深厚的感情,是难以长期坚持开展工作的,吸纳并留住高素质的金融人才,是民族地区金融发展需要突破的重点问题。

首先,要加强民族地区银行员工的思想教育。尤其是利用农商行和村镇银行的员工本土化程度高的特点,号召员工以服务回报家乡和父老,让从事基层金融工作的员工能留得下、稳得住。鼓励国有商业银行和股份制银行,加速员工本土化的进程。要对民族地区金融系统工作人员进行常态化的思想教育,定期评选金融扶贫优秀业务员,与全国"脱贫攻坚榜样"的评选结合,在全社会范围内进行表彰宣传,增强银行员工参与金融扶贫的荣誉感和成就感。

其次,提升金融队伍员工素质。金融行业员工在民族地区服务"三农"事业,要有一支了解民族地区发展现状,熟悉与"三农"有关业务的专业队伍,要鼓励金融机构员工做好创新业务。随着金融扶贫进入攻坚阶段,金融服务也由"大水漫灌"到"精准滴灌",要用有限的人力、财力、物力在有限的时间内高效完成脱贫攻坚目标任务,需要金融行业工作人员在金融支持民族地区发展中主动作为、先行先试,创新开发有地域和产业特色的金融产品和服务,员工业务素质不高是难以完成任务的。民族地区的农商行是金融扶贫的主体银行,村镇银行是重要的参与银行,都存在员工素质不高和服务能力不强的问题。政府和主管金融工作的职能部门,要依据对地方发展的贡献在人才引进、业务培训、网点设置上给予支持,并定期举办金融扶贫工作经验交流会和技能比武大赛,持续提升金融队伍人员的业务素质。

再次,提高金融服务员工队伍待遇。民族地区金融业从业人员普遍比较年轻,恩施州40岁以下的员工占比为38.8%,工作在金融扶贫一线的员工平均年龄只有30岁左右,以扶贫的主办银行农商行为例,40岁以下的员工总数就有695人,主要参与银行的恩施兴福村镇银行员工的平均年龄只有28岁,年龄25岁以下的员工占比13.6%,25—35岁的员工占比76.6%。这些年轻的员工普遍拥有大专及以上的学历,有成家立业和养家糊口的经济压力,虽然在金融扶贫一线艰苦工作,但收入水平普遍不高,村镇银行青年员工年均收入不到8万元,农商行员工的收入也只有7万元左右,收入与付出和生活负担不成比例,影响了银行基层员工的工作积极性和主动性。因此,要结合民族地区的金融工作的需要,继续鼓励本土银行提高基层员工的收入,为稳住金融扶贫一线员工队伍创造条件,银行机构服务属地的各级政府,要关心银行员工的生活,为孩子上学和看病提供帮助,用感情留人弥补待遇留人的不足。

最后,持续引进专业人才。民族地区金融服务人员的人力素质,与日益发展的金融要求严重失衡,人力资源素质是制约民族地区金融发展的重要障碍。民族地区的经济金融类教育水平不高,培育的专业人才的素质不能完全满足发展需要，引进高素质的金融人才对提升金融发展至关重要。另外，要注重对民族地区金融从业人员的在职教育，对西藏及四省藏区金融从业者进行再培训再教育，提升在职人员的能力和水平，加大民族地区与内地金融从业者的交流任职力度，不断提升从业人员队伍的素质和能力。

五 建设风险预警应急机制

金融发展始终存在风险，回避风险不能解决问题，要勇于面对风险并建立风险预警与防范机制，促进民族地区金融业的持续发展。民族地区金融风险预警应急机制建设，主要从以下几个方面入手：

一是强化全社会的金融风险意识。民族地区部分贫困户缺乏现代金融观念和意识，形成了潜在的金融风险源头。在金融扶贫工作中，部分贫困户缺少现代市场意识，对于取得扶贫贷款发展什么产业，如何发展产业没有想法，将扶贫贷款等同财政资金，认为是国家福利而没有偿还意识，主观存在恶意废逃债务的想法，农商行在利川谋道镇发放的扶贫贷款中，出现了45笔220万元扶贫贷款的偿还逾期拖欠问题，根调查约30%的违约贫困户将扶贫贷款等同财政补贴，有偿还能力也不偿还。贫困户不珍惜自己的信用，将贫困户的贷款资质和扶贫贷款转借他人，巴东大支坪中坝村贫困户谭光喜，将10万元转借给亲戚陈和新作为工程款使用，一旦挪用的扶贫贷款产生风险，将影响贫困户的信用和扶贫贷款的足额偿还。还有部分群众受高额回报的诱惑，参与非法集资和放贷，部分金融企业利用互联网平台，借助 P2P 以及众筹等手段非法吸收存款，民族地区的民间金融发展有潜在风险。要强化民族地区的现代金融知识和理念教育，维持区域金融环境的稳定。

二是建立信贷资金风险预警机制。金融扶贫是民族地区金融风险潜伏的重要区域，扶贫贷款作为国家贴息的金融特惠政策，对于促进贫困户的发展和实现脱贫攻坚的目标有积极意义，作为金融活动发生风险是不可避免的，关键是要建立风险预警机制。民族地区存在回避扶贫贷款风险的倾向，没有制定扶贫贷款风险预警机制，主要体现在三个方面：①针对建档立卡贫困户的小额扶贫贷款需求，银行按脱贫攻坚和承担社会责任的要求，遵循"应贷尽贷"的原则提供贷款资金，按照湖北省扶贫办的相关要求，小额扶贫贷款对建档立卡贫困户的覆盖要达到50%，而恩施州金融部门调查的结果是37.1%的贫困户有贷款需求，存在12.9%的贫困户没有贷款需求而被贷款，存在扶贫贷款回收巨大风险；②扶贫贷款的展期和多次贷款，导致扶贫信贷风险延期，部分扶贫贷款已到偿还期并出现逾期的问题，但银行出于服务扶贫攻坚的需要，对逾期的扶贫贷款采取展期或是"借新贷还旧贷"的措施，掩盖了扶贫贷款的信用风险，潜在金融风险巨大；③金融监管部门针对金融扶贫提出了"四单"要求，但并没有就扶贫贷款的呆账坏账风险容忍度做出明确安排，地方政府和金融机构无法进行事先的风险预警，导致金融扶贫信用风险累积叠加，若不能有效地进行防范和控制，可能会影响未来的金融生态。

三是建立贷款应急偿还体制机制。尽管扶贫信贷建立的风险补偿金制度，但目前缺乏具体的补偿措施。①虽然规定对银行审批贷款不能满足发展需要的逾期贷款、对贫困户申贷用途与实际用途不符合的逾期贷款、贫困户故意拖欠不还的扶贫贷款，银行先要催收只有在催收未果才按照代偿协议代偿，但扶贫贷款制度设计中没有明确政府参与催收的责任与义务，单独依靠金融部门无法确定逾期贷款属于风险补偿覆盖范围，造成扶贫贷款的"放款容易收款难，违约容易补偿难"的问题；②扶贫贴息制度设计造成偿还难，按照现行的制度设计是贫困户先向银行缴纳利息再向财政部门申请贴息，贫困户在核计贷款利息时按照补贴后的利率计算，并以银行协助取得贴息补助为条件足额归还扶贫贷款本息，问题是财政贴息补助是在年底集中一次发放，造成扶贫信贷资金偿还难；③异地扶贫搬迁的项目贷款风险，项目贷款由地方政府统借统还而属于地方政府债务，地方政府为脱贫筹借资金形成了地方债务的积累，随着脱贫攻坚的完成以及财政转移支付的变化，地方政府的财政收入与负债之间可能失衡，项目贷款可能出现偿还违约的问题，出现地方脱贫了但政府破产的窘境。因此，建立必要的扶贫贷款偿还与应急机制势在必行。

第二节 民族地区金融发展战略、原则与重点

民族地区的金融发展有自身的规律，不能照搬照抄其他地区的金融

发展政策与模式，必须结合民族地区的实际和当前的发展需要，进行系统的谋划和科学的决策，在促进民族地区金融发展的同时服务经济社会发展。通过政策的优化设计，改变民族地区金融发展落后于经济社会发展的现实，通过补齐发展的短板提升民族地区的发展水平。

一　民族地区金融发展的基本思想

以"三个代表"思想为指导，以科学发展观为统领，准确把握经济"新常态"的内涵，围绕国家促进民族地区经济社会发展重大战略部署，循序渐进地推进民族地区金融发展。民族地区的金融发展要以促进民族地区融入全国市场为目标，通过经济发展加深民族地区与全国的联系，借助经济利益的交织形成利益共同体，通过"你中有我"和"我中有你"的发展，在发展中铸牢中华民族共同体意识。

坚持利用市场规律解决发展困难的思想。发挥金融业现代经济核心的功能，促进民族地区金融业与经济社会稳定、健康、均衡、协调发展。发挥市场主体的主动性和积极性，尊重市场经济和金融业发展的规律，坚持把完善市场体系作为基础，把又好又快发展作为主题，把改革创新作为动力，把增加金融资源供给作为主线，持续推进深化金融体制改革，优化金融机构布局，积极利用现代信息技术发展"互联网+金融"，持续完善金融市场组织体系和便民服务体系，为资金需求者提供多途径、多层次、差异化融资解决方案，破解经济社会发展的融资难题。

金融发展要以服务实体经济和民生为根本，要与实体经济发展紧密结合，防止金融发展出现"脱实向虚"的趋势，以实体经济的发展筑牢金融风险的防火墙。要把维持地方经济秩序和稳定作为金融发展的要务，防止金融风险对社会经济发展的扰动，稳定对民族地区经济社会发展的预期，为民族地区与全国人民一道致富奔小康创造条件，服务民族复兴和社会进步。

二　民族地区金融发展的原则

民族地区金融发展的基本原则，应该是在尊重金融发展规律的基础上，遵循金融服务实体经济和民生的基本原则，循序渐进有条不紊地展开。具体原则主要包括以下几点：

第一，坚持金融发展服务实体经济与民生。坚持金融发展服务地方经济和民生需求，实现金融业与其他产业深度融合。既鼓励金融业与民族地区产业发展深入结合，支持特色产业发展，又要鼓励金融企业结合民族地区城乡人口分布，加大金融基础设施建设，提高金融普惠水平，让更多群众享受金融服务带来的好处。结合民族地区的经济社会发展需要，围绕主导产业的发展，以优秀企业作为载体，利用直接融资和间接融资的手段，通过不同渠道筹措发展资金。坚持引导金融机构与资源进入民族地区基层的基本原则，创造条件为金融机构加大县域经济、小微企业和"三农"发展服务的力度，引导金融机构经营网点下沉和服务链条延伸，在增加金融资源供给的基础上，提升服务水平和能力，促进区域经济更加均衡地发展。结合民族地区发展的需要和金融供给平衡，大力引进传统的银行类金融机构，选择性地引进保险服务机构，培育和引进新型金融机构，突破性地发展投资银行，加大金融中介组织的引进和培育，利用物理网点与虚拟网点相结合的方法，积极利用现代信息技术发展"互联网＋"金融，持续完善金融市场组织体系和便民服务体系，为资金需求者提供多途径、多层次、差异化融资解决方案，破解经济社会发展的融资难题。针对当前制约民族地区金融发展的最大难题即过分依赖本土银行法人间接融资，直接融资比例过低和资本市场不发达的现实，要充分利用国家发展的多层次资本市场的机会，争取国家支持加快资本市场建设，培育一批具有市场影响力的上市企业，提升利用资本市场融资的意识和信心。

第二，尊重金融发展规律解决发展困难。发挥市场主体的主动性和积极性，尊重市场经济和金融业发展的规律，坚持把完善市场体系作为基础，把又好又快地发展作为主题，把改革创新作为动力，把增强金融资源供给作为主线，持续推进并不断深化金融体制改革，优化金融机构布局；持续不断地优化金融发展环境，支持已经扎根的金融机构做大做强，鼓励围绕地方经济发展创新服务内容和手段，实现与本地经济发展的深度结合，夯实金融业发展的基础；积极引进各类金融机构，增加金融服务和金融市场开发经验的供给，大力扶植本土金融机构并强化区域金融特色创新的能力，进一步夯实主体多元、服务多样的金融服务体系基础。以服务金融机构作为吸引域外机构扎根民族地区的抓手，推动区域经济发展实现金融机构与本地实体经济的互利共赢，用市场和发展机遇来招商引进外部金融机构。对民族地区的发展来说，要把解决眼前困难和促进长远发展结合起来，发展银行类金融机构增加金融资源与服务，是解决民族地区短期发展困难的着力点，从长远来看，发展多层次资本市场进行直接融资是关键，要把促进金融普惠和提高金融发展水平结合起来进行系统谋划。金融业是资金智力密集的行业，高素质的金融从业人员是民族地区金融发展的重要驱动力，在国内金融人才竞争日益激烈的大背景下，要创造条件为高素质的金融人才在民族地区发展，要提高民族地区金融从业人员的待遇，解决从业者的生活后顾之忧，做好事业留人、感情留人和待遇留人，为更多的金融专业人员在民族地区发展创造条件。

第三，改革创新和稳中求进的发展原则。金融发展基础薄弱和经济水平落后，是民族地区金融发展基本起点，既不能采取冒进的超前激进措施，又不能故步自封、原地踏步。民族地区过去金融发展成绩的取得，基本经验在于改革创新和发展的稳中求进。民族地区的金融发展要进一步发展取得更大成绩，必须坚持改革创新的原则，通过金融改革释放制度红利，促进金融业的跨越式发展；引导金融机构主体结合民族地区的发展进行改革创新，同时考虑民族地区的市场承受能力，改革发展坚持循序渐进的原则，防止出现影响金融生态的金融风险和群体性事件；民族地区的金融发展改革要坚持审慎的原则，先探索试点取得成功后再推广铺开，循序渐进推进金融产品和服务创新，实现创新发展与风险防控的统一。民族地区的金融发展，要坚持防范金融风险的警钟长鸣，通过持续不断进行现代金融观念的普及教育，在全社会范围内形成科学的现代金融理念，夯实金融生态优化的基础，建立健全的社会信用体系，扩大信用信息的征集和使用范围，科学利用增信机制化解资金"瓶颈"，加强金融监管体制的协同创新，激发金融机构创新的积极性和主动性，提高全社会金融风险防范意识，实现金融发展的稳健性和持续性统一。同时要勇于面对和积极应对影响金融环境的事态，政府采取积极、主动的态度科学应对，维持社会稳定形成良好的发展预期，确保金融发展的稳定与持续。

第四，错位竞争与异质发展。民族地区地域辽阔情况千差万别，金融发展政策不能千篇一律，国家主管职能部门不能采用"一刀切"的方式管理，要结合民族地区的实际采取差异化的政策设计，既要能促进民族地区的金融发展，又要较好地防范金融风险。坚持有所作为的思想，根据民族地区经济社会发展的需要，结合国家民族发展政策调整，根据上级金融主管部门的政策，结合民族地方实际情况实行错位发展，充分利用民族地区的发展阶段、独特资源和地理优势，主动谋划促进金融业发展的策略和做法。坚持错位竞争的原则，民族地区的金融发展效果评价，不能简单比拼金融机构的实力和信贷资金的规模，而要突出金融发展促进地方发展的绩效。坚持多种业态并举，补齐短板拉长长板实现金融服务体系的均衡，坚持稳中求进的原则，在促进金融业发展的同时，加大金融安全教育宣传力度，动员民众、金融机构和各级政府管理部门，建立全民参与金融风险防控体系，保持民族地区良好的金融生态，实现金融业发展的安全有序，引导更多金融资源集聚于民族地区。

三 民族地区金融发展的重点

民族地区金融发展的关键要发挥金融是现代经济核心的功能，解决发展中的资金投入不足，通过利用金融联系的网络渠道，强化民族地区市场与全国市场的联系，实现物化资源的资本价值。促进民族地区的金融发展，要靠市场作用而非人为干预，引导金融机构主动承担社会责任服务民生，而非人为干预强迫金融机构改变市场选择。民族地区金融发展的市场基础缺乏，对经营风险的防范而存在金融排斥，在金融发展基础尚不具备的条件下，以承担社会责任的名义要求商业金融机构增加金融供给，不符合市场经济规律和我国建设法治国家的精神初衷，也违背国家支持民族地区经济发展的政策精神。促进民族地区的金融发展，是一项系统性工程，要通过创造发展的环境来促进金融机构自主选择，以获取利润和实现发展目标建成利益共同体，在金融经济发展中各得其所。民族地区的金融发展路径选择，要从以下几个方面来进行建设推进：

其一，完善金融服务体系服务民生。民族地区土地幅员辽阔，人口居住分散且城镇化程度不高，持续推动金融普惠是金融工作的重要抓手，不断提高金融服务的覆盖面和可获得性，使创业企业、小微企业和低收入贫困人口能持续获得便捷金融服务，让农民、低收入人群、贫困人群和残疾人、老年人等及时获取价格合理、便捷安全的金融服务，是民族地区金融发展的重要内容。持续加大资本市场宣传教育，提升直接融资意识，增加企业直接融资的占比，改变融资过分依赖银行的局面，形成直接融资和间接融资共同支撑的融资局面，是关系民族地区金融发展未来的重要一招。要改变保险机构过于集中民族地区城镇的布局，扭转保险服务网络的"头重脚轻"，在民族地区建立从地市州到县市、到乡镇、到村组的"立体式，全覆盖"保险服务网络，实现民族地区居民"有险就能保，想买就能买"的目标，应该是民族地区保险发展的重要目标。客观公正地看待民间金融发展，肯定民间金融补充正规金融资源的积极作用，消除社会对民间资本的偏见，为民间资本参与地方经济建设创造环境，为民间资本发展提供同质公共服务，是民族地区金融发展的重要努力方向。民族地区的金融服务体系建设，是要动员全社会力量提供金融资源和服务，是针对所有市场主体的普惠性行为。

其二，重视金融发展政策设计。受到国家政策设计影响，民族地区的金融发展政策采取全国统一标准，由"一行两会"实施统一领导和管理，而各商业银行以及各种类金融机构，要按照监管部门的统一监管准则，在上级主管部门的授权下进行业务活动。民族地区的现实是经济发展水平与全国有差距，市场发育的成熟度比较低，民众的现代金融意识缺乏，不具有利用现代金融市场工具的完全能力，出现整齐划一的金融政策与发展水平差距。以发达地区为标杆的金融发展政策和民族地区相对落后经济现实的矛盾，造成了金融发展政策的失灵，并与金融发展的市场选择失灵重叠，造成民族地区的金融发展缓慢和政策低效。要改善民族地区金融发展环境，就要加强国家金融管理和政策制定执行部门的政策创新，加大对民族地区金融发展和政策优化的研究，制定具有针对性、差异化的金融发展促进政策，不能简单套用经济发达地区的政策措施，要因地施策根据发展水平动态优化政策调整。要重视发展规律和金融业的自我成长，改变金融业发展长期依靠政府的不足，建立依靠市场解决金融发展难题的机制，形成民族地区金融发展的自生能力。民族地区政府也要承担金融发展的促进责任，通过不断提高政府现代经济治理能力，主动、积极地服务金融机构发展而不干预日常决策，要从市场出发和成本收益角度来考虑问题。

其三，发展增信担保促进银企对接。民族地区融资主体规模小并且财产少，缺少完整的交易记录和资产抵押，金融结构依据已有交易信息对融资主体进行信用评估，出于审慎的经营原则不愿给融资者提供资金支持，造成民族地区的金融资源有效载体不足，形成金融机构资金外流和融资者难融资。金融市场的经营规则和融资主体的现状，是造成民族地区金融与实体经济结合难的重要原因。通过增信提高融资主体的信用等级，是促进民族地区银企对接的重要出路。按照相关政策，民族地区借助国有融资平台运作国有资产，通过发挥国有资产的杠杆作用撬动社会资金，通过发展有国有资本参与的融资担保平台的担保功能，为有发展潜力但暂时存在资金困难的小微企业和"三农"企业融资。针对民族地区的贫困农户和部分农民缺乏发展资金的现实困难，要创新村社融资担保模式，通过发挥经营能人和乡村乡贤的功能，以产业为基础组织专业合作社，通过合作社集体力量应对经营风险；发挥村支"两委"和村民组织的作用对农户进行信用评级，对接农户信用评级与专业合作社的担保，实现金融资产与农户需求的对接，运用乡规民约和社会声誉减少信贷资金的违约，引导资金服务"三农"企业、小微企业和群众脱贫致富。

其四，发展资本市场促进直接融资。针对民族地区资本市场不发达，民间资本流动存在金融风险的现实，要在民族地区打造多层次资本市场，引导民间资本进入资本市场服务民族地区发展，开辟新的融资渠道增加资金供给。特别是利用我国区域资本市场改革发展的机会，做好民族地区后备企业入库工作，引导有条件的民族地区利用四板挂牌机会，组建民族地区特色产业板块，借助区域资本市场促进民族地区企业并购，以做大规模的方式冲刺全国上市的机会。针对目前民族地区四板挂牌企业融资能力欠缺问题，可以利用民族地区文化相同的优势，推动民间资本创立私募股权投资基金，做好民族地区资本市场的投融资对接工作，增加企业直接融资规模，同时积极发展天使投资，为创新主体提供资金和经验支持，推动大众创业的发展，有效增加市场主体。通过科学引导使民族地区的民间资本服务民族地区发展。

其五，培育现代金融意识与使用能力。针对目前民族地区民众金融知识缺乏，缺乏运用现代金融工具的能力，从提高民众金融意识出发，加大日常金融知识培训和普及，使民族地区群众告别传统的资金"窖藏"习俗，逐步学会利用金融渠道实现资产的保值增值，利用现代手段保障财产的安全。政府要做好辖区内的金融发展统计工作，促进金融与实体更紧密地结合。充分利用信息技术带来的机遇，有效整合民族地区金融相关数据资源，建设民族地区金融大数据平台，借助大数据支撑提升金融监管的科学性，提高金融服务水平。建设由政府部门、人民银行、银监局、保险协会、财政局、税务局、统计局、公安局、工商局共同负责，各金融机构共同参与的金融大数据平台，并由国家民委会同中国人民银行，结合专家学者利用平台数据监控民族地区金融状态，有针对性地推进民族地区金融发展。

其六，强化信用意识优化金融发展环境。要在民族地区持续开展学金融、懂金融、用金融的活动，持续加强金融信用教育，提升全社会的信用意识，逐步形成信用建设与金融普惠互动发展机制，引导群众自觉抵制非法金融活动，维护金融市场秩序让群众意识到信用的重要性，形成诚实守信的良好氛围，使珍惜信用成为个人自觉行为。创新信用体系建设，夯实信用管理的基础，充分发挥民族地区社会综合治理平台信息和网格管理员的信息优势，创新村组和农业合作社在信用信息采集中的作用，提高信用信息采集的真实性和准确性，有效地防范信息失真带来的金融风险。引导民间金融稳健发展，保护其依法依规获得正常利润，对其违法行为和扰乱市场秩序的行为进行打击，坚持优化金融司法环境工作联席会议制度，定期清理金融违法犯罪案件，防止金融风险问题向民族矛盾演化；加大民族地区金融和信用管理人才的培养力度，提高规范运作与防范风险的能力，强化金融行业行为规范并促进经营主体自律，提高风险防范与服务地方的能力。

第三节 实施金融发展的"八大促进工程"

要促进民族地区金融发展，要结合民族地区的金融经济发展实际，推行促进区域金融发展的"八大促进工程"，通过抓住金融发展的关键促进因素，提升民族地区的金融发展水平，服务地方经济发展和社会进步。

一　完善银行组织体系，推动县域信贷工程建设

结合民族土地幅员广阔和人口分散的现实，持续推动金融普惠，不断提高金融服务的覆盖面和可获得性，使边远农村、小微企业和低收入的贫困人口能持续获得便捷的金融服务。一是要推行"引金入地"工程，引进股份制银行、消费金融公司、金融租赁公司等在民族地区设立分支机构或拓展业务，针对民族地区金融服务能力不强的地市州，加大国有商业银行、全国股份制银行、城市商业银行的引进力度，实现三大类银行机构的县域全覆盖。二是加大民族地区本土银行法人的培育。结合银行地区属性引导银行法人增加服务的意愿，民族地区要加大本土银行法人的支持力度，加快民族地区的农村信用合作社改制农村商业银行的进程，要实现农村商业银行法人主体的县域全覆盖，针对当前村镇银行聚焦服务"三农"和小微企业的特征，加大民族地区村镇银行的建设力度。三是鼓励银行机构下沉经营网点，推动国有商业银行金融服务网点的县域全覆盖，国家开发银行和政策性银行要结合民族地区脱贫攻坚和产业发展，增加经营网点覆盖密度，引导全国性股份制商业银行和城市商业银行由地市州向县域拓展，农村商业银行和村镇银行作为民族地区金融服务的主力，要在乡镇全覆盖的基础上向经济水平高的村延伸网点，针对民族地区的偏远乡村和牧区，要加大金融网点建设的力度，力争银行物理网点实现乡镇全覆盖，偏远乡村能就近得到金融服务。四是鼓励银行类法人创新服务方式。鼓励民族地区本土银行类金融法人创新服务模式，银行法人要改变传统的"坐商"模式向"行商"模式转变，特别是民族地区本土金融法人的农村商业银行和村镇银行信贷人员，要发扬走村串户的光荣传统，送金融服务到田间地头和草原牧区；引导各银行开展银行服务进社区服务，实现中心社区金融服务网点全覆盖，持续提高金融普惠水平，让农民、低收入人群、贫困人群和残疾人、老年人等及时获取价格合理、便捷安全的金融服务。五是推进金融服务网络化。善于利用"互联网＋发展"带来的机遇，不断夯实金融网络服务基础，积极利用互联网信息技术，借助电话银行、手机银行、POS机等信息技术延伸服务链条，通过开展线上和线下的金融服务，打

通阻隔金融服务的"最后一公里",提升民族地区的普惠水平。

结合民族地区的产业发展,引导银行创新金融产品和服务。民族地区的金融创新要契合民族地区实际,不能照搬照抄东部发达地区的做法,要结合民族地区的产业特点进行创新。一是要设立服务小微企业的专营机构,通过银地对接为区域发展提供特色金融服务,针对民族地区的脱贫攻坚需要,银行金融机构要完善的"三农"金融事业部的设置,特别是针对当前扶贫的需要,建设好金融扶贫工作站,增加偏远农村牧区贫困户的金融供给。二是鼓励银行结合民族地区的产业特点创新金融产品。鼓励各大银行机构根据民族地区特色产业,做好"茶商通""旅游扶贫贷""小微企业集群贷"等特色金融产品,加大邮政储蓄银行发展小额涉农贷款业务的引导力度,鼓励各商业银行结合各县市产业特色进行"一县(市)一品"的金融产品服务创新,力争每家商业银行结合民族地区的地市州产业特色,至少开发出一款具有代表性的特色产品。三是开发特色金融扶贫产品,可借鉴湖北省恩施州的做法,推广恩施市龙凤镇"两社两司一库一卡一平台"和宣恩县"村社互助合作"的做法,通过试点探索结合地方实际的金融扶贫产品开发,形成可复制可推广的做法与模式。四是要推动国家开发银行和政策性银行对民族地区发展的支持力度,鼓励国家开发银行和政策性银行完善经营网点布局实现县域全覆盖,引导农业发展银行加大对农业开发和水利、贫困地区公路等农业农村基础设施建设的贷款力度,拓展国家开发银行的服务内容,加大移民搬迁、新型城镇化建设、农业开发的支持力度。

做好金融主管部门和银行分支机构上级的沟通工作,为民族地区的金融发展创造条件。一是要完善民族地区的金融服务工作,各级政府的金融工作局(金融办)在促进地方金融发展中有重要作用,要完善相关级别政府的金融工作局配置,增加相关人员编制和经费工作保障,确保金融发展工作有着落。二是争取"一行两局"的支持,对民族地区实行差异化的金融扶持政策,国家主管部门在政策设计上不能"一刀切",必须考虑民族地区的实际和金融发展的意义,给予政策和资源倾斜,民族地区地方政府要加大同国有商业银行和股份制商业银行的沟通,争取上级银行部门的支持,增加民族地区的信贷规模,提升民族地区银行机构的贷款审批权限,明确贷款投放的存款来源地下限,采取切实措施让更多民族地区金融资源服务本地经济发展。三是引导民族地区金融发展模式创新。结合云南和广西推进沿边金融改革试点的推进，在做好前期经验总结的基础上继续推动向前发展，尤其是要对比广西的成功经验和云南存在的不足，在总结经验的基础上寻找存在的问题，有针对性地进行创新试点，探索并形成沿边地区金融发展和兴边富民互动的机制。四是持续提高民族地区银行机构的存贷比，鼓励在民族地区从存贷业务的银行类金融机构，将更多的金融资源倾斜到民族地区发展，银行类金融机构在民族地区每年新增存款的75%要用于本地贷款，解决金融供给与融资需求不匹配问题，力争民族地区银行每年新增贷款的60%为中长期贷款，推动经济结构转型及产业升级。五是加大民族地区金融工程建设力度，加大银行对县域经济的支持力度，按照"一县一方案"的原则推行"造血式"金融服务，民族地区要实现地市州金融工程全覆盖，持续推行金融支持县域经济发展的"能力提升"工程，强化年末涉农贷款和小微企业贷款"两个不低于"政策执行力度，鼓励金融机构对县域项目和小微企业"多增贷、少抽贷、不压贷"。

二 完善保险服务体系，推动保险保障工程建设

民族地区的自然环境恶劣、交通不便，自然灾害对人民群众的生产生活影响巨大，是民族地区贫困发生率居高不下的重要原因。保险的功能在于促进社会和谐和实现可持续发展，对提升地方经济的可持续发展能力的意义重大，完善保险服务体系对民族地区经济社会发展有积极意义。民族地区的保险业发展水平不高，不但与民族地区群众的保险意识不强有关，也与保险体系不健全有关联。要不断完善民族地区的保险服务体系，要以优化保险机构布局为抓手，坚持高标准和差异化的原则，推进保险服务体系建设。一是要加大基层保险服务网点建设，引导保险机构向乡镇和农村延伸服务网点，民族地区的保险业网点布局，主要集中在地市州和县城，保险也以服务城镇居民为主，农村牧区和偏远地区的保险业服务几乎空白，民族地区的保险服务体系建设，要改变保险机构集中州县的"头重脚轻"格局，建立从州到县市、到乡镇、到村组的"立体式，全覆盖"保险服务网络，特别要重视农村牧区的保险服务，让农村牧区居民想买保险能买得到。二是要理性合规引进保险机

构。保险业在我国发展的水平和市场的成熟度,远没有银行业金融市场的水平高,民族地区的保险市场存在过度拥挤和供给不足并存的局面,优化保险机构市场布局既要合理引进保险机构,又要对保险机构进入实行总量控制,建立保险机构的优选与退出机制,要以乡镇为中心布局财险和寿险机构,每个乡镇有财险寿险机构 1—2 家为宜。三是要加大农村大保险服务体系建设。鼓励保险机构加大网点建设投入,号召保险服务人员走村串户服务农村,加大农村保险市场的开发力度,改变当前民族地区保险机构过于集中城镇的不足,要以建成保障全面、功能完善,具有较强服务能力的保险体系为目标,结合民族地区经济社会发展需要,建立与经济社会发展相适应的现代保险服务业。四是重视服务体系的信息化建设。保险机构要善于利用民族地区信息化建设的成果,将更多的保险业务由线下转移到线上,运用国家信息网络建设提速的机会,促进民族地区"互联网+保险服务"的发展。

机构根据民族地区经济社会发展需要,创新产品和服务,增强保险服务地方经济的能力。民族地区保险业发展面临的问题,不仅包括服务网点和网络建设的失衡,更重要的是存在保险产品脱离民族地区的实际,保险机构将全国其他地区保险模式和产品搬到民族地区,造成保险服务的水土不服。要创新保险产品增强服务地方的能力,一是民族地区的保险产品开发要遵循因地制宜的原则,民族地区的保险服务需求与发达地区存在差异,服务各民族群众的生产生活是重点,民族地区的保险产品创新不能脱离需求实际。二是要开发和优化小额贷款保证保险产品,服务扶贫贷款和小微企业融资,民族地区的经济发展处于脱贫奔小康的关键时期,金融资源不足和信贷风险是制约资金落地的重要原因,小额贷款的保证保险是降低信贷风险的重要抓手,是实现经济社会发展重要的推进器。三是围绕民族地区的特色产业发展,开发特色"三农"保险产品。扩大政策性保险范围,要将民族地区具有比较优势农牧业纳入,把牛、羊、马、猪、鸡、鸭等畜牧家禽等养殖业纳入,开发瘟疫疾病和天气自然灾害险,将茶叶、魔芋、药材、青稞、马铃薯等特色产业全部纳入保险范畴,通过农业保险为参保农户提供可靠的生产生活保障。四是大力发展火灾公众责任险、环境污染责任险、医疗责任保险、校园方责任险等险种,围绕林业发展开展降低生产成本与风险,尤其是结合民族地区的果木林业种植，针对特定季节的火灾隐患推出保险产品和品种。五是开发与生活相关的保险产品，推动女性特定疾病保险、储蓄性养老保险、食品安全等"菜篮子"保险等民生保险品种开发，引导保险公司开发适合低收入人群、残疾人等特殊群体的小额人身保险及相关产品。六是开发特色农产品价格险。结合民族地区扶贫攻坚和精准扶贫需要，鼓励保险机构结合贫困县市产业特色开发农产品价格保险，促进产业扶贫的发展。七是引导保险服务地方发展。引导保险资金利用债券投资计划、股权投资计划等方式，为民族地区养老休闲产业、重大基础设施、城镇化建设提供资金支持。

进一步规范保险产业管理，发挥保险的社会"稳定器"功能，尤其是要加强保险理赔和骗保的治理，为保险服务的发展创造良好的环境。一是要强化民族地区的保险业发展监管，要配齐各级政府的银保监会，2018年前民族地区的地市州的保监会建设都没有正式编制和组织，随着国家金融体制改革实现保监会和银监会合并，民族地区更要以此为契机完善管理组织。二是要提升民族地区保险行业的监管水平，完善以风险为导向的保险监管制度，既要重视保险理赔制度的落实，维护投保人的合法权益，又要维护公平正义，坚决打击骗保骗赔的犯罪行为。三是要重视保险信用环境建设。在政府引导支持下有条件的保险机构，在集中连片开发建设"保险乡镇""保险村组"，集中发挥保险的社会保障功能。四是规范保险市场经营秩序，加大保险行业的诚信合规教育，引导保险机构依法经营，避免恶性竞争和保险欺诈、侵占、挪用保险资金的违法违规行为发生。五是建立保险消费矛盾的多元化解机制，建立健全保险纠纷诉讼、仲裁与解决机制，引入公安、司法等部门，联合加大保险市场的监管力度，监督保险机构全面履行各项义务和责任，促进保险市场平稳有序健康发展。

三 完善资本市场体系，推动直接融资工程建设

民族地区要持续加大资本市场宣传教育，提升直接融资意识，增加企业直接融资占比，改变融资过分依赖银行的局面，形成直接融资和间接融资共同支撑的融资局面。一是要改变民族地区普遍存在的资本市场意识不强问题，破解企业家对资本市场认识的误区，引导企业家树立科

学的资本市场观念，树立借助市场整合要素促进企业大发展的思维，帮助企业家克服在资本市场融资的畏难情绪；民族地方政府要充分认识到金融市场的多元性，金融市场是包括银行、证券、保险、期货在内的综合性市场，不是仅由银行构成的单一市场。二是要重视资本市场知识的教育，充分发挥网络、媒体的教育引导功能，通过正确的宣传教育，引导民众参与资本市场，在全社会形成"学资本市场、懂资本市场、用资本市场"的局面。三是要重视资本市场发展的引导。要在民族地区发挥榜样的引导与示范作用，对成功上市企业进行宣传，推广成功经验和做法，组织民族地区资本市场知识培训班，逐步提高各级领导干部和企业家利用资本市场的能力。加大各级地方政府开展资本市场建设工作的考核力度，改变地方政府金融发展政策着力点的失衡，为企业开展直接融资创造条件。四是要引进资本市场发展的中介组织。民族地区服务企业上市证券公司、会计师事务所和律师事务所不多，部分企业在资本市场融资找不到合适的服务中介，区域外的服务中介对民族地区的产业和企业情况了解不够，难以提高服务质量。民族地区要结合区域的发展加大本土服务中介的培育力度，完善公司上市服务体系和能力，为资本市场发展提供强有力的支持与帮助。

建设多层次的资本市场体系。民族地区的资本市场存在片段化，特定层级的缺失导致资本市场衔接不够，造成体系建设的失衡与融资能力的欠缺，要建设民族地区多层次资本市场，首先要完善民族地区的资本市场层次体系，从融资角度来看，民族地区的资本市场体系是包含主板、中小板、创业板以及区域股权交易场所构成的多层次融资体系，资本市场的建设不能仅仅聚焦IPO，而是关注IPO前的市场体系建设，要把工作重点放在推进新三板市场、区域股权市场、债券市场、私募股权市场等上来，推动企业迈出利用资本市场的第一步，为下一步利用资本市场储备资源和力量。其次要为民族地区不同生命周期的企业，提供差异化的资本市场服务，形成企业融资有渠道，资本进退有通道的格局，尤其是要在区域资本市场建设方面加大力度，完善民族地区的产权交易市场，为资本市场不同投资者提供多样化的通道选择。再次要大力发展各类产业发展引导基金。发挥财政资金的引导作用，积极筹建产业发展引导基金，为民族地区的特色产业、旅游产业、大健康产业的发展创造条件，要争取国家支持设立民族地区产业发展基金。促进民族地区科技金融的发展，为信息产业、清洁能源、生物医药产业发展提供前期融资服务，要促进民族地区股权投资基金的发展，发挥政府产业引导基金的引导作用，为企业开展股权投资。最后促进民族地区债券市场发展，结合国家政策推动政府融资模式的改革，争取国家给予民族地区政府发行债券给予支持，同时鼓励民族地区企业加大债券融资力度，积极发行公司债和中小企业集合债，为企业发展创造机会和支持。

加强企业上市引导与培育工作。要改变目前民族地区资本市场发展模式，强化资本市场发展的政策指导，形成"省区规划、地市州级引导、县市主导、企业主体"的工作模式，形成完善的民族地区资本市场发展政策引导链。首先是省区政府要有清晰的资本市场发展思路，要主动适应新常态对接资本市场主管职能部门，改变民族地区资本市场规模小、证券化率低、对国民经济作用不大的观念，树立资本市场潜力巨大、大有可为，利用资本市场优化资源配置、促进经济结构调整的意识和自觉，把大力发展和充分利用资本市场作为地方政府的一项战略任务，对本地有上市潜力的企业进行摸底调查，制定目标规划，明确任务进程，协调解决问题，有组织、有计划地推进资本市场发展。其次是明确资本市场发展的重点。针对民族地区的资源禀赋、产业特色和企业基础，在推进企业上市的同时，把工作重点放在推进新三板市场、区域股权市场、债券市场、私募股权市场等上来，推动企业迈出利用资本市场的第一步，为进一步利用资本市场储备资源和力量。再次是地市州政府要积极承担责任，持续推动辖区内企业改制，加快优势产业行业发展，以主业突出、市场竞争力强、成长性高的企业为龙头，加大其对同行业的兼并和资产重组力度，支持其做优做强，常态化推进企业改制和壮大引导工作奠定基础。又次是加强入库企业管理，实行淘汰递补与财政激励相结合的政策，参考国家政策结合省区政策实际，落实和完善拟上市企业、上市公司有关税收优惠、资金支持、费用减免等优惠政策，对成功上市企业的奖励政策要即时兑现，通过加大直接上市融资的奖励，提升企业发展的主动性和积极性。最后是地方政府要重视上市公司日常经营的管理，要督促辖区内的企业按照中国证监会的相关要求完成信息披露，要教育上市企业对投资者负责，进行负责人的决策并给予投资者合理的回报，借助上市公司的品牌效应服务地方发展。

四 完善补充融资服务体系，推动民间金融工程建设

民族地区的金融资源分布不均衡，民间存在大量可利用的闲置金融资源，若能合理引导并加以利用，既能补充正规金融资源不足的问题，又能防止民间金融资源投机引发的市场动荡。推动民间金融的发展，需要做好以下几个方面的工作。其一，要树立科学金融发展观，民间金融资源是民族地区重要的发展要素，是促进区域经济发展不可多得的资源，合理引导使其服务地方经济发展并获得回报，是符合经济发展规律的科学判断，要摒弃对民间金融发展的偏见，为民间金融理性发展创造条件。其二，树立正确民间金融发展意识，要引导民族地区金融资源所有者树立正确的投资理财意识，要放弃对短期高回报的追求，引导金融资本与实体经济结合，以服务产业获得合适回报进行投资活动，规避高利率回报的诱惑。其三，树立金融包容发展的理念，争取国家主管部门制定民间金融发展相关法规，用法律来明确民间金融生存空间和参与市场的形式，按照"法无禁止即可为"的原则，鼓励民间金融稳健发展，引导民间资本积极参与经济社会建设，为民间金融发展创造公平稳定的环境。客观、公正地对待民间金融发展，肯定民间金融补充正规金融资源的积极作用，消除社会对民间资本的偏见，为民间资本参与地方经济建设创造环境。其四，降低民间资本进入门槛，发挥民间资本的积极作用，特别是针对民族地区银行类金融法人不足的现实，鼓励民间资本参与农村商业银行和村镇银行的筹建，扩大民间资本在村镇银行和农村商业银行中的占股比例与份额，鼓励民间资本与其他资本展开公平的市场竞争，对于民间资本参与小贷公司的经营，要在维护小贷公司合法权益的基础上鼓励其服务地方实体经济，对其追求超越合理回报的行为要加以限制和禁止。其五，加强对民间资本参与资本市场的引导，特别是鼓励民间资本参与多层次资本市场的建设，为各类投资基金提供资本支持，为区域产业发展和企业的培育提供支持。

放宽民间资本的准入限制，要确立民间金融资源观，凡是能促进区域经济增长的资源，都要重视其积极作用，针对民间资本的消极影响，要积极预防并进行事先干预，不能因民间金融存在负面影响而轻易否认其积极作用，也不能对其消极影响视而不见。一是要为民族地区民间金融发展创造公平环境，针对民族地区民间金融的"草根"特点，要为其创造公平竞争的发展环境，特别是对民间资本参与农村商业银行的改制和村镇银行的发展创造条件。继续推动民族地区小贷公司的发展，鼓励符合条件的县市增设小贷公司，力争民族地区经济相对发达中心乡镇实现小贷公司的全覆盖。二是要引导民间资本合规合法经营。对已开展经营活动的小贷公司，鼓励其充实资本金加大放贷力度，要求放贷原则上不小于注册资本金的规模；推动典当公司的发展，鼓励其持续增加注册资本，实现经营利润的滚动投入，只要民间资本从事的业务是合法合规的，政府都要一视同仁加以保护，对于民间金融发展的违法违规行为，在分清事实缘由进行科学的监管。三是鼓励民间资本参与资本市场建设，针对民族地区多层次资本市场建设存在的不足与短板，鼓励民间资本参与私募股权投资基金建设，做好资本市场与民族地区发展的对接工作，增加企业直接融资规模，针对民族地区的市场主体数量不足和质量不高的现实，鼓励民间资本成立创业投资基金并进行天使投资，为创新主体提供资金和经验支持，推动大众创新创业的发展。四是鼓励民间资本进行业务创新，增加金融资源供给的多样性，引导民间资本参与信托公司的建设，为本地企业重组、并购及项目融资提供支持，开展债券承销业务，同时要鼓励民间资本开展融资租赁，支持农业大型机械、生产设备、加工设备购置租赁服务，为民族地区的基础建设投资服务。五是引导民间资本结合国家重大政策进行业务创新，鼓励社会资本通过特许经营等方式，借助PPP模式为民族地区的城市基础设施等公益性项目提供融资支持，同时要引导民间资本管理公司的发展，发挥民间资本的桥梁作用，引导更多民间资本进入民族地区的实体经济，补充正规渠道的金融资源供给不足。

　　重视民间金融发展的环境建设。理性看待民间金融发展的社会影响，通过社会氛围引导民间金融稳健发展。其一是引导民间金融主体树立法制意识，强化民间金融发展的遵纪守法意识，树立社会主义经济是法制经济的观念，民间金融发展是社会主义市场经济组成部分，不是法外之地而是守法场所。其二是对民间金融依法依规进行审慎监管，保护其依法依规获得正常利润，对其违法行为和扰乱市场秩序的行为进行打击，坚持优化金融司法环境工作联席会议制度，定期清理金融违法犯罪案件。其三是建立金融风险预警机制，加强民族地区民间资本市场监控，即时报告市场风险隐患，引导地市州金融管理机构加强金融环境的监控，规范民间资本市场行为，消除风险隐患，要认真贯彻落实中央、省、自治区关于明确地方金融监管职责和风险处置责任的意见要求，严格落实属地管理责任，对已发生的金融风险事件要勇于面对，积极组织协调有关方面进行妥善处置，化解风险，及时阻断风险扩散蔓延，切实维护区域金融安全。其四是加强民间资本的自律管理，成立由省区统一领导并由地市州金融办（地方金融工作局）作为主管单位的民族地区民间金融协会，通过监控民间金融发展并收录相关信息建立民间金融发展数据库，用数据和事实规范金融行业行为，促进主体自律和民间资本有序地融入地方发展。

五　完善投融资支撑体系，推动功能性融资平台建设

民族地区要实现经济增长，增加资本供给非常重要，建设投融资的支撑体系，就是为小微企业融资增信提供分散风险的通道。民族地区企业规模小而融资风险高，金融市场主体提供融资支持的意愿比较低，建设投融资体对接系对促进金融资源服务实体经济意义重大。要以服务民族地区公共服务为目的，创新工作思路和方法，做大国有投融资平台，增强项目建设融资能力。完善民族地区投融资体系，其一要形成正确的发展思路，要聚焦发展政府出资为主的、服务小微企业和"三农"的准公益性融资担保机构，建设省（区）地市（州）县（市）三级联动、政银担三方合作、省（区）地市（州）县（市）三域全覆盖的省区政府性融资担保服务体系，为民族地区的企业融资服务。其二要做大国有资本平台，强化担保支撑能力，结合国家相关政策和财政资金投入原则，同时对于在运营而担保资金不足的融资担保公司，政府要履行相应的出资人义务，补足补齐所欠的资金缺口，同时动员更多的社会资金参与融资担保平台的建设。在做好国有融资平台改革工作的基础上，国资委作为出资人向国有平台企业注资，通过国有资本平台参与融资担保体系建设，清除金融风险产生的隐患并确保国有资本保值增值。其三要加强宏观政策的对接与引导，有效整合各项政府投资资源，不断增强民族地区国投公司的实力。通过不断注入行政事业单位经营性资产、闲置资产、国有企业股权的模式增加注册资本金规模，通过加强国有资产公司的平台融资功能，分类设立投资子公司服务民族地区的基础设施建设等公益性项目和产业链建设。其四要加强专业人才建设，投融资担保体系的建设要有专业的人才负责，专业金融人才短缺是影响民族地区融资担保平台建设的制约因素，要将人才建设与民族地区金融发展结合起来，为投融资支撑体系建设提供支持。

提升民族融资担保公司的发展质量，发挥国有资本的控制和引导作用，增强项目融资担保能力，为小微企业融资提供支持，提升民族地区融资担保能力建设，需要创新工作方式提升担保公司的质量。一是要理顺融资担保体系。民族地区要建立以省区再担保有限公司为核心，地市州小微企业融资担保公司为基础，以县市融资担保公司为骨干，吸纳社会资本参与政府主导的融资担保体系，尤其是要强化县（市）公司的融资担保能力，确保体系的覆盖面和支撑力。二是要做好融资担保公司的增资工作。特别是结合民族地区的省区和地市州的财政实力，通过国家财政支持和地方政府自己筹集的方式，借助财政资金的锚作用吸收社会资本参与，确保省（区）市县三级融资担保体系的担保能力，针对县市在经济中的作用和影响，不断做好县（市）融资担保平台的建设，通过财政注资和社会资本参与强化融资担保能力。三是要增加担保公司数量促进发展。从民族地区的发展来看，至少要确保每个县市有 1 家担保公司，鼓励民族地区以外的担保公司到民族地区设立分支机构，对于经济条件比较好的县（市），可以增加融资担保公司的数量。对于民族地区发展有积极贡献的担保公司，以地市州为主做好担保公司的增资扩股工作，结合发展需要持续增强担保能力，使担保公司向担保集团方向发展。四是要创新担保公司的工作方式。加强担保公司与金融机构的协调工作，鼓励金融机构在代偿缓冲和责任分担上适当让步，推动风险共担促进互惠互利，密切银担关系更好地服务地方经济，借助金融结构的支持降低担保费用，减轻融资者的利息和担保费负担。要鼓励担保公司承担社会发展责任，引导担保公司积极为金融扶贫重大项目的融资进行担保，以服务地方来获得更多的支持与发展机会。

创新融资担保的工作机制。民族地区的融资担保工作以服务地方经济发展为主，针对民族地区经济的实际创新融资担保模式，让担保资金更好地发挥服务地方发展的目的。首先，民族地区的融资担保机构要坚持姓"公"姓"小"姓"农"，在业务拓展上坚持小额、分散原则，不断扩大小微企业和"三农"服务覆盖面。在担保资金的使用方面，要按照"总额控制、有偿使用、封闭运作"的原则，由各级国资委专业公司按照市场化模式运作使用，注重发挥担保资金的社会效益。其次，要围绕小微企业发展的实际困难开展工作，坚持担保公司的"雪中送炭"工作原则，针对小微和"三农"企业的发展和经营，在年末为企业提供过桥应急资金，缓解中小微企业短期资金压力。要建立稳定有序的担保资金使用企业准入和退出机制，对信用记录良好企业在担保资金使用实行优先，对于不承担担保资金使用义务的企业进行"黑名单"管理，记入信用记录并取消未来使用资金的权利。再次，为投资周期长的项目提供贷款担保，针对民族地区有发展前景的项目，对符合国家产业政策和信贷条件、生产经营正常、银行贷款即将到期但足额还贷出现暂时困难、承贷银行保证续贷的项目提供担保，为企业获得资金和渡过短期资金流压力创造条件。最后，明确担保资金的保值增值责任。各级国资委专业公司对融资担保公司中的国有资产保值增值承担责任，建立责任明晰的资金使用管理和回收制度，形成责任明确的循环链条，确保参与融资担保的国有资金的安全。要强化国资委专业公司的经营能力，公开选聘有能力、有责任心的人员参与经营管理。

六 构建金融资源吸纳体系，推动金融与实体对接工程建设

合格市场不足是造成金融资源缺少载体而无法与实体经济结合的原因，是民族地区金融资源外流的重要根源，构建金融资源吸纳体系，就是要为金融资源找到合格载体和服务对象，为金融服务实体经济开辟通道。企业数量少且质量不高是民族地区金融发展的难题，构建民族地区金融资源吸纳体系要从以下几个方面努力：首先是金融机构遵循服务实体经济的宗旨，树立与实体经济发展"互利共赢"的思想，金融机构要改变传统的"坐商"模式，要"走出去"伏下身子了解企业的需求，为金融服务和工具创新创造空间和机会。结合民族地区的经济实际，加大扶持小微企业和"三农"企业的力度，与实体经济结成命运共同体，

通过实体经济的发展为金融企业获得利润和回报创造机会和空间。其次是金融企业要承担社会责任，积极主动开展金融"扶小助弱"工程，在政府整合各类小微企业发展财政支持资金的基础上，与政府部门共同建立小微企业信用保证金，为金融机构服务小微企业提供担保，结合民族地区的特色资源和优势潜力产业，引导金融机构优化资源配置选择重点产业进行扶持。金融机构要创新传统的企业信用评估模式，结合国家政策、市场空间、发展潜力来评估企业的信用，结合民族地区的特点开发满足市场需要的特色产品。最后主动服务企业建立战略协作关系。金融机构利用地方政府支持的银企对接搜寻合作对象，利用自身的专业和市场信息优势提供咨询服务，与小微企业合作形成稳定的金融服务咨询关系，在获得高质量市场载体的同时，通过小微企业和"三农"企业的发展，为金融机构拓展业务和建立长期合作关系创造机会。尤其是当前创新创业成为增加市场主体的主要途径，金融机构更要主动对接地方发展，通过发展各类创业风险投资基金，为初创企业的发展提供差异化的融资选择，以支持创新企业发展来获得未来盈利的分享机会。

加快产权交易平台建设。民族地区的资源存量不能迅速转化为财富增量，企业融资普遍缺少合格抵押品，缺少产权交易平台是其重要原因，2018年中国区域股权交易中心有39个，民族地区只有广西和宁夏两个区域股权交易中心。产权交易平台的缺失，无法对资源进行估价交易，造成产权交易的障碍，不能实现收益权的流转，更影响了金融发展深化，造成融资信贷的抵押品限制。加快民族地区产权交易平台的建设，要从以下几个方面努力：其一是民族地区要向国家相关职能管理部门呼吁，给予民族地区的产权交易平台建设政策倾斜，民族地区资源丰富而产权交易平台稀少，产权要么无法交易，要么到东部地区交易平台交易，造成了交易的困难和成本，要在民族地区加快农村产权交易平台建设力度，通过林权和土地承包权上台交易丰富贷款抵押品，为民族地区的区域产权交易市场建设提供交易标的。其二是加快与发达地区建设联合产权交易中心的步伐，推进民族地区国有资产和行政资产交易，利用民族地区毗邻发达省份的优势，加速民族地区与深圳前海股权交易中心、上海股权交易中心、浙江股权交易中心、广州股权交易中心、武汉股权交易中心等全国性区域股权交易中心的合作，为民族地区资源登陆全国股权交易市场创造条件。其三是拓展民族地区的产权交易内容，可以考虑将民族地区的矿产资源、旅游资源、文化资源、自然环境等发展要素，纳入产权交易平台进行交易，实现要素存量向金融资源增量转化，增加金融资源进入实体经济的渠道。可以结合民族地区特色资源区域富集的特征，在特定区域建设以特定资源为交易对象的交易平台，例如可以发挥恩施富硒资源优势，搭建全国性富硒资源交易平台。其四是创新民族地区区域产权交易中心的内涵。围绕内蒙古牛羊肉生产、藏区青稞特色农作物、南方民族地区的中药材、茶叶等特色产品，在民族地区建设特色产品期货交易，不断拓展金融资源进入实体经济的通道，还能避免因特色优质农产品市场供求和价格波动影响民族地区的经济发展，更好地发挥金融定价和调节市场生产的功能。

加大金融市场中介建设。发挥金融市场服务中介的第三方功能，在金融服务与需求中做好桥梁，降低金融市场的风险与服务成本，解决信息不对称带来的金融资源错配。民族地区的金融中介发展不平衡，银行保险类金融中介多而服务资本市场的中介不足，要加大金融中介建设力度。其一是围绕银行存贷服务的需要，在民族地区大力发展资金结算清算类金融中介服务，特别是结合民族地区的区位优势，建设银行类区域金融后台中心，结合沿边开放和人民币的国际化，建设面向特定地区的国际金融结算中心，丰富服务的内容和种类。其二是把金融中介发展与信息技术结合，鼓励"互联网+"与电子商务的发展，支持第三方支付平台和互联网金融发展，要鼓励银行保险类金融机构借助信息技术，提升金融服务便捷性与范围，针对民族地区地广人稀和金融服务普惠成本高的现实问题，尽量让数据多跑路而人少跑路。其三是大力发展资本市场中介。大力发展证券承销与经纪、托管与清算及财务审计、资产评估与法律咨询类服务中介，促进直接投资发展。其四是结合个人金融服务需要，积极引进金融培训机构开展金融教育培训，提升居民的金融素质。要在民族地区形成以信用评估和资产评估为核心，会计师事务所和律师事务所为两翼，金融教育培训为辅助的金融服务中介体系，促进金融资源与经济发展深度结合，提升金融资源配置效率。

七　构建金融改革创新体系，推动金融引领工程建设

改革创新是民族地区金融发展的重要推手，也是发挥金融促进区域经济发展的重要内涵，要不断提高民族地区各级政府的经济治理能力，深刻把握金融发展的规律，通过改革创新为金融发展创造条件。要结合民族地区当前经济社会发展的新要求、新变化，因势利导促进金融发展的改革创新。其一，首先要利用国家推进脱贫攻坚和脱贫奔小康的政策，从扩大金融普惠包容出发增加贫困人口的金融服务供给，通过完善金融扶贫工作的做法模式，把握民族地区扶贫工作推进的时机，争取国家加大对民族地区的金融扶贫投入力度，建立脱贫的产业发展引导基金，促进特色脱贫产业的发展。其次是创新民族地区的金融增信工作。有效捆绑专项扶贫资金、相关涉农资金和社会帮扶资金建立扶贫贷款风险补偿金，通过政府风险资金池的建设和担保能力的增强，借助村支两委的作用创新贫困户的信用评级，合理利用政府增信并引导商业性、政策性、开发性金融机构加大对金融扶贫的支持力度。其二，利用保费补贴政策鼓励保险机构为扶贫小额贷款提供保证保险，使用财政贴息政策鼓励农村商业银行和村镇银行为贫困户提供免抵押、免担保的扶贫小额信贷，通过将小额信贷保证保险与扶贫资金结合，促进金融资源更多向实体经济和贫困户倾斜。其三，扩大过桥资金支持范围。将有还款来源的扶贫项目贷款，纳入专项过桥资金支持范围，降低扶贫贷款资金的成本，要注重民族地区特色产业专业合作社的资金支持，过桥资金要覆盖农业专业合作社，依据合作社对贫困户脱贫的拉动效果考核，动态确定过桥资金的规模。其四，做好金融扶贫再贷款工作，鼓励每个县（市）结合实际发展特色产业和引导贫困人口就业创业，支持金融机构提供创业担保贷款、助学贷款、妇女小额贷款、康复扶贫贷款等特色金融产品，发挥金融市场促进功能，提升脱贫引导的针对性和有效性。其五，依托扶贫发展资本市场。开发了扶贫资产支持证券、扶贫债等金融产品，为贫困地区发展"造血"。对贫困地区企业首次公开发行股票、新三板挂牌、发行债券、并购重组等开辟绿色通道，为民族地区符合条件的企业在资本市场融资创造便利。

发挥金融市场的甄别作用发展新兴产业。要充分利用资本市场的发

现与实现功能，为民族地区的新兴产业培育和发展创造条件。其一，充分发挥资本市场的识别功能，要充分把握互联网金融发展带来的机遇，积极开展众筹业务支持创新创业，使民族地区新兴市场主体是经过市场识别有发展潜力的主体，借助主体质量为民族地区的特色产业、旅游业和现代农业发展筹措资金。其二，抓住上交所推出科技创新板的契机，为民族地区有技术和发展基础的新材料、生物医药和电子信息产业登陆做准备，为民族地区企业争抢科创板上市机会，扩大民族地区优势产业和优秀企业在全国的影响。其三，把握我国股票发行制度改革转向注册制的机会，为三板和四板挂牌企业转板上市做好前期准备，并争取国家和相关职能部门的支持，为民族地区更多企业上市融资创造机会。其四，利用《公司债券发行管理办法》修订带来契机，积极支持民族地区优秀企业开展非公开债券融资，形成间接融资与直接融资相结合，共同促进产业升级与结构优化的金融支持格局。其五，要把民族地区的金融发展和产业升级结合起来，对有发展空间和市场潜力的产业和企业发展给予更多的支持，特别是针对民族地区新动能的培育和释放给予更多的资金支持，对于存在产能过剩需要压缩的产业，要从资金供给上设置预警机制，借助资金的供给来影响发展并促进其转型升级。对于民族地区符合条件的新兴产业登陆新三板要给予支持，结合企业对地方经济转型引领贡献，对企业的转板与IPO给予必要的支持。

充分发挥信息技术带来的机遇，有效整合民族地区金融发展相关数据资源，建设民族地区金融发展大数据平台，借助大数据支撑提升金融监管的科学性，提高金融服务水平。由民族地区各级政府金融办牵头，建设由金融办、人民银行、银监局、保险协会、财政局、税务局、统计局、公安局共同负责，各金融机构共同参与的金融大数据平台。对民族地区分省区和地市州的各金融机构的资源和业务、企业居民的金融资产和服务信息实行集成，并与人民银行个人征信系统对接，形成民族地区金融发展数据的集成平台；鼓励金融机构在民族地区建设金融服务后台中心、区域金融容灾备份中心，为民族地区的金融发展决策提供支持，集中处理民族地区金融活动相关数据。利用金融大数据平台的信息集成优势，加强金融市场的分析与研判，制定科学的金融发展引导政策和措施，提高民族地区金融发展服务水平，发挥大数据平台的风险预警功能，加强金融风险的防范，提高金融监管的有效性，提升金融发展治理能力。结合民族地区的脱贫攻坚需要，建立和完善金融扶贫平台是当务之急；结合民族地区金融发展建立金融普惠信息平台，查找金融服务的盲点与空白，引导金融服务网络建设有的放矢是努力的方向；随着民族地区的经济发展，集成市场主体信用和融资信息的一体化综合服务平台，是未来努力的着力点。在金融信息的使用方面遵循平等原则，无论正规金融还是民间金融，只要合法合规经营并服务地方发展，就要给予获得金融信息的便利，为不同类型金融机构的发展竞争创造公平公正的环境。

八 构建金融信用建设体系，推动信用工程建设

提高民族地区的信用水平，为金融发展创造良好的生态环境，实现金融结构与服务对象和谐，促进社会稳定与产业进步，提高人民群众的幸福感和获得感，是促进民族地区金融发展的重要目的。社会信用水平与经济发展水平相关，民族地区受到经济发展影响，信用水平有待进一步提升，民族地区的信用体系建设有其自身的特点和规律，要构建民族地区信用体系需要从以下方面努力：第一，重视教育引导。在全社会持续推进学金融、懂金融、用金融的活动，持续加强金融信用教育，提高民众金融素养，提升全社会的信用意识，形成科学的金融发展观，同时鼓励金融机构承担社会责任，逐步形成信用建设与金融普惠发展的互动机制，在全社会形成讲信用光荣，不讲信用可耻的舆论氛围。第二，树立法制意识。加强金融法规教育，树立市场经济是法规经济的意识，金融发展需要法规保驾护航的理念，自觉抵制非法金融活动，维护金融市场秩序，民族地区要以县（市）为基本单位，利用群众喜闻乐见的形式，每年春节前后集中举办金融知识大讲堂，加强现代金融知识教育，让群众意识到信用的重要性，形成诚实守信的良好氛围，使珍惜信用成为个人自觉行为。第三，提升干部金融素质。将金融知识素养教育纳入领导干部的能力提升工程，通过掌握金融规律提高管理金融工作的能力，自觉处理好政府和市场边界，不干扰金融机构正常活动，同时增加干部升迁信用考核，强化维护信用环境的意识。第四，重视金融创新的影响。坚持金融创新先探索试点后推广的原则，实现创新发展与风险防控的统一，严防影响区域金融信用环境事件出现，在全社会营造诚实守信氛围，夯实信用生态持续优化的基础。尤其是出现有区域性影响的重大金融事件，民族地区的政府要勇于承担责任，要调查清楚事实真相引导好社会舆论，避免出现群体性事件造成金融风险放大。

加大信用环境建设力度。信用环境是建设出来的也是管理出来的，民族地区政府要树立正确的金融管理理念，不能因投资行为是个体决策形成风险自担，要把区域信用环境和发展环境联系起来，持续强化金融监管，严厉打击金融违法犯罪，严防出现影响区域金融环境的恶性事件。一是打击民族地区的非法集资和高利贷。民族地区的非法集资和高利贷案件集中爆发、新老叠加，很多老案件还没有处置完毕，新的案件又不断涌现，增量风险在不断增加。虽然民族地区非法集资高发势头虽有所遏制，但案件数仍处高位运行，仍是当前社会和谐稳定的一大隐患。二是重视互联网金融环境整治。民族地区的互联网金融企业规模较小、分布相对集中、贷款发放数额小而分散，但从现实情况看仍存在不少风险隐患，广西的互联网金融与传销，内蒙古与高利贷有结合趋势，有潜在风险需要关注。三是小贷公司潜在风险，小额贷款公司行业面临着巨大的对外融资、放贷、收贷、诉讼等困难，行业已由前几年的快速发展期转入了当前的缓慢发展调整期。四是推进"金融服务网格化"管理，创新信用体系建设，夯实信用管理的基础，充分发挥社会综合治理平台信息和网格管理员的信息优势，创新村组和农业合作社在信用信息采集中的作用，提高信用信息采集的真实性和准确性，有效防范信息失真带来的金融风险。五是发挥金融大数据平台的功能，对非法集资实行常态化打击，创新金融司法联席会议制度，妥善处理历史遗留的债务问题，对各种恶意逃废金融债务的行为加大打击力度，加大对金融诈骗等犯罪行为的惩处和金融案件的办结力度，推动金融环境的持续改善。六是坚决管控金融风险，对影响区域金融环境的事件实行首接负责制，迅速有效地处理可能影响区域信用环境的重大事件，将金融风险消灭在萌芽状态。

注重信用记录的建设与使用。民族地区的信用记录建设，要在国家的领导下结合民族地区的实际开展，要善于利用信用记录来服务民族地区金融发展。其一，要树立正确的信用理念，要在民族地区大力宣传信用记录的作用和价值，使重承诺守信用成为民族地区金融环境的标签，让金融发展是信用记录延伸的理念深入人心，让每个人像爱护自己眼睛一样爱护自身的信用记录，形成"诚信走天下，无信寸步难行"的局面。其二，加强信用信息基础设施建设，扩大信用记录覆盖面，在民族地区要建成信用信息资源共享为基础的覆盖全社会的征信系统，通过人民银行的信用系统，对自然人和企业经营主体进行完整的信用记录、信用调查、信用评级，形成全国有效通行的个人信用记录报告，特别是将信用信息由传统的商业银行向第三方支付延伸，扩大支付宝和微信支付的信用信息采集。其三，要结合大数据建设信用。发挥政府在征信中的主导地位，充分发挥政府大数据合成与利用方面的优势，将纳税社保、遵纪守法和日常行为整合形成信用信息大数据平台，注重大数据在日常活动中的应用，从就业和获取国家支持等方面对失信者进行惩戒。让不同的金融机构从促进金融发展实际需要接入国家征信系统，鼓励金融机构采取差别化利率和保险费率，激励守信者惩戒失信者，同时加大金融机构和从业人员信用记录建设力度，完善民族地区金融从业人员档案制度和金融机构信用评价体系建设，对不执行民族地区金融政策的机构实行负面信用记录，在国家的金融发展政策支持方面予以限制。其四，强化民族地区信用环境持久建设，深化"四大信用工程"建设，持续推进信用州、信用县市、信用乡镇（小区）、信用企业建设，加大信用企业和信用家庭建设的力度，弘扬诚实守信的良好道德风尚，每年从民族地区筛选"信用好人"加以表彰，对恶性违约的债务人和"老赖"进行曝光。

参考文献

1. 爱德华·肖著:《经济发展中的金融深化》,邵伏军译,上海三联书店1988年版。
2. 白钦先、王伟:《科学认识政策性金融制度》,《财贸经济》2010年第8期。
3. 陈元:《开发性金属与逆经济周期调节》,《财贸经济》2010年第12期。
4. 段世德:《武陵山区资本市场发展研究》,《中南民族大学学报》2018年第4期。
5. 国家民族事务委员会经济发展司、中南民族大学编:《中国民族地区经济发展报告(2018)》,民族出版社2018年版。
6. 胡锦涛:《坚定不移沿着中国特色社会主义道路前进 为全面建成小康社会而奋斗》,人民出版社2012年版。
7. 赖景生:《新时期西部农村贫困特征与反贫困对策》,《重庆工商大学学报》(西部论坛)2008年第3期。
8. 雷蒙德·戈德史密斯著:《金融结构与金融发展》,周塑译,上海三联书店1990年版。
9. 李俊杰、耿新:《民族地区深度贫困现状及治理路径研究:以"三区三州"为例》,《民族研究》2018年第1期。
10. 林毅夫、李永军:《中小金融机构发展和中小企业融资》,《经济研究》2001年第1期。
11. 林毅夫:《新结构经济学:反思经济发展与政策的理论框架》,北京大学出版社2012年版。

12. 刘丽娜:《高寒藏区特殊类型贫困与反贫困研究》,博士学位论文,中南民族大学,2017年。
13. 罗成:《四川甘孜藏区金融业发展现状研究》,《金融教育研究》2013年第3期。
14. 田承忠:《推进金融改革 服务实体经济发展》,《政策》2014年第11期。
15. 吴建伟:《文化产业发展促进西藏经济发展研究》,硕士学位论文,中央民族大学,2013年。
16. 张杰:《民营经济的融资困境与融资次序》,《经济研究》2000年第4期。
17. 张宗新:《融资缺口:小企业融资功能缺陷的一种解释》,《社会科学》2000年第8期。
18. 郑长德、伍艳:《发展金融学》,中国经济出版社2011年版。
19. 兹维·博迪、罗伯特·C.莫顿:《金融学》,中国人民大学出版社2004年版。
20. 许坤:《信息假说、市场力量和中小企业融资》,《金融与经济》2012年第7期。
21. Anderson, R. C. and Reeb, D. M., "Founding Family ownership and firm performance: Evidence from the S&P500", *Journal of Finance*, 2003, 58 (3): 1301–1329.
22. J. E. Stiglitz and Weiss., "Credit rationing in markets with imperfect information", *American Economic Review*, 1981, 71 (3): 393–410.
23. Berger, A. N. and Udell, G. F., "Collateral, Loan Quality and Bank Risk", *Journal of Monetary Economics*, 1990, 25: P21–42.
24. Zilibotti F., "Endogenous growth and intermediation in an 'Archipelage'", Economy, *Economic Journal, Royal Economic Society*, 1994, 104 (423): 462–473.
25. Greenwood and Jovanovic B., "Financial development, Growth and the distribution of income", *Journal of Political Economy*, 1990, 98: 1076–1107.
26. Levine, "Financial structures and economic development", *Working Bank*, 1992.

后　记

"基于民族区域的异质性金融发展战略研究"是国家民委科研资助项目，旨在通过对民族地区的金融发展现状进行梳理，厘清金融发展中存在的亟须破解的难题，为促进民族地区金融创新发展提供思路与建设举措。本书是该研究的最终成果，由中南民族大学经济学院副教授段世德完成，段世德副教授提出整体研究思路并规划研究方案，具体推进研究工作和各项目标任务的落实，并对最终结论进行把关。中南民族大学经济学院硕士研究生黄泽索同学也参与研究工作，结合研究思路在广西的桂林和贺州地区进行调研，完成了第七章第二节初稿写作，并参与了书稿的整理和校对工作。

本书的推进得到了相关部门和领导的大力支持。中国人民银行内蒙古自治区中心支行、广西壮族自治区金融办，恩施土家族苗族自治州金融办、恩施州人民银行等对调研提供了大量帮助，著作的出版得到中南民族大学经济学院的支持。恩施州副州长李俊杰，金融办的龙卫东、张绪华、陈世华，人民银行的龚仁汉，银监局的林世军等领导对本书的调研提供了大量帮助。中南民族大学经济学院对本书的出版予以大力支持，在此致以诚挚的感谢。

民族地区的金融发展比较快，尽管在研究过程中我们力争全面反映最新进展，由于水平和见识有限，难免存在疏漏不足，敬请各界同人批评指正。